대원불교
학술총서
33

대원불교
학술총서
33

세계 불교의 여성들

• • •

불교의 여러 전통 속 여성의
역사와 현재

• • •

카르마 렉셰 쏘모(Karma Lekshe Tsomo) 지음

조승미 옮김

• • •

운주사

Women in Buddhist Traditions
Copyright © 2020 by New York University
All rights reserved.
Authorized translation from the English-language edition
published by New York University Press

The Korean Language edition © 2025 UNJUSA
The Korean translation rights arranged with New York University Press
through Enters Korea Co., Ltd.

이 책의 한국어판 저작권은 (주)엔터스코리아를 통한 저작권사와의 독점 계약
으로 운주사가 소유합니다. 저작권법에 의하여 한국 내에서 보호를 받는 저작
물이므로 무단전재와 무단복제를 금합니다.

발간사

오늘날 인류 사회는 4차 산업혁명을 통해 완전히 새로운 세상을 맞이하고 있습니다. 전통적인 인간관과 세계관이 크게 흔들리면서, 종교계에도 새로운 변혁이 불가피하게 되었습니다. 이런 상황에서 대한불교진흥원은 다음과 같은 취지로 대원불교총서를 발간하려고 합니다.

첫째로, 현대 과학의 발전을 토대로 불교를 현대적으로 재해석할 필요가 있습니다. 불교는 어느 종교보다도 과학과 가장 잘 조화될 수 있는 종교입니다. 이런 평가에 걸맞게 불교를 현대적 용어로 새롭게 이해할 수 있도록 하려고 합니다.

둘째로, 현대 생활에 맞게 불교를 이해할 필요가 있습니다. 불교가 형성되던 시대 상황과 오늘날의 상황은 너무나 많이 변했습니다. 이런 변화된 상황에서 부처님의 가르침을 제대로 이해할 수 있도록 하려고 합니다.

셋째로, 불교의 발전과정을 종합적으로 이해할 필요가 있습니다. 북방불교, 남방불교, 티베트불교, 현대 서구불교 등은 같은 뿌리에서 다른 꽃들을 피웠습니다. 세계화 시대에 부응하여 이들 발전을 한데 묶어 불교에 대한 총체적 이해가 가능하도록 하려고 합니다.

대원불교총서는 대한불교진흥원의 장기 프로젝트의 하나로서 두 종류로 출간될 예정입니다. 하나는 대원불교학술총서이고 다른 하나는 대원불교문화총서입니다. 학술총서는 학술성과 대중성 양 측면을 모두 갖추려고 하며, 문화총서는 젊은 세대의 관심과 감각에 맞추려고 합니다.

 본 총서 발간이 한국불교 중흥에 조금이나마 기여할 수 있기를 바랍니다.

불기 2569년(서기 2025년) 7월
(재)대한불교진흥원

발간사 • 5
이름과 용어의 번역 및 발음에 대한 참고사항 • 11
서문/ 세계 불교의 여성들을 연구하는 이유 • 13

1장 초기 인도불교에서의 여성 37

초기의 불교 여성 • 42
초기 불교 문헌에서 여성의 묘사 • 48
마하프라자파티의 출가 • 53
쇠퇴의 예측 • 63
법을 전파한 여성들 • 66
해탈의 등불 • 69

2장 남아시아와 동남아시아의 불교 여성 72

연결의 발생: 상좌부 불교의 여성 • 74
가정주부이자 수행자로서의 불교 여성 • 81
버마 상좌부 불교의 여성들 • 88

3장 동아시아의 불교 여성 96

초기 중국 불교에서 여성의 책임과 출가 • 97
중국에서 여성의 깨달음 • 104
한국의 불교 여성 • 108
일본의 불교 여성 • 111
21세기 동아시아 여성들 • 115

4장 내륙 아시아의 불교 여성 119

티벳의 불교 여성 · 120
위대한 인물 · 128
망명 속의 자유 · 131
불교 연구와 여성을 위한 구족계 · 136
부탄 여성의 발자취 추적 · 142
몽골 불교 부흥의 여성들 · 145
러시아 불교 공화국의 여성들 · 147
깨달음을 통한 변화 · 150

5장 서구의 불교 여성 153

선구적인 불교 여성 · 156
가부장제에 도전, 연대의 구축 · 167
불교와 섹슈얼리티 · 168
충돌과 문화 변용, 문화와 관념 · 172
장애물을 기회로 · 176

6장 문화를 넘어선 여성 수계 178

여성의 구족계를 둘러싼 논쟁 · 181
독신의 경우 · 183
상좌부 전통의 여성 수계 · 188
네팔의 상좌부 여승들 · 191
스리랑카의 상좌부 여승들 · 192

    태국의 상좌부 여승들 • 195
    동아시아의 비구니 수계 • 203
    티벳 전통의 여성 수계 • 206
    느린 발걸음 • 211

7장 풀뿌리 혁명: 불교 여성과 사회 운동 214
    선한 존재인가, 선한 일을 하는 것인가? • 216
    불교와 젠더 정의 • 218
    다국적 자매애: 불교를 변화시키는 여성들 • 225
    불교 여성과 사회 정의: 깨달음의 교차로 • 228
    사회 정의, 포용, 그리고 진정성 • 234

결론 239
    아시아의 불교 페미니즘: 인식의 교차점 • 240
    초국가적 불교 이상으로서의 성평등 • 246
    불교의 성별 구조 • 256
    성평등을 향한 초국가적 경로 • 262

감사의 글 • 268
토론주제 • 269
추천도서 • 274
참고문헌 • 275
찾아보기 • 301

이름과 용어의 번역 및 발음에 대한 참고사항

불교의 다양한 전통 속의 여성들을 논의하는 데는 반드시 해당 전통의 원어로 된 용어가 포함된다. 상좌부 불교 전통은 팔리어로 기록된 경전을 기반으로 하는 반면, 대승불교 전통은 산스크리트어로 기록된 경전을 기반으로 한다. 이 책에서는 이 두 남아시아어 용어의 표준 음역에 발음 부호 표시를 추가 표기했다. 독자들은 문헌에서 다루는 관련 경전의 전통과 언어에 따라 팔리어나 산스크리트 용어가 사용되는 것을 알 수 있을 것이다. 중국, 티벳, 한국, 일본 등의 대승불교 전통은 대승 경전에 기반을 두고 있으며, 그중 많은 경전이 자국어로 번역되었기 때문에 대승불교 전통을 논의할 때는 해당 언어 외에도 산스크리트 용어가 사용된다. 몇몇 장들은 같은 단어나 이름의 팔리어와 산스크리트어 버전을 번갈아 사용하는데, 특히 붓다의 생애와 가르침에 관한 초기 자료들을 논의할 때는, 후대에 쓰여진 문헌들이 이 두 언어로 모두 보존되었기 때문이다.

팔리어 또는 산스크리트어 단어의 음역에서는 모음 위에 직선 막대 표시로 장음을 나타낸다. 팔리어와 산스크리트어 단어는 종종 비슷하다. 예를 들어 팔리어로 수계한 비구니를 뜻하는 단어는 빅쿠니(bhikkhunī)이고, 산스크리트어로는 빅슈니(bhikṣuṇī)이다. "행위"를 뜻하는 단어는 팔리어로 캄마(kamma), 산스크리트어로 카르마(karma)이다. "붓다(Buddha)"와 같은 다른 단어는 팔리어와 산스크리트어에서 모두 동일하다.

　th, dh, ph, bh 소리는 치찰음이 아닌 대기음이다. 예를 들어 테라바다(Theravāda)는 "타운(town)"에서처럼 단단한 t로 발음되며, "땡크(thank)"에서처럼 치아 소리가 아니다. 음역된 문자 ś와 ṣ는 모두 영어의 "sh" 소리에 가깝다. 산스크리트어 ṃ는 비음화된 n으로 발음된다. 산스크리트어 자음 ṇ와 ḍ는 n과 d의 비음화된 버전으로 발음된다.

　티벳어의 음역은 1950년대에 터렐 V. 와일리(Turrell V. Wylie)가 개발한 와일리 표기법을 따르며, 오늘날에도 발음 구별 부호를 피하는 방식으로 일반적으로 사용된다. 중국어 단어는 병음 체계에 따라 로마자로 표기한다. 로마자로 표기된 일본어 단어에서 모음 위에 막대 표시, 예를 들면 ō는 장모음을 나타낸다.

　사람, 기관 및 장소 이름의 경우 음역은 일반적으로 발음 구별 부호 없이 음성적 등가물 또는 해당 사람이나 기관의 선호에 따른다. 예외적으로 불교 경전에 언급된 인물의 음역 이름에는 발음 구별 부호를 사용한다. 예를 들어 마하프라자파티 고타미(Mahāprajāpatī Gautamī)는 붓다의 이모이자 양어머니의 산스크리트어 이름이고, 팔리어로 된 그녀의 이름은 마하파자파티 고타미(Mahāpajāpatī Gautamī)이다.

　다양한 언어를 사용하는 것이 다소 혼란스럽거나 불편할 수 있지만, 이와 같은 불교 전통들이 오랜 역사를 가지고 있으며 광활한 지역에 퍼져 있다는 사실을 상기시키는 데에 유용하다. 이러한 언어적 구분을 통해 우리는 각 전통의 독특함과 수 세기에 걸친 연속성을 이해할 수 있다.

서문
세계 불교의 여성들을 연구하는 이유

불교의 여성 이야기는 복잡하다. 세계의 불교 전통과 그 안에서 여성의 역할이 너무나 다양하기 때문이다. 인도에서부터 일본, 스리랑카, 러시아에 이르기까지, 각각의 전통은 여성에 대한 독특한 역사, 문화, 종교 생활과 문화적 의미를 가지고 있다. 게다가 각각의 아시아 불교 전통에 대한 새로운 변형이 현재 아시아 밖의 나라에서 진행되고 있다. 아시아와 비아시아라는 두 가지 유형으로 단순화할 수도 있겠지만 불교 사회는 매우 폭넓은 문화유산, 지리적 배경, 그리고 사회 계층에 걸쳐 있기 때문에, 불교 여성 전체를 하나로 정확히 규정짓는 것은 불가능하다. 그래서 불교 전통의 여성에 대해 연구를 하다 보면 큰 난관에 봉착하게 된다. 성역할에 영향을 미치는 불교적 사고와 행동의 유형을 식별하거나, 혹은 문화와 사회의 넓은 스펙트럼 속에서 기존의 사고와 행동의 유형을 강화하는 것이 가능한 것인가?

불교의 전통은 25세기 동안 이어져 왔으며, 고대 인도 문화에 뿌리를 두고 있으나, 그 갈래는 거의 전 세계 구석구석까지 뻗어 있다. 불교는 광범위한 지역에 뿌리를 내렸을 뿐만 아니라, 이러한 전통들은 매우 오랜 기간에 걸쳐 지속적으로 발전해 왔는데, 이 과정은 오늘날 전 세계적으로도 분명하게 증명되고 있다.

또한 불교의 가르침이 뿌리를 내리는 곳마다, 이미 고유한 종교 전통을 가진 수많은 토착 문화가 자리잡은 토양 위에 불교가 있음을 알 수 있다. 이러한 전통은 불교 사상과 관행이 이해되고 적응되는 방식에 필연적으로 영향을 미쳤으며 계속해서 영향을 미치고 있다. 이러한 문화적으로 특정한 전승과 적응의 갈래와 그 결실을 탐색하는 것은 도전적인 일이지만 그만큼 흥미롭기도 하다.

초기 역사적 자료가 거의 없고 문화적 변화와 해석이 무수히 많기 때문에 불교 전통에서 여성의 역할을 명확하게 파악하는 것은 쉬운 일이 아니다. 게다가 다른 종교 전통에서와 마찬가지로 여성은 기존 기록에서 종종 무시되거나 지워져 왔다.

하지만 그럼에도, 많은 분야의 헌신적인 학자들이 거의 30년 동안 불교 여성에 대해 연구하여, 오늘날 그 어느 때보다 많은 정보를 얻을 수 있게 되었다. 1987년 거의 우연히 불교 여성에 대한 인류학적 연구를 시작했을 때, 나는 이 주제에 대해 쓰여진 것이 거의 아무것도 없다는 것을 알았다. 이용할 수 있는 주요 연구는 I. B. 호너(I. B. Horner)가 1930년에 출간한 『원시 불교의 여성들(Women under Primitive Buddhism)』이었다. 호너의 연구는 당시로서는 놀랍고 오늘날에도 영향력이 있지만, 불교 여성의 역사와 사상이 그 이후에 거의 주목을 받지 못했다는 사실에 놀랐다.

불교에 대한 현대의 많은 연구에서 여성에 관한 주제는 단순히 부가적인 것으로 보인다. 다행히도 지난 수십 년 동안 많은 새로운 책, 챕터, 그리고 논문들이 등장했다. 불교 페미니즘 해석학과 같은 특정 연구 분야는 이제 겨우 시작되었지만, 오늘날 불교 여성에 대한 정보는 그 어느 때보다 훨씬 더 많다.

불교의 여러 전통의 여성들에 대한 연구를 통해 무엇을 배울 수 있을까? 여기서는 다양한 문화와 공동체의 사례를 통해 불교 사회에서 여성에 대한 광범위한 개요를 제공하고, 불교의 가르침에서 여성이 중요하게 여기는 것이 무엇인지, 그리고 그러한 가르침을 실천하는 데 있어 여성이 직면하는 장애물이 무엇인지 알아보는 것을 목표로 한다. 특정 사회적 관습에 초점을 맞추기보다는 불교를 믿는 사회에서 여성의 지위와 자기 이해에 대한 폭넓은 이해를 얻는 데 초점을 맞출 것이다.

이 글의 목적은 명확한 그림이라는 불가능한 작업을 하는 것이 아니라 불교 여성에 대한 독자들의 관심을 불러일으키고 더 많은 독서와 연구를 위한 질문을 제기하는 것이다. 불교문화권에서 여성에 대한 연구는 여성의 종교적 삶에 대한 창을 제공할 뿐만 아니라 불교의 철학, 심리학, 문화, 사회에 대해 더 많이 배울 수 있는 유리한 지점을 제공한다. 불교 전통의 다양성과 복잡성에도 불구하고 우리는 여성의 삶을 통해 그것에 대해 많은 것을 배울 수 있다.

거울에 비친 역사

우리는 붓다("깨달은 자"; 기원전 563~483년)의 가르침이 여성에게 새로운 인생관을 제시하고, 삶의 과정을 계획하는 데 있어 더 큰 독립성을 부여했다는 가설로 시작할 수 있다. 인도의 브라만 계급은 당시의 네 가지 주요 사회 계급 중 가장 권위 있는 계급이었다. 비록 브라만(brāhmaṇa)[1]이 반드시 사제인 것은 아니었으나, 많은 브라만 남성들이 사제였으며, 그들은 산스크리트어로 작성되어 수천 년 동안 구전으로 전해진 베다 경전의 학자이자 스승이었다.

인도 아대륙에서 불교가 발전한 첫 천 년 동안 불교와 함께 널리 퍼진 브라만의 세계관에는 남자의 이상적인 삶의 네 단계, 즉 학생, 가장, 은퇴자, 은둔자 즉 정신적인 길을 추구하기 위해 가정생활을 포기하는 사람의 아쉬라마(āśrama)가 포함되어 있다. 브라만의 세계관에는 세 가지 주요 계급(varṇa)에 속하는 남성의 네 가지 삶의 목표(puruṣārtha), 즉 결혼을 통한 감각적 쾌락, 번영, 도덕적 가치, 해탈이 포함되어 있다.

불교의 전통은 기원전 5세기 또는 6세기경 네팔과 인도의 국경 바로 북쪽에 있는 룸비니라는 숲속에서 싯다르타 고타마(Siddhārtha Gautama)로 태어난 석가모니(Śākyamuni) 붓다로부터 그 뿌리를 찾을 수 있다. 전설에 의하면, 그가 생후 7일 만에 어머니 마하마야(Mahāmāyā)가 세상을 떠났고, 그의 이모 마하프라자파티(Mahāprajāpatī)가 매우 친절한 양어머니로서 그를 돌보고 양육하였다 한다.

싯다르타는 샤캬(Śākya)족의 후손이자 그의 아버지 나라의 지정 후계자로서 수많은 궁녀를 비롯한 궁전 생활의 모든 즐거움을 누리며 비교적 호화롭게 자랐다. 열여섯 살이 되던 해, 그는 같은 나이인 아름다운 사촌 야쇼다라(Yaśodharā)와 결혼했다. 몇 년 후 그녀는 아들 라훌라(Rāhula)를 낳았다.

그 무렵 싯다르타는 엄청난 호기심으로 궁전 벽 너머로 모험을

---

1 brāhmaṇa라는 단어는 변하지 않고 보이지 않는 궁극적인 실재를 가리키는 산스크리트어 brahman과 구별하기 위해 영어로는 손상된 양식인 "Brahmin"으로 나타낸다.

떠났고, 그곳에서 질병과 늙음, 죽음, 차분하고 자기 성찰적인 수행자를 발견했다. 그는 보호받는 환경에서 자란 탓에 명상 수행과 정신적 목표를 추구하기 위해 가정생활을 포기하는 고대 인도 전통의 구도자 사문(śrāmaṇa)을 접하지 못했다. 처음으로 고통을 마주한 충격을 받은 그는 이 출가수행자의 고요한 얼굴에 깊은 감명을 받았다.

이러한 경험으로 인해 젊은 왕자는 호화로운 삶과 아내, 갓 태어난 아들 라훌라를 버리고 정신적인 길을 택했다. 그는 6년 동안 다양한 철학적 관점을 배우고 극한의 단식과 몹시 힘든 고행을 포함한 격렬한 종교 수행에 참여했지만, 여전히 확신이 없고 만족스럽지 못하자, 나무 아래 앉아 명상을 하며 삶의 진정한 의미를 발견하기 전에는 일어나지 않겠다고 결심했다. 6일간의 집중적인 명상 끝에 그는 사물의 "있는 그대로"의 본질, 즉 인간 존재의 문제적 특성, 고통의 근본 원인, 고통의 종식 가능성, 그리고 그 목표를 달성하는 방법에 대해 깨달았고, 신과 인간들, 그리고 대지의 여신이 그의 발견을 인정하였다.

붓다(깨달은 자)는 남은 45년의 생애를 인도 북부 전역의 사람들과 이러한 발견을 나누며 보냈다. 불교도들은 현 역사 시대에 살았던 석가모니 붓다만이 깨달음을 얻은 유일한 분이 아니며, 이전 시대에도 수많은 붓다가 있었고 앞으로도 많은 붓다가 깨달음을 얻을 것이라고 믿는다. "샤카(Śākya)족의 성자"라는 뜻의 석가모니(Śākyamuni) 붓다는 마음의 더러움을 정화하고자 하는 모든 사람들에게, 고통과 불만족으로부터 해탈할 수 있는 길을 가르쳐 주었다. 그의 추종자들은 남녀노소, 사회 계층, 배경을 가리지 않았다.

비록 붓다가 사회 운동가가 되려고 한 것은 아니었지만, 그가 가르친 지혜와 자비의 길은 당시로서는 상당히 혁명적인 것이었다. 브라만 계급의 남성 종교인들에만 제한되었던 신에 대한 숭배와 의식 수행을 대신하여, 인과의 법칙에 대한 윤리적 해석과 모든 사람이 실천할 수 있는 자기 발견의 경험적 방법을 가르쳤다.

붓다는 깨달음을 얻기 직전에 보리수 아래에서 명상하는 동안 윤회에 대한 일반적인 믿음과 행위와 그 결과 사이의 인과적 연관성을 확인했다. 그는 천신들의 요청으로 그의 통찰력을 공유하기 시작했고 45년 동안 인도 북부 전역에서 가르침을 전했다.

붓다는 욕망, 증오, 무지, 자만, 질투와 같은 정신적인 오염이 존재의 순환, 즉 윤회(saṃsāra) 안에서 재생을 반복하는 원인이라고 가르쳤다. 재생은 필연적으로 고통과 불만족을 수반하며, 고통에서 벗어나는 유일한 길은 윤회로부터의 해탈을 성취하는 것이다.

이러한 가르침과 이해를 돕는 명상 수행에 대한 통찰력을 얻은 후, 그의 제자들은 '사방으로' 널리 파견되어 그의 가르침을 전파했고, 수천 명의 남성과 여성이 고통과 불만족에서 벗어난 해탈의 경지를 성취하였다. 그들은 정신적 오염으로부터 벗어났고, 그리하여 생사의 수레바퀴 속에서의 고통과 윤회의 속박으로부터 해방된 존재인 아라한으로 알려지게 되었다.

붓다는 명상 중에 얻은 통찰을 바탕으로, 중생은 반복되는 생멸의 수레바퀴인 윤회에서 다른 형태를 취하며, 이러한 정체성에는 지울 수 없고, 본질적이며, 지속되는 것은 없다고 설명했다. 따라서 사람은 매 생마다 다른 환경에서 남성이나 여성의 다른 몸으로 태어날 수 있는 것이다.

여성의 몸으로 다시 태어나는 환경은 더 힘들고, 남성으로 태어나는 것이 더 바람직하게 여겨졌다. 왜냐면 예를 들어 여성은 월경, 출산, 폐경의 고통을 경험하기 때문이다. 붓다의 시대 당시에는 여성이 성희롱과 강간에 취약하기 때문에 보호가 필요하다고 생각되었다.

결혼을 하면 여성은 친정을 떠나 남편의 가족과 함께 살아야 했기 때문에 딸은 종종 결혼할 때까지 먹여 살릴 또 하나의 입, 즉 부담으로 여겨져 많은 지참금을 요구하는 경우가 있었다. 당시 인도 북부에 만연했던 가부장적인 사회 분위기 속에서 여성은 많은 제약과 어려움에 직면했다.

붓다의 계모 마하프라자파티와 아내 야쇼다라와 같은 귀족 여성들도 다른 사회 계층의 여성들과 마찬가지로 많은 제약을 받았다. 이러한 맥락에서, 여성과 남성 모두가 고통으로부터 그리고 윤회의 굴레에서 해방될 수 있다는 붓다의 선언은 혁명적인 것이었다.

실질적으로, 여성들이 출가 공동체(팔리어: saṅgha; 산스크리트: saṃgha)에 들어가는 것을 허용한 붓다의 결정은 여성들에게 가정생활과 사회적으로 규정된 아내와 어머니의 역할에 대한 대안을 제공했다. 『테리가타(Therīgāthā)』에 기록된 몇몇 초기 비구니들의 시는 깨달은 여성들이 경험한 정신적 성취와 자유에 대한 증언이다.

인도에서 불교는 여러 방향으로 퍼져 나갔고, 역사의 여러 시점에서 아시아 여러 지역에서 지배적인 세계관이 되었다. 불교의 주요 분파 중 상좌부와 대승불교가 발전해 갔다. 상좌부 불교는 주로 남아시아와 동남아시아에서 우세한 반면, 대승불교는 북아시아 및 동아시아에서 지배적이게 되었다.

사회적 관습과 가족의 관행은 초기 문화의 영향을 받아 불교 사회마다 매우 다양하다. 불교 신앙, 사회 관습, 종교 기관 사이의 연결고리와 차이를 추적하는 것은 여성에 대한 태도를 이해하는 데 핵심이 될 것이다.

불교의 사상, 사회적 실천

바라문들이 전파한 사회관에 따르면[2], 여성은 결혼하여 남편의 지시를 따라야 하며, 실제로 남편을 신으로 여기고("빠띠[pati]"는 "신"과 "남편"을 동시에 의미), 남편에게 전적으로 헌신해야 한다고 배운다.[3]

반대로 불교 여성은 원할 경우 가정생활을 떠나 비구니가 되기로 결정할 수 있었다. 불교 가정의 여성이 결혼을 원하는 경우, 그들은 일반적으로 자신의 배우자를 선택할 수 있는 자유가 더 많았다. 붓다는 행복한 결혼 생활 방법에 대한 조언을 하였지만, 불교에는 결혼과 관련된 종교법은 없다.[4]

---

[2] Thapar, "Householder and the Renouncer." 참조.
[3] Young, "Hinduism," 74.
[4] 팔리어 경전 『디가 니까야(*Dīgha Nikāya*)』에 있는 『시갈로바다(*Sigālovāda*)경』은 조화로운 가정생활을 위한 붓다의 조언을 포함하고 있지만, 이 담론은 출가 규율의 바라제목차(*Pāṭimokkha*, 산스크리트: *Prātimokṣa*) 강령과 유사한 규정을 포함하지 않는다. 팔리어 경전은 상좌부 전통의 텍스트 기반 역할을 하는 불설의 모음집이다. 팔리어 교정본은 기원전 3세기 동안 스리랑카로 전해졌고 기원전 1세기 동안 처음 문자로 기록되었다. 그 텍스트들은 네 개의 모음집으로 구성되어 있는데, 팔리어로는 니까야(nikāya)로, 중국 불교 전통에서는 산스크리트어 용어

결혼은 종교가 거의 역할을 하지 않는 민사 계약이다. 비구나 비구니가 기도문을 낭독하거나 축복을 전하도록 초청받을 수 있지만, 혼인의 결합이 더 높은 권위에 의해 신성시되거나 성화되지는 않는다. 혼전 성관계나 과부의 재혼에 대한 종교적 제약도 없다. 불교도들은 올바르지 않은 성행위를 삼가는 것을 포함한 5가지 재가 계율에 따라 살도록 권장되지만, 이는 신성한 의무가 아닌 개인적인 선택이다. 불교의 법률 규정에 가장 가까운 것은 출가자의 계율을 설명한 문헌집인 율장(vinaya)이다. 결혼, 이혼, 재산권에 관한 관습은 문화마다 다르다. 불교문화권에서는 일반적으로 종교 당국이 가족 문제를 당사자의 재량에 맡기고, 요청이 있을 때 붓다의 가르침에 따라 조언을 제공하며, "세속적인 일"로 간주되는 것은 피하고자 한다.

대부분의 불교 사회에서 성직자는 독신인 비구와 비구니이다.[5] 비록 석가모니 붓다처럼 이전에 결혼한 적이 있더라도, 독신 출가자에게는 세속적인 문제에 관여하는 것을 기대하거나 권장하지 않는다. 그들은 보시, 윤리적 행동, 인내, 마음챙김, 지혜, 자비 등을 포함한 불교적 가치를 준수해야 한다. 종교적 가치와 절제된 비구, 비구니의 모범적인 행동은 분명히 불교인의 의사 결정과 대인 관계에 영향을 미치지만, 출가자는 축원을 하고 모든 사람의 평화와 행복을 기원하는

인 아가마(āgama)로 알려져 있다. 이들 언어와 다른 언어로 쓰여진 대부분의 원본 텍스트는 역사에서 사라졌지만 다행히 많은 텍스트가 한문과 티벳어로 번역되어 보존되어 왔다.

5 일본과 중앙아시아, 예를 들면 몽골, 네팔, 러시아 등에서는 종교인이 처자식이 있을 수 있는 예외가 발견된다.

것 외에 재가자의 삶에 대한 관할권이 없으며 결혼 관습에 영향을 미치거나 특별한 관심을 갖지 않는다.[6]

불교의 관점에서 동물을 포함한 모든 중생에 대한 폭력은 종교적으로 절대 허용되지 않는다. 일부 불교도들은 생사가 갈리는 상황에서의 폭력을 용인할 수도 있겠지만, 첫 번째 계율은 생명을 빼앗지 말라는 것이며, 이것은 넓게 해석하면 어떤 중생에게라도 해를 끼치지 말라는 의미이다. 특히 가정은 자녀를 양육하는 환경이기 때문에 어떤 형태의 폭력도 용납되지 않는다. 대신에 붓다는 제자들에게 생각과 말과 행동으로 모든 이에게 자애와 연민을 베풀며 살라고 가르쳤다.

자애 명상은 특히 사랑하는 사람에게 초점을 맞춘 다음 모든 생명으로 확장한다. 불살생을 도덕적 원칙으로 가르친다고 해서 모든 불교 가정이 집안의 평화와 화합의 안식처가 되는 것은 아니지만, 불교도들은 비폭력을 중시하며 일반적으로 이 이상에 부응하기 위해 최선을 다한다. 불교 사상과 사회 관습은 종종 불교가 도입되기 이전의 신념과 관습에 의해 서로 얽혀 있고 영향을 받는다. 특히 정치와 종교 분야에서 여성보다 남성을 우대하는 성별 위계질서는 모든 불교 사회에서 분명히 드러난다. 인과응보의 자연법칙인 업에 대한 불교의 이해에 따르면 사회, 경제적 불평등은 개인의 과거 행동의 결과일 수 있지만, 불의가 불교의 가르침으로 정당화될 수는 없다.

붓다는 모든 사회적, 경제적 배경을 가진 구도자들을 자신의 공동체에 받아들였으며, 실제로 초기 불교 승가 공동체는 가장 초기에 기록된

---

6 현대에는 일부 종교인들이 결혼식을 하는데, 특히 미국에 있는 일본계 이민자에게서 볼 수 있다.

민주적 통치의 사례일 수 있다.[7] 그럼에도 불구하고 사회적으로 내재된 관습은 남성을 우선시하는 경향이 있다. 이러한 관습은 지역 관습이나 초기 인도의 가치관을 반영한 것일 수 있지만, 불교의 가정과 조직, 그리고 사회에서 남성의 특권적 지위는 불교 승단에서 비구의 특권적 지위에 의해 영향 받은 것일 수 있다. 오늘날에도 불교 사회에서 남자아이는 부모의 축복과 격려를 받아 승단에 들어갈 가능성이 더 높다. 남자아이들은 부모를 위한 선업 공덕을 쌓기 위해 출가할 것이 어느 정도 권장되지만, 여자아이들이 그와 같은 격려를 받아서 출가하는 경우는 드물다. 적어도 최근까지만 해도 비구니보다 비구의 지위가 더 높았기 때문에 일반적으로 여아보다 남아를 선호하였다. 그 결과 불교 사회에서는 전통적으로 비구승의 숫자가 비구니보다 훨씬 더 많았다.

비구와 비구니의 관계는 승단의 규범에 규정되어 있으며, 특히 율장의 "팔중법八重法"(팔리어: garudhamma; 산스크리트: gurudharma)의 영향을 받는데, 이것은 승단의 질서에서 비구에게 우월한 지위를

---

[7] 달라이 라마 14세 텐진 갸초(Bstan-dzin-rgya-mtsho), "Buddhism, Asian Values, and Democracy,"에 따르면, "의사 결정 절차로서의 민주주의와 관련하여, 우리는 불교 전통에서 합의의 필요성에 대한 특정한 인식을 다시 발견할 수 있다. 예를 들어 불교 승단은 개별 승려의 삶에 영향을 미치는 주요 결정을 집단적 담론에 기초하여 내린 오랜 역사를 가지고 있다. 사실 엄밀히 말하면, 출가수행의 유지와 관련된 모든 의식은 최소 4명의 승려가 모인 가운데 실행해야 한다. 따라서 불교 승가 공동체의 행동과 생활을 규율하는 율장의 규율 규칙은 민주적 전통에 부합한다고 말할 수 있다. 적어도 이론적으로는 부처님의 가르침도 특정 상황에서는 수계 받은 특정수의 비구승들(4)에 의해 변경될 수 있다."

배정한 것이었다. 출가자의 규칙이 재가자에게 적용되지는 않지만, 출가 공동체의 이러한 성차별은 성별에 따른 사회 규범의 영향을 받아, 여성보다 남성을 우선시하는 특정 성별에 따른 사회적 관행, 선입견, 기대를 영속화시킨 것으로 보인다. 예를 들어 붓다 당시에는 비구가 비구니보다 많았기 때문에 보존되어 온 가르침은 종종 비구를 대상으로 하는 경우가 많았다.

붓다는 자기 집착을 극복하기 위한 첫 번째 단계로 제자들에게 묘지와 화장터를 찾아가서 사람의 몸의 본질을 명상하라고 조언했다.[8] 명상을 통해 사물을 "있는 그대로" 볼 수 있으므로 무지와 망상을 끊을 수 있다고 가르쳤다. 모든 인간은 똑같이 죽어서 썩을 수밖에 없다는 것을 이해함으로써 독립적으로 분리되어 존재하는 자아라는 환상을 꿰뚫어볼 수 있다. 사물의 무상한 본질을 이해하면 인간의 몸이 겉으로는 매력적으로 보일지 모르지만 그 안에는 많은 역겨운 물질로 가득차 있음을 알 수 있다. 따라서 몸의 진정한 본질에 대한 통찰은 감각적인 집착과 그 집착에서 비롯된 절망에서 벗어나는 데 도움이 된다.

붓다는 금욕적인 비구 청중을 대상으로 설법하였기 때문에 여성 신체의 불쾌한 특성을 예로 들었다. 붓다는 아마도 금욕주의 비구 청중이 욕망을 끊고, 금욕의 서원을 유지하도록 돕기 위해 여성 신체의 "더러운" 특성을 예로 들었을 것이지만, 이 가르침은 가부장적인 문화에서 여성의 불결함에 대한 선입견을 영속화했을 수 있다. 붓다가

---

8 Collins, "The Body in Theravāda Buddhist Monasticism."

금욕적인 비구니 청중을 대상으로 연설했다면 아마도 남성 신체의 불쾌한 특성을 예로 들었을 것이다. 안타깝게도 맥락을 벗어나서 여성 신체의 역겨운 특성에 대한 언급은 남성의 신체가 여성보다 다소 우월하다는 의미로 해석되어 왔다.

이러한 경전 구절은 남성으로의 환생이 여성 환생보다 더 낫다는 인상을 심어주었다.[9] 불교 사회에서는 붓다가 그렇게 말씀하셨다는 증거가 없음에도 불구하고 "여자로 태어난 것은 나쁜 업의 결과"라는 말을 자주 듣게 된다. 인체의 불결한 본질에 대한 이러한 가르침은 특정한 생식 능력으로 인해 몸과 자주 연관되는 여성에게 어떤 영향을 미칠까? 불교 경전에는 예를 들면 자녀에 대한 어머니의 사랑을 찬양하는 등 여성에 대한 긍정적인 표현이 많지만, 문헌들이 일관되지는 않는다.

어떤 서사에서는 붓다가 새로운 탁발 공동체에 여성을 받아들이는 것을 꺼려하고, 비구니를 비구에게 종속시키는 팔중법(八重法, 팔경계)을 받아들이는 데 동의한 후에야 비로소 마하프라자파티를 인정한 것으로 설명한다.[10] 이 이야기에서 붓다는 여성을 출가 교단인 승가(saṅgha)에 받아들인 결과, 500년 안에 자신의 가르침인 법이 쇠퇴하고 해체될 것을 예견하는 것으로 그려진다.[11] 이러한 서사는 당시 인도 사회에 존재했던 가부장적인 성별 관계와 기대치를 반영

---

[9] 초기 불교에서 여성의 재생과 관련 사상에 대해서는 Anālayo, "Karma and Female Birth." 참조.

[10] Hüsken, "Eight Garudhammas."

[11] Nattier, *Once upon a Future Time*, 128-33.

한다. 붓다 가르침의 해방적 성격과 여성들의 출가 생활이라고 하는 실질적인 대안에도 불구하고, 이러한 이야기는 불교 사회의 가부장적 규범을 강화하는 데 도움이 되었다. 점차 비구니의 적극적이고 대중적인 불교 활동 참여에 대한 문헌의 언급은 줄어들었고, 비구의 공헌이 중심이 되어 불교 서사에서 여성은 아예 등장하지 않는 경우가 많아졌다.

경전에서 여성이 잘 보이지 않는 것은 사회적으로나 경전적으로 여성 종속의 인정과 연결되는 것으로 보인다. 교육 기회의 불평등으로 인해 강화된 승가의 성 불평등은 일반적인 사회에서의 여성에 대한 양가적 태도를 반영하는 것 같다. 그 결과, 불교 문헌에는 높은 수준의 깨달음을 성취한 여성의 강력한 이미지도 있지만, 동시에 여성을 비하하고 폄하하는 경향이 있는 구절이 공존한다.[12] 불교 전통에서 여성에 대한 이야기는 여러 세기에 걸쳐 다양하고 지리적 범위가 넓어 다면적이다. 불교 전통 간의 상호 관계 또한 복잡하고 유동적이며, 불교가 다른 아시아 국가, 그리고 현재 전 세계로 확산됨에 따라 변모하고 있다.

이 책에서는 불교 전통의 역사와 문화적 발전이 각각의 전통을 독특하게 만든다는 점을 염두에 두고, 불교 여성들의 경험에서 공통점을 찾아볼 것이다. 앞으로 학자들이 이러한 전통과 그 안에서 여성의 역할에 대해 더 많은 자료를 발견함에 따라, 우리는 이 개론적인 조사를 넘어 우리의 생각을 수정해야 할 것이다.

---

12 예를 들면 Young, "Female Mutability and Male Anxiety"; Young, *Courtesans and Tantric Consorts*. 참조.

이제 인도에서의 초기 단계 불교 여성사를 추적한 다음, 일부 아시아 및 비아시아 맥락에서의 역사 발전 후기 단계로 확장할 것이다. 이 역사에는 비구니로서 금욕적인 삶을 사는 불교 여성, 아내와 어머니로서 가정생활을 하는 여성, 그리고 이 범주 어디에도 속하지 않는 여성 수행자들의 이야기가 포함될 것이다.

불교의 출가 여성 이야기에는 구족계를 받고 300여 가지 계율을 지키는 비구니(산스크리트: bhikṣuṇī; 팔리어: bhikkhunī)와 그뿐 아니라, 5계, 8계, 9계, 10계 등 다양한 불교 계율을 지키는 여승들이 포함될 것이다. 이러한 구분이 여성의 정신적 수행, 교육, 사회적 수용, 그리고 재가 공동체로부터 받는 경제적 지원에 영향을 미치는지 여부와, 그리고 어떻게 영향을 미치는지 논의할 것이다. 불교의 세계화와 맞물린 최근의 발전을 포함하여 불교 여성사에서 중요한 인물과 전환점을 살펴볼 것이다.

붓다는 모든 정신적 오염이나 파괴적인 감정을 버림으로써 깨달음이라는 목표에 이르는 길을 가르쳤다. 따라서 깨달음은 의식 또는 인식의 특질이며, 의식에는 어떤 성적인 표시나 성별이 없다. 중생은 여러 생애에 걸쳐 다시 태어나는 과정에서 다른 형태와 다른 성별을 취한다. 내재적 본질이 없는 존재는 본질적인 성별 또한 결여되어 있다. 욕망을 포기하는 이상적인 생활 방식으로 인식되는 금욕주의 이상도 또한 궁극적으로 어떤 본질적인 성 정체성이 전혀 없다. 따라서 금욕적이며 놓아버리고 해방된 상태는 성별 구분을 넘어선 것이라고 할 수 있다.

하지만 성별 구분은 의례, 개인적 인식, 일상적 상호 작용 및 일반

생활의 실제적인 문제 속에서 유지되어, 관습적인 수준에서 작동한다. 불교 승단에서 비구와 비구니는 일반적으로 분리된다. 독신 출가자는 성 정체성이나 성 차별에서 자유롭지 않다. 일반적으로 옹호론자들은 불교에 성 차별은 없으며 깨달음은 남성과 여성의 구분을 넘어선다고 말한다. 그러나 이러한 성평등에 대한 주장은 여성에 대한 인식과 대우에서 수많은 불평등한 사례와 모순된다. 부탄, 버마, 라다크, 태국 등 일부 불교 사회에서는 생리 중인 여성이 종교 장소 출입을 못하는 금기 사항이 오늘날에도 여전히 존재한다.[13]

성별 구분은 긍정적인 측면에서 생각될 수도 있다. 예를 들어 오늘날에는 특정 성별 또는 성별 스펙트럼의 다른 부분, 즉 이분법적인 성별 구분에서 벗어났거나, 성별이 규정되지 않거나, 성별이 전혀 없는 경우를 자신의 정체성으로 선택하는 것이 인권으로 간주되는 경우가 많다. 성 정체성을 지우거나 넘어선다는 개념은 성 차별을 없애기 위한 수단으로 제시될 수도 있지만, 성별 구분을 완전히 지우는 것은 논쟁의 여지가 있는 이상이다. 특히 성 정체성으로 인해 어려움을 겪다가 마침내 선호하는 성별을 받아들인 사람들에게 그러하다.

성적 자유가 확대된 현대에는 금욕주의(brahmacarya, "순수한 삶")가 해탈을 달성하기 위한 이상적 생활 방식이라는 전통적 가정에 도전하는 사람들도 있다. 붓다 석가모니가 고통으로부터의 해탈에 대한 가르침을 설파했을 때, 재가와 출가의 모든 남녀가 동등하게 접근할 수 있는 정신적 정화와 의식 변화의 길을 가르쳤다. 그러나 불교

---

[13] Bernard Faure는 *The Power of Denial: Buddhism, Purity, and Gender*에서 순수와 오염에 대한 질문을 본격적으로 다루고 있다.

역사의 대부분을 통틀어 여성의 경험은 대부분 규정된 가족 및 출가 제도에 국한되어 왔으며, 여성 자신의 생각, 선호도 및 기여는 종종 무시되고 억압되거나 또는 간과되어 왔다.

오늘날 많은 불교학자들은 여성에 대한 태도를 형성하는 데 도움을 준 경전과 전설에 주목하고 있으며, 불교 여성의 삶과 선택에 영향을 미치는 종교, 문화, 사회의 복잡한 상호 작용에 대해 다시 생각하고 있다. 특히 최근 수십 년 동안 국제적으로 불교와 페미니즘 사상에 대한 관심이 증가하면서 불교 사회에서 여성의 지위와 여성에 대한 현대적 이야기의 근간이 되는 가정에 새로운 질문이 제기되고 있다. 이러한 연구는 이 주요 지혜 전통에서 여성들이 걸어온 다양한 정신적 길을 조명한다.

붓다는 모든 존재는 마음을 정화하고 정신적 번뇌, 고통, 그리고 윤회로부터 벗어날 수 있는 잠재력을 가지고 있다고 가르쳤다. 다양한 불교 전통이 발전함에 따라, 여성은 아라한(해탈한 존재)이나 보살(완전한 깨달음의 길에 있는 존재), 심지어 완전히 깨달은 붓다가 되는 등 자신의 전통에서 상상하는 최고의 목표를 향해 열망할 수 있었다. 아무리 그 길이 특히 여성의 몸으로는 힘든 것으로 묘사되더라도, 여성은 전통이 제공하는 최고의 목표를 적어도 이론적으로는 달성할 수 있었다.

오늘날 남아시아와 동남아시아에 널리 퍼져 있는, 상좌부로 알려진 전통에서는 윤회하는 존재에서 해탈한 아라한이 되는 것이 목표이다. 북아시아 및 동아시아에 널리 퍼져 있는, 대승으로 알려진 전통에서는 완전히 깨달은 붓다가 되기 위해 보살의 길로 나아가는 것이 목표이다.

여성이 붓다가 될 수 있다는 것을 부정하는 많은 언급이 상좌부와 대승 문헌에 모두 나타나지만, 붓다 시대에 수많은 여성 아라한이 존재했다는 것은 여성이 그 특정 목표를 달성할 수 있었다는 충분한 증거이다.

대승 전통에서는 모든 중생이 붓다가 될 수 있다는 것뿐만 아니라 결국에는 모두가 붓다가 될 것이라고 믿는다. 따라서 여성도 완전히 깨달은 붓다가 될 수 있는 잠재력을 가지는 것이다. 그러나 대승불교 전통에 따르면, 여성이 비록 여성의 몸으로 보살의 길과 단계를 수행하여 결국 붓다가 될 수 있음에도 불구하고, 마지막 생애에는 붓다 석가모니처럼 남성의 몸으로 나타나야 한다.

대승 전통의 금강승 분파에서는 완전히 깨달은 존재의 모습으로 자신을 시각화하는 수행법을 가르치는데, 여기서는 여성이 여성의 모습으로 붓다가 될 수 있다고 말한다. 대표적인 예가 타라(Tārā)인데, 중생을 위해 여성의 모습으로 완전한 깨달음을 이루겠다는 강한 결심을 하고 성공적으로 그렇게 성취한 특출한 여성이다.[14] 초기 불교 사상 학파 화지부(化地部, Mahīśāsaka)는 현상이 오직 현재 순간에만 존재하는 것으로 간주하였는데, 이 부파만이 여성은 완전히 깨달은 붓다가 될 수 없다고 가르쳤으며, 이 학파는 인도에서 오래전에 소멸했다.[15]

실제로 불교문화권의 많은 여성들은 이러한 높은 성취를 열망하지

---

14 그녀의 이야기는 Shaw, *Buddhist Goddesses of India*, 306-55.에서 볼 수 있다.

15 Prebish, *Buddhism*, 39.

않는다. 대신 조용히 종교적인 수행을 추구하고 사회적, 종교적 위계를 지배하는 남성의 정신적 노력을 지원하는 경향이 있다. 그럼에도 불구하고 역사적으로 사회적 규범에 도전하고 용기를 내어 침묵에서 나와 불교의 해방의 약속을 구현한 특별한 여성 수행자들이 있었다. 고대 인도 최초의 여성 아라한에 대한 설명에서부터 시작되는 이 이야기의 힘을 통해 불교 여성들은 자신의 잠재력을 깨닫고 깨달음의 길에서 인내할 수 있는 영감을 얻어 왔다. 현대 불교 페미니즘계에서는 역사와 전설에 등장하는 이러한 이야기들을 여성의 깨달음(붓다의 가르침에 대한 직접적인 통찰)과 정신적 해탈을 위한 모델로 강조하고 있다.

불교 문헌과 공동체는 여성에 대한 다양한 표현을 전달한다. 여성이 남성을 유혹하고 타락시키는 존재로 묘사되는 것은 붓다가 깨달음을 얻기 전날 밤 관능적인 "마라의 딸들"에게 유혹받는 이야기에서 전형적으로 드러난다.([그림1] 참조) 여성에 대한 덜 호의적인 묘사와 태도 중 일부는 불교 발전 초기에 고대 인도 사회를 특징짓던 만연한 가부장적 편향으로 거슬러 올라갈 수도 있지만, 이러한 태도는 여성이 승가에 들어오는 것을 붓다가 꺼려했다는 주장, 마하프라자파티(Mahāprajā-patī)에게 부과한 것으로 알려진 팔중법 및 그에 따른 쇠퇴의 예측에서도 찾아볼 수 있다.

비구니에 대한 비구의 권위를 법제화한 8가지 규칙은 상좌부 불교에서 비구에게 우선권을 부여하고, 비구 승가(출가 남성 공동체)의 연속성을 보장한 반면, 비구니 승가(출가 여성 공동체)에는 그렇지 않은, 불교 종교 구조의 지속적인 성 편향에 기여했을 수 있다.

【그림1】 보리수 아래에서 명상하는 동안 여성의 매혹적인 힘에 유혹을 받는 붓다의 그림. 브라질 비아망(Viamão)의 카미뉴 두 메이오(Caminho do Meio)에 있는 센트로 데 에스투도스 부디스타스 보디사트바(Centro de Estudos Budistas Bodisatva)의 티파니 갸트소(Tiffani Gyatso) 작품. 사진: 카르마 렉세 쏘모(Karma Lekshe Tsomo).

불교 사회의 여성들이 불교 역사에 여성 아라한이 존재했다는 사실을 알고 있다 하더라도, 현대의 비구니들이 식사, 승복, 의약품, 주거 등 필수품에 대해 빈약한 지원을 받는 것으로 인해 쉽게 낙담할 수 있다. 또한 특히 문화적으로 선호되는 아내와 어머니로서의 여성의 역할을 거부하는 여성을 인정하고 격려하지 않아서 낙담할 수도 있다.

불교의 성차별은 과거의 일부 시대에만 해당되는 현상이 아니다. 오늘날에도 서구 국가를 포함한 많은 국가의 불교 여성들은 여성의 본성과 능력에 대한 뿌리 깊은 편견과 가정에 직면할 수 있으며,

이는 여성과 남성 모두에 의해 지속되고 있다. 예를 들어 만일 여성이 독신으로 살거나 아이를 낳지 않기로 하거나, 출가자가 되기로 결정하면 이러한 편견과 가정은 분명해진다. 불교 전통에서 여성이 수행해 온 여러 역할에 대해 자세히 알아보면, 다양한 문화권에서 여성이 사회의 기대를 수용하거나 무시하거나 혹은 변형하는 등 그것을 다뤄 온 방식을 알 수 있다.

미래의 혁명

정의와 평등이라는 민주주의 이상에 강한 영향을 받는 국제 사회에서, 성차별은 일반적으로 더 이상 정당화될 수 없으며 가정 폭력, 성매매, 여아의 건강과 교육 방치 등 많은 사회 문제와 관련이 있다. 전 세계의 많은 사람들이 볼 때 여성을 물질적, 심리적, 사회적, 정신적으로 불리하게 만드는 구시대적인 종교 구조는 성평등이라는 새로운 글로벌 윤리에 위배되며 불행히도 시대에 뒤떨어진 것으로 보인다.

수 세기 동안 당연하게 여겨져 온 여성의 업보에 따른 열등감과 불교 기관에서 여성의 보이지 않는 역할이라는 현실에 대한 가정은 이제 불교 사회와 국제 사회 모두에서 면밀한 조사가 이루어지고 있다. 차별적인 태도와 가부장적인 구조는 붓다의 해탈에 대한 가르침과 모순될 뿐만 아니라 오늘날, 특히 아시아를 넘어 전 세계에서 불교 수행을 추구하는 가치에 의문을 품게 할 수 있다.

불교의 여성이라는 주제에 관심이 급격히 증가하면서 새로운 학문의 흐름도 생겨나고 있다. 특정 문화권이나 불교 역사 발전의 여러 단계에 있는 여성에 초점을 맞춘 연구도 있고, 불교 문헌에서 발견되는 하나의 범주로서의 여성에 대한 상반된 묘사를 문학적으로 분석하기도 한다. 그러나 아직까지 불교의 여성에 대한 주제를 전반적으로 적절하게 다룬 최신 입문서는 없었다. 불교의 역사적, 문화적 발전 과정을 추적하는 이 책은 초기 인도 상황에서의 불교 여성들, 즉 붓다의 어머니, 계모, 아내, 그리고 초기 여성 제자들에 대한 논의로 시작한다. 그런 다음 오늘날에 이르기까지 불교 역사의 다른 문화적 맥락과 시대 속에서의 여성들의 삶과 도전 그리고 업적으로 옮겨갈 것이다.

깨달은 여성과 평범한 여성들의 투쟁과 성취를 다양하게 이야기하면서 불교의 가르침이 여성을 정신적으로 해방시키는 방식과 가부장적 사회 구조와 불교 제도 내에서 여성의 종속을 강화하는 데 특정 가르침이 사용되어 온 방식을 포함하여 몇 가지 두드러진 주제를 살펴볼 것이다. 다양한 불교문화 속에서 선정된 사례를 통해, 특정 불교 사회에서의 여성의 고유한 역할을 조사하고 그 안에서 공통점을 추적한다. 불교 사회와 제도를 혁신하고 진정한 평등주의 사회를 만들려면 어떤 사회적, 종교적, 심리적, 이념적 변화가 필요한지 구상하기 위해 현재 불교적 태도의 변화가 일어나고 있다.

불교의 가르침과 전통은 점점 더 국경을 초월하고 있으며, 많은 구시대적인 태도들이 재검토 대상이 되고 있다. 한 가지 주요 문제는 초기 비구와 비구니 승가가 모델로 삼은 내부적으로 평등한 조직 구조와 오늘날 많은 불교 기관의 위계적 구조가 모순으로 보이는 것이다. 불교 경전과 가르침은 다양한 형태의 고통에 대한 해결책을 제시하지만, 여러 형태의 고통과 불의의 근간이 되는 구조적 불평등을 명시적으로 다루지는 않는다. 불교 수행의 궁극적인 목표인 해탈의 성취는 성별을 초월하는 것으로 설명된다. 하지만 현실적인 단계에서는 성별이 매우 중요하다. 불교 학습과 수행에 도움이 되는 환경이 조성되지 않는다면, 많은 여성에게 해탈이라는 목표는 그저 꿈에 불과하다. 이론적 이상으로서의 해탈은 현실의 조건에 맞출 필요가 있다. 실제로 여성들은 일상생활의 불행을 매우 크게 경험한다. 가난하고, 문맹이며, 교육을 받지 못하고, 과로에 시달리는 수백만 명의 여성들은 불교 수행을 위한 여가 시간을 거의 갖지 못한다.

불교의 혁신적인 새 비전에 여성에 대한 진지한 관심과 깨달은 여성이 사회에 제공할 수 있는 혜택이 포함되어 있다는 것은 매우 고무적인 일이다. 이 새로운 비전은 불교 여성들을 위해 일하고 모든 종류의 교육과 모든 수준의 출가 수계를 받을 수 있도록 하는 범세계적인 활발한 운동에 박차를 가하고 있다. 불교학자, 수행자, 학자/수행자들은 성 불평등의 뿌리를 이해하고 여성의 열등에 대한 신화를 지속시켜 온 텍스트와 검증되지 않은 가정을 비판적으로 분석하는 노력에 참여하고 있다. 새로운 연구 방법론과 폭넓은 지식 기반을 통해 학자들은 이러한 도구를 텍스트와 전통을 철저히 재해석하는 데 적용하고, 여성이 불교 사상과 수행에 기여한 바에 대해 더 많은 정부를 밝혀내고자 한다.

문화적 차이를 뛰어넘는 새로운 소통 방식은 창의적이고 상호 유익한 국제 교류를 촉진한다. 1980년대에 시작된 불교 페미니즘 운동은 문화적 경계를 넘어, 불교문화에 지속될 뿐만 아니라 많은 사람들의 마음을 가두는 성별에 따른 전제와 한계를 탐구한다.

불교 페미니스트의 상상력은 세계 여성 운동에 의해 촉발된 자연스러운 역사적 발전이자, 많은 불교 여성들이 자기 인식을 키우고 다른 여성 및 남성 동료들과 연대를 구축하는 지극히 개인적인 여정이기도 하다. 깨달음은 성별을 초월하여 누구나 도달할 수 있는 성취이자, 여성의 경험에서 비롯된 자각으로서 인류를 해방시키고 혁명을 일으킬 수 있는 가능성을 지닌다.

1장 초기 인도불교에서의 여성

불교 전통에 따르면, 붓다는 일생 동안 모범적인 여성들에 의해 둘러싸여 있었다. 붓다의 생애에 대한 전설은 순결의 상징으로 묘사된 그의 어머니 마하마야 고타마(Mahāmāyā Gautama)로부터 시작된다. 그녀는 하얀 코끼리가 코로 하얀 연꽃을 나르면서 그녀의 오른편으로 들어오는 태몽을 꾸고 왕자를 잉태했다. 붓다의 신비한 탄생은 마하마야 왕비가 고향으로 이동하던 중, 룸비니의 꽃이 만발한 과일나무 숲에 멈춰 섰을 때 일어났다. 왕비가 나뭇가지를 잡으려고 손을 뻗자, 갓난아기는 오른쪽에서 완전한 형태로 나왔고, 그리고는 일어나서 일곱 걸음을 내디뎠다. 신들은 기뻐했고, 그 아이에게는 고타마 싯다르타(Gautama Siddhārtha)라는 이름이 붙여졌다. 그의 아버지인 샤캬족의 슛도다나(Śuddhodana) 왕은 자신이 통치자로 선정되었을 때, 아들이 자라서 자신을 계승하리라는 큰 기대를 안고 있었다.

싯다르타는 그의 아버지 나라의 수도 카필라바스투(Kapilavastu)에서 자라났다 한다. 마하마야 왕비는 특별한 남자아이를 낳은 역할을 한 이상적인 여성으로 묘사되었는데, 이것은 고대 인도의 사회, 문화적 환경 속에서 여성에 대한 기대에 완벽하게 부합하는 것이었다. 그녀는 어린 왕자가 태어난 지 1주일 밖에 되지 않아 세상을 떠났지만, 그녀는 이 서사 속에서 영원히 완벽한 여인으로 만들어졌고, 미래에 붓다가 될 아이를 탄생시키는 모습은 아시아 전역으로 널리 전파되었다.([그림2] 참조) 실제로 마하마야가 없었다면 왕자는 태어나지 못했

【그림2】 붓다가 태어난 지 일주일 만에 돌아가신 붓다의 어머니 마하마야의 이미지. 네팔 카트만두 다르마키르티 비하르(Dharmakirti Vihar), 사진: 카르마 렉셰 쵸모 (Karma Lekshe Tsomo).

을 것이고, 따라서 붓다도 없고 가르침, 제자, 불교 전통도 없었을 것이다.

마하마야 왕비가 죽은 후, 그녀의 여동생 마하프라자파티 고타미(팔리어: Mahāpajāpatī)는 슛도다나 왕과 혼인하여 싯다르타의 사랑스런 양어머니가 되었다. 그녀는 왕자를 친자식처럼 키우며 전형적인 이타적 모성애를 보여주었다. 훗날 왕자가 깨달음을 얻고 붓다가 된 후, 그녀는 왕실의 약 500명의 여인들을 이끌고 여성들이 승가(saṅgha, 출가자 공동체)에 들어갈 수 있도록 붓다께 간청했는데, 이것을 통해 그녀는 자신의 지성과 신심, 그리고 용기를 보여주었다.

싯다르타가 성인이 되었을 때 아름다운 공주 야쇼다라(Yaśodharā)와 결혼했다. 그녀는 완벽한 아내의 역할을 모범적으로 수행하여 아들을 낳았고, 또한 남편이 그녀와 아이를 모두 버린 후에도 결코 그를 버리지 않았다. 네 번째 주요 여성 인물은 수자타(Sujātā)라는 이름의 젊은 여인인데, 어떤 문헌에는 '라다(Rādhā)'라고 하기도 한다. 싯타르타의 구도행 과정 중 가장 힘든 시기에 그는 굶주림과 목마름으로 완전히 쇠약해졌는데, 그때 수자타가 나타나서 싯타르타가 회복할 수 있도록 영양가 있는 음식을 제공하는 이타적 자비를 보여주었다. 점차 여성들이 초기 출가 공동체의 일원이 되면서 수천 명이 붓다의 가르침을 받아들이고 성실한 수행을 통해 아라한이 되었다.

붓다는 평생 동안 많은 신자들이 따랐는데, 그중 일부는 붓다의 모범을 따라 출가하여 가정생활을 떠나기를 희망했다. 붓다는 완전한 깨달음을 얻은 후, 다섯 명의 수행 동료들이 머물고 있던 강가 강의 바라나시 근처 사르나트(Sarnath)에 있는 녹야원으로 갔다. 이 다섯 명의 젊은 사문(출가자)들은 붓다가 고행의 길을 추구할 때 그를 따랐다가, 붓다가 극도의 고행에 대한 믿음을 잃고 보드가야 근처 수자타 여인으로부터 우유죽을 얻어먹고 단식을 중단하자 그를 떠났다. 이 다섯 고행자는 붓다가 보리수나무 아래에서 깨달음을 얻은 후 녹야원에서 붓다를 다시 만났는데, 이때 처음에는 붓다를 피했지만 붓다가 깨달음을 얻었음을 인식하고는 어떤 경지를 성취했는지 물었다. 붓다는 죽음이 없는 상태, 즉 열반(산스크리트어: nirvāṇa; 팔리어: nibbāna)을 얻었다고 대답했다. 그들은 붓다의 발 앞에 절을 하며 자신들도 해탈의 경지에 도달할 것을 다짐했다.

붓다가 "오라, 비구여"라는 말을 전하자, 이 다섯 제자는 최초의 불교 승려가 되었고, 이로써 비구 승가, 즉 구족계 승려들의 공동체가 시작되었다. 비구의 수가 늘어나면서 여러 가지 비행이 발생하자 붓다는 행동 규칙을 정하기 시작했고, 이 규칙은 나중에 율장 문헌에 기록된 승가 계율의 뼈대로 점차 발전했다. 이러한 계율은 세계에서 가장 오래된 지속적 조직으로 알려진 불교의 출가 교단(saṅgha)의 지침이 되었다.

붓다가 깨달음을 얻은 직후 가르침을 시작했을 때 수많은 여성들이 붓다를 따르며 존경받는 불교 지식의 전달자가 되었다. 또한 마하프라자파티가 세계에서 가장 오래된 여성 조직으로 기록된 비구니 승가, 즉 구족계를 수지한 여승의 공동체를 창설하면서 여성들의 업적은 크게 확대되었다. 그녀는 해탈을 성취하고, 남은 긴 생애 동안 많은 깨달은 여성들을 능숙하게 지도했다.

불교학자인 캐서린 R. 블랙스톤(Kathryn R. Blackstone)은 『테리가타』(장로니의 시)에 포함된 해탈의 노래를 지은 명망 있는 여성 아라한의 목록을 정리했는데, 이 문헌은 붓다 당시에 살았던 70명의 장로비구니들의 통찰과 성취를 표현한 것이었다.[1] 팔리 삼장에 보존된 이 시구들은 문화적 고정관념을 뛰어넘어 비구니가 되면서 스스로 자유를 얻은 선구적인 여성의 고난과 성취를 모두 기록하고 있다. 인도학자 리아 클로펜보그(Ria Kloppenborg)는 이 시에 나타나는 여성에 대한 고정관념 그리고 그 당시의 일반적인 인물묘사로 보이는 것을 다음과 같이 확인했다. 즉 어리석은 여성, 헌신적인 딸, 몸과 장식품에 집착하고, 유혹자, 출산에 집착하고, 늙고 못생긴 노파 등이다.[2] 이러한 고정관념을 뛰어넘은 해방된 여성의 이미지는 여러 문화권의 많은 수행자들에게 영감을 불어넣어 주었다.

불교에서 여성의 성공적인 수행과 공헌의 의미를 완전히 이해하려면, 붓다가 처음 가르침을 전하고 그의 가르침과 공동체가 뿌리내린 땅인 인도의 상황을 고려해야 한다. 기원전 6세기에서 5세기 동안 인도는 주로 농업 국가였지만, 사회는 점점 도시화되고 있었다. 인도 북부 전역에서 작은 왕국과 공국公國이 발전하고 있었고, 무역은 기업가 계급에게 번영을 가져다주었다.

당시 사회는 확실히 가부장적이었고 여성의 활동은 종종 매우 제한적이었다.[3] 당시 남아시아 사회에서는 여성에 대한 부정적인 고정관념이 일반적이었다. 결혼 후 여성은 아들을 낳기 전까지는

---

[1] Blackstone, *Women in the Footsteps of the Buddha*, 127-35.

[2] Kloppenborg, "Female Stereotypes in Early Buddhism."

[3] Young, "Hinduism," 60-72.

멸시를 받다가 아들이 태어나면 그전보다 존경을 받았다.[4] 아들이 죽으면 어머니는 특권적인 지위를 잃고 버림받거나 배척당할 수도 있었다.

동시에 수많은 여신들이 숭배와 존경을 받았다. 우주의 정신적 창조력, 즉 샥티(śakti)는 여성의 것으로 이해되어 여신으로 구체화되었다. 여성에게 샥티가 있었지만, 혼외 임신을 하지 않도록 여성을 통제할 필요가 있다는 점이 강조되었다. 신성한 여성과 평범한 구체적인 여성 사이의 이분법은 오늘날에도 힌두 사회에서 분명하게 드러나는 깊은 양면성을 만들어낸다.

초기의 불교 여성

뛰어난 초기 불교 비구니들의 전기를 모은 『테리 아파다나(Therī-apadāna)』에 따르면, 붓다 석가모니는 그 이전의 수많은 붓다들처럼 비구(팔리어: bhikkhu; 산스크리트: bhikṣu), 비구니(팔리어: bhikkhunī; 산스크리트: bhikṣuṇī), 재가 남성(upāsaka), 그리고 재가 여성(upāsikā)으로 구성된 4부의 공동체(사부대중)를 형성하였다.[5] 각각의 붓다들은 여성에게 구족계를 제정했다. 가장 오래된 문헌에 따르면 이상적인 불교 사회는 이 네 그룹으로 구성된다고 한다. 이들은 함께 사회질서의 안정적 기반을 형성하며, 네 부문은 각각 이상적이고 균형 잡힌 조화로운 사회 유지의 기둥 역할을 한다.

---

4 Bode, "Women Leaders of the Buddhist Reformation," 793-94.
5 Collett, "The Female Past in Early Indian Buddhism."

붓다 석가모니는 비구니를 이러한 구성에서 필수적인 요소로 간주했다. 팔리어본 『대반열반경』에는 붓다가 "나는 지혜롭고, 잘 훈련되고, 자신감 있으며, 학식이 있는 비구니 제자들을 얻기 전에 세상을 떠나지 않을 것이다"라고 하는 중요한 구절이 있다.[6] 붓다의 다른 제자들과 마찬가지로 비구니는 규율, 윤리, 학문의 모범이 되고, 가르침을 전하며, 수행자를 격려하는 역할을 맡게 되었다. 붓다의 가르침을 구현하고 공유하는 일이 사부대중에게 맡겨졌을 뿐만 아니라, 세상 속에서 그 가르침이 번성하고 계속 존속하게 하는 것 또한 사부대중에게 달려 있었다.

붓다는 마음의 망상, 고통, 윤회하는 존재의 재생에서 벗어나는 해탈의 길을 모든 사람이 접근할 수 있도록 가르쳤다. 붓다는 모든 연령, 성별, 사회적 배경을 가진 사람들에게 차별 없이 공개적으로 가르침을 전한 것으로 알려졌다. 해탈에 이르는 길 또는 과정을 설명하는 그의 가르침, 팔리어로는 담마(Dhamma), 산스크리트어로 다르마(Dharma)는 카스트 계급 구조와 사제의 권위를 거부하는 혁명적인 것으로 여겨졌다. 앞서 살펴본 바와 같이, 비구들이 보존하고 전승한 문헌에 따르면, 붓다는 비록 불평등했지만 여성도 승가에 입문할 수 있도록 허용했다.

이 문헌들에는 여성들의 고난과 해방의 기쁨이 묘사되어 있으며, 일부는 해탈한 비구니 자신의 말로 표현되어 있다. 그들의 이야기는 율장, 출가승의 규범, 그리고 중국, 한국, 티벳 및 기타 여러 나라에

---

6 *Digha Nikaya* 16. Anālayo, "Women's Renunciation in Early Buddhism," 66, 재인용.

전해진 다른 문헌에서도 찾아볼 수 있다.

해탈을 성취한 여성에 대한 이러한 이야기의 전승은 수 세기 동안 번성했던 인도 불교의 철학, 수행법, 제도의 구조가 전유되고 각색, 재구성되는 과정의 일부였다. 붓다 당시의 걸출한 여성들의 성취가 여러 문헌에 기록되어 있다.[7] 이 여성들이 살았던 시대와 그들의 이야기가 쓰여진 시기 사이에는 몇 세기의 세월이 흘렀지만, 비구 암송자들은 기억력이 뛰어났고 젊은 시절 구전 텍스트를 암기하는 훈련을 받았었다.

붓다의 계모와 아내에 대한 이야기 외에도 불교 경전에는 초기 세대의 깨달음을 성취한 다른 여성의 이야기가 풍부하다. 붓다의 이복 누이였던 루파난다(Rūpanandā)는 명상 수행에서 가장 뛰어난 것으로 인정받았고, 소나(Soṇā)는 정진이 가장 뛰어났으며, 사쿨라(Sakulā)는 신성한 통찰력을 가장 높게 성취했다. 밧다 쿤달라케사(Bhaddā Kuṇḍalakesā)는 가장 빠르게 높은 통찰에 도달했다. 밧다 카필라니(Bhaddā Kapilānī)는 전생을 기억하는 데 가장 뛰어났고, 밧다 캇차나(Bhaddā Kaccānā)는 무수한 전생을 기억하는 데 가장 능숙했으며, 시갈라마타(Sigālamātā)는 신심이 가장 뛰어났고, 키사고타미(Kisāgotamī)는 고행과 거친 실로 짠 옷을 입은 것으로 유명했다.[8] 파타짜라(Paṭācārā)와 수카(Sukkhā)는 위대한 스승으로 인정받

---

[7] 예를 들면 Obeyesekere, *Portraits of Buddhist Women;* Wijeyaratna, *Buddhist Nuns* 참조.

[8] 이 이야기는 Bode, "Women Leaders of the Buddhist Reformation," 763-98에서 볼 수 있다.

앉다. 위사카(Visākhā), 말리카(Mallikā), 암바팔리(Ambapalī) 같은 재가 여성들은 선행과 보시로 유명했다. 이러한 이야기는 불교의 교리와 가치를 가르치는 역할 및 불도를 닦는 여성들에게 영감을 주는 역할을 했다.

예를 들어 『테리 아파다나(Therī-apadāna)』(장로 비구니들의 전기)에는 케마(Khemā), 웁팔라반나(Uppalavaṇṇā), 파타짜라(Paṭācārā), 밧다 쿤달라케사(Bhaddā Kuṇḍalakesā), 키사고타미(Kisāgotamī), 담마딘나(Dhammadinnā), 위사카(Visākhā)의 이야기를 포함하여 붓다 당시 수많은 뛰어난 여성들의 삶이 그려져 있다. 이 일곱 여인은 전생에 키키(Kikī)라는 왕의 딸이었는데, 키키 왕은 그들이 비구니가 되는 것을 허락하지 않았다. 그들은 수천 생애 동안 공덕을 닦은 후, 붓다 석가모니 시대에 환생하여 붓다의 주요 제자 속에 포함되었다.[9]

웁팔라반나(Uppalavaṇṇā)에 대한 이야기는 『마노라타푸라니(Manorathapūrani)』, 『테리가타』, 그리고 『법구경 주석서』에서 찾아볼 수 있는데, 이 문헌들은 서기 3세기에서 6세기 사이에 스리랑카에서 팔리어로 기록되었지만, 붓다 석가모니 당시부터 구전으로 전해지던 이야기를 바탕으로 한 것으로 보인다.[10]

일부 불교 경전에는 여성도 해탈을 성취하여 정신적 번뇌와 고통, 그리고 윤회에서 벗어날 수 있는 잠재력이 있다고 분명히 명시되어

---

9 그러나 Collett은 과거의 붓다에 대한 두 개의 주요 팔리어 경전의 설명에서 여성들이 거의 완전히 빠져 있다고 지적한다. Collett, "The Female Past in Early Indian Buddhism," 210-11. 참조.

10 Young, "Female Mutability and Male Anxiety."

있다.[11] 또한 많은 경전에는 해탈을 성취한 모범적인 비구니의 이름도 언급되어 있다. 그러나 이에 비해 해탈을 성취한 것으로 알려진 비구의 수는 이보다 훨씬 더 많다.

예를 들어 상좌부의 팔리어 경전 『디가 니까야』 속 『마하파다나(Mahāpadāna)경』에는 위파시(Vipassī)라는 이름의 붓다의 한 법회에 6백 8십만 명의 아라한 비구가 있었다고 하는데, 그러나 아라한 비구니에 대한 언급은 없다.[12] 이는 불교의 성별 불균형이 실제 매우 오래된 문제라는 것을 보여준다. 비구들은 경전뿐만 아니라 시간이 지남에 따라 진화한 다양한 불교문화와 공동체에서도 더 두드러지게 나타난다.

인도 불교 경전과 주석서에서는 붓다를 완전히 깨달은 존재의 특별한 정신적 성취를 증명하는, 위대한 사람(mahāpuruṣa)의 32가지 주요 신체적 특징(lakṣaṇa)을 지닌 독특한 존재로 묘사한다.[13] 여기서 핵심적인 것은 붓다의 신체가 마치 "왕의 종마처럼"[14] 감추어진 성기를

---

11 Anālayo는 『상윳따 니까야』와 그에 해당하는 한역본 『잡아함경(Saṃyukta-āgama)』 모두 "여성이 깨달음에 도달할 수 있는 능력에 대한 명시적인 승인"이 나타난다고 언급한다. 즉, 여성과 남성 모두 해탈에 이르게 하는 건전한 자질의 수레에 오를 수 있는 능력을 지녔다는 것이다. "The Bahudhātuka-sutta and Its Parallels," 137.

12 Walshe, *Long Discourses of the Buddha*, 200-201.

13 주요 특징들에는 머리에 높이 솟은 육계, 매우 긴 혀, 사자와 같은 어깨, 물갈퀴가 있는 손가락과 발가락, 무릎까지 뻗은 팔, 그리고 다른 특별한 신체적 특징들이 있다. Powers, *Bull of a Man*, 172-74 참조.

14 이 특별한 재능은 José Ignacio Cabezón, *Sexuality in Classical South Asian Buddhism*, 320-26과 Powers, *Bull of a Man*, 13-14 에서 논의되었다.

지니고 있기 때문에 남성으로 분명하게 묘사되는 점이다. 따라서 인간이 도달할 수 있는 궁극적인 상태는 남성의 몸에서 구상된다.

불교학자 호세 카베존(José Cabezón)은 붓다의 섹슈얼리티에 관한 두 가지 상반된 담론을 지적한다. 출가하기 전 붓다는 정력적이고 성적인 존재로 그려진다. 즉 "그의 남성성과 이성애적 능력은 그가 여성들에게 관심을 보이고, 결혼하여 아들을 낳았다는 사실에서 입증된다."[15] 그러나 깨달음을 얻은 후 그의 성적 능력이 통제되었을 때, "붓다의 성기는 복부나 골반 안으로 수축되어 '훌륭한 코끼리나 종마의 그것과 같이 칼집에 싸여 있는' 것으로 묘사된다"라는 것이다.[16]

그러나 모든 사람이 완전한 깨달음을 얻은 붓다가 되기를 열망하는 것은 아니며, 많은 사람들이 윤회하는 존재에서 벗어나 해탈한 존재, 즉 아라한이 되기를 열망한다. 붓다 자신이 아라한의 성취는 여성과 남성 모두에게 가능하다고 확신하였다. 따라서 불교에서 높은 성취를 이룬 여성들의 이야기는 시련과 승리, 명성과 지워짐, 증언과 침묵에 대한 영웅담이다. 다행히도 이들 여성 중 일부의 목소리는 보존되어 있으며, 뛰어난 여성들은 오늘날에도 계속해서 자신의 깨달음을 표현하고 있다.

---

15 Cabezón, *Sexuality in Classical South Asian Buddhism*, 521.

16 Cabezón, *Sexuality in Classical South Asian Buddhism*, 521. 어떤 사람들은 붓다의 성기가 덮여 있거나 안으로 들어가 있거나 감춰져 있다는 것이 일부 사람들에게는 모호하여, 간성이나 초자연적인 것이거나 혹은 심지어 음핵의 가능성을 제기하는데, 이는 붓다가 성별 이분법을 초월했음을 암시한다.

초기 불교 문헌에서 여성의 묘사

불교 경전은 여성의 목소리, 특히 출가 생활을 위해 가정과 가족을 포기한 여성들의 목소리를 담고 있는 점에서 매우 특별하다. 불교학자 앨리스 콜렛(Alice Collett)은 『테리가타』, 『아파다나(Apadānas)』(40명의 여성을 포함한 붓다 제자들의 전기), 『아바다나사타카(Avadānaśataka)』(다수의 여성을 포함한 깨달음의 이야기), 『앙굿따라 니까야』(뛰어난 비구니와 재가 여성의 이야기 포함)[17] 등 상당수의 불교 텍스트가 여성에 의해 또는 여성에 관해 작성되었음을 지적했다. 그녀는 서구의 선구적인 페미니스트 불교학자들, 특히 캐롤라인 리스 데이비즈(Caroline Rhys Davids, 1857~1942), 메이블 보데(Mabel Bode, 1864~1922), I. B. 호너(I. B. Horner, 1896~1981)가 이러한 텍스트에서 여성의 정신적 성취를 조명하는 데 기여했음을 인정한다. 동시에 그녀는 불교 문헌 속 여성에 대한 서구의 연구가 다른 텍스트보다 특정 텍스트, 즉 『테리가타』 및 팔리 율장[18]을 강조했다고 지적하며, 고대 인도 불교의 여성에 대한 보다 완전한 이해를 얻으려면 사용 가능한 모든 문헌의 상세한 연구가 필요하다고 제안했다.

붓다 당시 인도에서 여성은 다산, 출산과 연관되어 있었으며, 이는 불교의 목표인 금욕, 해탈과 완전한 대조를 이룬다. 독신과 독립은 여성의 자연스러운 상태가 아니며, 모성이 여성의 자연스러운 성향이

---

17 Collett, "Buddhism and Gender," 57.
18 출가 규율의 문헌인 율장에는 윤리적 지침, 조화로운 출가 생활을 위한 규칙, 추방 규칙이 포함된다.

고, 여성은 남성의 보호와 지배 아래서 행복하다는 선입견의 경전적 증거를 볼 수 있다. 하지만 이와 병행하여 남성의 번식에 대한 것이나 여성의 보호 아래 행복을 추구하는 타고난 성향에 관한 선입견은 찾아볼 수 없다. 여성은 성적 욕망이 강하고 따라서 남성, 특히 남성 출가자의 미덕을 위협하는 존재로 묘사된다.

그러나 여성을 요부나 남성의 유혹자로 보는 일반적인 고정관념과는 반대로, 불교 경전과 주석서에는 여성이 성적 행위에 전혀 무관심하고 남성의 접근을 완강히 거부하는 것으로 묘사된 이야기들도 있다. 가장 생생한 이야기는 아름다운 장로 비구니 수바(Subhā)의 이야기이다. 한 남자가 그녀를 흠모하여 성적인 협박을 하자, 수바 비구니는 자신의 눈을 뽑아 자신을 유혹한 그 남자에게 줘버린 것이다.[19] 나중에 붓다 앞에서 그녀의 눈은 회복되는데, 이는 붓다와 수바 장로니의 정신적 성취의 힘을 암시한다. 실제로 당시 여성에 대한 대중의 선입견이나 기대와 대조되는 여성의 경건함, 미덕, 정신적 성취를 보여준 이야기가 많이 있다.[20]

문헌이 작성된 역사, 문화적 맥락을 인식하고, 현대의 평등주의적 관점을 과거에 투영하려는 경향을 자각하는 것이 중요하다. 그럼에도 불구하고 서구 학계에서도 최근에 형성된 시각이긴 하지만 젠더 연구의 관점에서 볼 때, 역사, 문화적 맥락이 젠더에 대한 질문을 지우거나 축소하는 데 사용되어서는 안 된다. 불교의 기록에는 깨달음을 얻은

---

[19] Anālayo, "Beautiful Eyes Seen with Insight"; Trainor, "In the Eye of the Beholder." 참조.

[20] Rajapakse, "Therīgāthā."

여성의 예가 등장하지만, 사춘기 이전의 여덟 살 소녀로 묘사되어 월경의 오염을 피할 수 있었던 것이다.

육체적 아름다움은 과거에 행한 고결한 행위의 결과이지만 남성의 올무로 여겨지는 여성에게는 위험할 수 있고, 반면에 남성에게 훌륭한 외모는 그러한 불이익을 제기하지 않는다.[21] 여성의 깨달음의 잠재력을 긍정하는 주요 대승 경전인 『법화경』과 『보적경寶積經』에서는 여성이 남성으로 변신하여 깨달은 상태를 증명하고 있어 남성 우월주의 관념을 강화하였다.[22]

여성이 암묵적으로 남성의 정신적 특권에 도전하고 자신의 성 정체성을 강력하게 변화시킬 때에도 남성의 모습으로 자신의 정신적 성취를 드러내는 것으로 나타났다.[23] 예를 들어 3~4세기의 대승 경전 『월상동녀청문경月上童女請問經』에서는 유명한 불교학자이자 수행자 유마거사의 굉장히 아름답고 조숙한 딸 월상녀가 깨달음의 비이원적 성격을 보여주기 위해 놀랍게도 여성인 자신의 몸을 남성의 몸으로 변형시킨다.

이러한 성전환의 위업은 모든 형태가 궁극적으로 공하기 때문에 따라서 성별을 초월한다는 것을 보여준다. 그러나 깨달음의 비이원적 본질을 보여주는 이야기들이 '이론적인 평등'과 불교의 텍스트와 의례, 사회 전반에 걸쳐 나타나는 '깨달음에 남성의 신체가 필요한 것으로 묘사하는 경향' 사이의 모순을 설명하거나 정당화하지는 못한다.

---

[21] Battaglia, "Only Skin Deep?"
[22] Young, "Female Mutability and Male Anxiety," 34-35.
[23] Mrozik, *Virtuous Bodies*, 56-58.

붓다 당시에는 성 정체성이 유동적이고 가변적인 것으로 이해되었던 것으로 보인다. 중생은 무수한 생애 동안 수많은 다른 생명 형태와 다른 성으로 태어난다.[24] 또한 한 생애 동안에도 성전환이 가능할 수 있었으며, 남성과 여성의 성 정체성 사이를 오가는 것이 일반적으로 수용되는 개념이었던 것 같다.[25] 예를 들어 잘 알려진 전설에 따르면 붓다 석가모니가 삼십삼천에 살던 어머니 마하마야 왕비에게 가르침을 전하고 지상으로 내려왔을 때, 우트팔라(Utpala, 팔리어: Uppalavaṇṇā; 산스크리트: Utpalavarṇā)라는 비구니가 붓다를 가장 먼저 만나기 위해 자신을 (남성) 전륜성왕으로 변신시켰다고 한다.[26] 부유한 상인의 아름다운 딸이었던 우트팔라는 결혼을 거부하고 비구니가 되어 아라한의 경지에 빠르게 이르렀으며, 붓다로부터 신통력(팔리어: iddhi; 산스크리트: siddhi)을 성취한 비구니들 중 가장 뛰어나다고 인정받았다.

종교학자 세리니티 영(Serinity Young)의 말처럼, 불교 경전에 따르면 신통력을 성취하면 성별의 가변성을 통찰할 수 있을 뿐만 아니라 자신의 성적 특성을 변형시킴으로써 "이 가변성을 실현"할 수 있는

---

[24] Appleton, "In the Footsteps of the Buddha?"

[25] Young, "Female Mutability and Male Anxiety."

[26] Young은 우빨라완나(Uppalavaṇṇā)에 대한 이야기가 『마노라타푸라니(Manorathapūranī)』, 『테리가타(Therīgāthā)』, 그리고 『법구경 주석서』에서 볼 수 있다고 한다. 이 문헌들은 3세기에서 6세기 사이에 스리랑카에서 팔리어로 기록되었지만 명백하게 기원전 563~483년경 석가모니 붓다 시대까지 거슬러 올라가 구전된 이야기에 기초한 것이다. Young, "Female Mutability and Male Anxiety."

힘을 얻는다고 한다.[27] 비록 불교 경전에서 성 정체성이 가변적인 것으로 그려졌지만, 특정 성별에 익숙해진 습관적인 선호로 인해 한 생에서 또 한 생으로의 성별 변화는 그리 빈번하지 않았다. 여성의 몸으로 태어나는 것은 남성의 몸으로 태어나는 것보다 훨씬 더 큰 고통을 수반하는 것으로 여겨졌기 때문에 덜 바람직한 것으로 간주되었다.[28] 거기에서 과거의 불건전한 행위(업)의 결과로 여성의 재생을, 건전한 행위의 결과로 남성의 재생을 보는 것은 작은 단계에 불과했다. 결과적으로 여성의 재생은 나쁜 업의 결과라는 것이 불교 사회의 일반적인 믿음이 되었다. 가부장적인 인도 사회에서 남성 자손에 대한 강한 선호는 놀라운 일이 아닐 수 있지만, 불교가 상대적으로 평등주의적인 원칙의 배경에 비해 남성 정체성에 강한 선호를 보이는 것은 놀라운 일이다.

불교 경전에는 높은 정신적, 지적 성취를 이룬 여성에 대한 이야기도 포함되어 있으며, 수많은 뛰어난 여성 수행자들이 붓다의 찬사를 받았다. 예를 들어 담마딘나(Dhammadinnā)는 아라한이 되어 법을 가르치는 데 있어 최고의 비구니로 명성을 얻었다.[29] 담마딘나는 위사카(Visākha)라는 상인과 결혼했었는데, 그가 이후에 비구가 되었기 때문에 그녀도 비구니가 되기로 결심했다. 이 이야기에서 위사카는 담마딘나에게 엎드려 절하며, 간단하면서도 까다로운 여러 가지 질문을 던졌고, 담마딘나는 이에 명쾌하게 대답했다. 그녀는 붓다께 그

---

27 Young, "Female Mutability and Male Anxiety," 20.
28 Grünhagen, "Female Body in Early Buddhist Literature."
29 그녀의 이야기는 Anālayo, "Chos sbyin gyi mdo."에서 볼 수 있다.

대화를 다시 말씀드리자, 붓다는 그녀의 이해를 승인하고 자신도 같은 방식으로 대답했을 것이라고 확언했다. 담마딘나는 뛰어난 스승으로서 다른 많은 깨달은 여성들과 마찬가지로 다른 여성들에게 영감과 긍정적인 롤 모델의 역할을 한다.

마하프라자파티의 출가

붓다의 양어머니이자 이모였던 마하프라자파티 고타미가 붓다의 가르침과 승단의 규율을 따르기 위해 출가할 수 있도록 붓다의 허락을 구한 것은 불교의 여성에게 중요한 역사적 전환점이었다. 마하프라자파티가 최초의 불교 비구니가 되었을 때 붓다로부터 직접 수계를 받았다고 전해진다.(【그림 3】 참조)[30] 팔리어 삼장의 『율장』 부분에 나오는 이야기처럼, 붓다의 다섯 동료가 최초의 비구가 된 지 5~6년 후, 마하파자파티는 새로 창설된 교단에 합류하고 싶다는 의사를 밝혔다.

붓다가 아마도 출가를 희망하는 여성들의 안전을 염려하여 망설였을 때, 마하파자파티는 수백 명의 귀족 여성들과 함께 인도 북부를 도보로 건넜는데, 이는 역사상 최초의 여성 해방 운동이었을 가능성이

---

30 『상좌부 율장』 「소품」 "*Cullavagga*"에서, 마하파자파티는 최초의 비구니로 묘사되지만, 『마하파리닙바나(*Mahāparinibbāna*)경』, 『닥키나비바가(*Dakkhiṇāvibhaga*)경』, 그리고 『테리가타』와 같은 다른 텍스트들은 다른 시나리오를 시사한다. Williams, "A Whisper in the Silence"; Krey, "Some Remarks on the Status of Nuns" 참조.

【그림3】 최초의 비구니가 된 붓다의 양어머니 마하프라자파티 고타미(Mahāprajāpatī Gautamī)의 그림. 베트남 호치민 시 후에람(Hue Lam) 사원, 사진: 카르마 렉세 쏘모(Karma Lekshe Tsomo).

높다. 붓다의 사촌이자 수행원이었던 아난다의 거듭된 요청 끝에 붓다는 여성의 교단 입단을 허락했고, 그리하여 비구니 승가가 시작되었다. 붓다가 이와 같이 설립한 승가(단체 또는 출가 교단)는 20세 이상, 특정한 계율이나 수행 규칙을 준수하기로 약속한 수계 받은 출가 남성과 여성으로 구성되었다.

사미(팔리어: sāmaṇera; 산스크리트: śrāmaṇera)와 사미니(팔리어:

sāmaṇerī; 산스크리트: śrāmaṇerika)의 범주는 더 높은 수계 의식(upasampadā)을 준비하기 위해 계율을 수련하는 기간으로 정해졌다. 여성은 비구니로서 구족계를 받기 전에 견습생인 식차마나(팔리어: sikkhamāṇā; 산스크리트: śikṣamāṇā)로 2년을 보내야만 한다. 앞서 언급했듯이, 마하파자파티가 출가 생활을 요청했을 때 붓다는 팔중법를 준수하는 조건으로 동의한 것이 알려졌다. 불교 경전의 중간 길이 설법집인 『중아함경中阿含經』에 수록된 이 사건의 기록에 따르면, 붓다의 고향인 카필라바스투에서 우기 안거를 할 때 그녀는 첫 번째 출가 요청을 했는데, 그곳은 그녀와 이 문헌에 언급된 다른 석가족 여성들이 살고 있던 곳이었다.

그때 마하파자파티 고타미는 붓다께 다가와 붓다의 발에 머리를 대고 경의를 표한 다음, 한쪽으로 물러서서 말했다.
"세존이시여, 여성들이 출가 사문의 네 번째 도과를 얻을 수 있습니까? 이러한 이유로 이 바른 가르침과 계율 안에서 여성들이 믿음을 따라 집을 떠나 출가자가 되어 도를 닦을 수 있습니까?"
세존께서 대답하셨다. "잠깐만, 잠깐만, 고타미여! 이 바른 가르침과 규율 속에서 여성들이 믿음을 따라 집을 떠나 출가자가 되어 도를 닦는다는 생각을 갖지 말라. 고타미여, 그대는 이렇게 머리를 깎고 황토색 옷을 입고 평생 동안 청정 범행을 닦도록 하라."
그때 이렇게 붓다의 제지를 받은 마하파자파티 고타미는 붓다의 발에 머리를 대며 경의를 표하고 붓다를 세 번 돌고는 물러갔다.[31]

---

31 Anālayo, "Mahāpajāpatī's Going Forth," 273.

마하파자파티는 카필라바스투에서 한 번 더, 그리고 다른 마을에서 다시 한 번 더, 즉 총 세 차례에 걸쳐 이 요청을 가지고 붓다께 다가갔고 매번 같은 대답을 받았다고 한다. 『중아함경』에서는 세 번째 경우를 말하기 전에 붓다께서 머무시는 다음 장소로 마하파자파티가 "몇몇 나이든 석가족 여인들과 함께" 붓다를 따라간 것으로 설명한다.[32]

붓다가 세 번째로 그녀의 요청을 거절하자 그 후에 아난다가 그녀를 대신하여 개입했다. 아난다 존자는 마하파자파티 고타미가 입구 밖에 서 있는 것을 보았는데, 그녀의 맨발은 더러워져 있었고 온몸은 먼지로 뒤덮여 있었으며 피곤에 지치고 슬픔에 울고 있었다.

그녀를 본 그는 물었다. "고타미여, 무슨 이유로 맨발이 더러워지고 온몸이 먼지로 뒤덮인 채 피곤하고 슬픔에 겨워 울면서 입구 밖에 서 계십니까?"

마하파자파티 고타미가 대답했다. "아난다 존자여, 이 올바른 가르침과 규율 안에서 여성들은 믿음을 따라 집을 떠나고 도를 닦기 위해 출가자가 되는 것을 할 수 없습니다."

아난다 존자가 말했다. "고타미여, 여기서 기다리십시오. 내가 붓다께 가서 이 문제에 대해 말씀드리겠습니다."

"여성들이 출가 사문의 네 가지 도과를 얻을 수 있습니까? 이러한 이유로 이 바른 가르침과 계율 안에서 여성들이 믿음을 따라 집을 떠나 출가자가 되어 도를 닦을 수 있습니까?"

---

32 Anālayo, "Mahāpajāpatī's Going Forth," 274.

세존께서 대답하셨다. "잠깐만, 잠깐만, 아난다여, 이 바른 가르침과 규율 속에서 여성들이 믿음을 따라 집을 떠나 출가자가 되어 도를 닦는다는 생각을 갖지 말라. 아난다여, 만약 이 올바른 가르침과 규율에서 여성들이 믿음을 따라 집을 떠나 출가자가 되어 도를 닦는다면, 이 청정 범행은 오래가지 못하게 될 것이다."[33]

이어서 아난다는 붓다의 생모가 세상을 떠난 후 젖을 먹여 키운 마하파자파티의 자애로움을 붓다께 상기시키며 신심과 윤리적 발전, 그리고 수행에서 그녀가 이룬 업적에 대해 이야기했다. 그러자 붓다는 마하파자파티가 팔중법을 평생 지키겠다고 동의하면 출가자 생활에 들어갈 수 있다고 허락하셨다.

이 이야기의 『중아함경』 편집본에 따르면, 팔중법(팔경계)은 다음과 같은 사항으로 이루어졌다. 비구니 수계를 원하는 여성은 비구니뿐만 아니라 비구에게도 수계를 받아야 하며, 수계를 받은 후에는 보름마다 비구에게 가르침을 청하고, 우기에는 비구들이 있는 곳에서 지내야 한다. 우기 안거가 끝나면 비구와 비구니 공동체에 보고하고, 비구에게 원치 않는 질문을 하지 않으며, 비구의 허물을 폭로하지 않고, 두 승가 앞에서 허물을 참회하고, 어린 비구일지라도 경의를 표해야 한다 등이다.[34]

---

[33] Anālayo, "Mahāpajāpatī's Going Forth," 275. 여성들이 재생산에 중요한 역할을 하기 때문에 가정생활을 떠나는 것에 대해 사회 전반적으로 거부감이 있었을 수 있다. 문헌에 직접적인 증거는 없지만, 이러한 태도는 오늘날 라다크와 티벳 등 문화적으로 소멸 위기의 불교 공동체에서 분명하게 드러난다.

비구니에게 종속적인 지위를 규정하고 비구에게는 권위를 격상시킨 팔경계의 내용과 연대기 모두에서 몇 가지 현저한 모순이 있다. 첫째, 수계 방식에 모순이 있다. 붓다의 초기 특별 허가 기간에는 비구들에게 "오라, 비구여"라고 하는 간단한 선언으로 수계를 주었다. 점차적으로 이것은 깨달은 분과 그의 가르침, 그리고 출가 공동체에 귀의하겠다는 선언을 낭송하는 것으로 대체되었다. 즉 "나는 붓다를 의지처로 하여 가겠다. 나는 담마를 의지처로 하여 가겠다. 나는 승가를 의지처로 하여 가겠다"[35]라는 것이다. 귀의 형식의 암송은 나중에 좀 더 정교한 수계 절차로 대체되었다.

여러 문헌에서 비구니들이 붓다로부터 "오라, 비구니여"라는 간단한 선언으로 수계를 받는 장면이 나온다. 붓다께서 마하프라자파티에게 팔중법을 부과하셨다면, 왜 나중에 다른 비구니들에게는 단순한 선언으로 돌아갔던 것일까?

둘째는, 이 이야기에 대한 다양한 편집본과 팔경계의 성격 사이에 불일치가 있다는 것이다. 셋째는, 연대기와 관련된 모든 편집본에 논리적 모순이 있다. 비구니 승가가 아직 창설되지 않았는데 어떻게 붓다가 마하프라자파티에게 비구와 비구니 승가 모두에게 수계를

---

[34] Anālayo, "Mahāpajāpatī's Going Forth," 278-81.
[35] 전통적인 이해에서, 승가(saṅgha)라는 용어는 궁극적으로 깨달음 또는 위대한 통찰력을 성취한 아리야(arya, 고귀한) 존재를 의미한다. 관습적으로 승가라는 용어는 출가 공동체의 구족계 수계 구성원 4명 이상을 의미한다. 오늘날 서양에서는 이 용어가 불교를 배우고 수행하는 사람들의 공동체를 나타내는 데 사용되고 있다.

받겠다는 동의를 요구할 수 있었겠는가? 다시 말하지만, 아직 비구니 승가가 존재하지 않는데 어떻게 붓다는 그녀에게 두 승가 앞에서 잘못을 참회하기 위해 갈 것을 요구할 수 있었겠는가?

이 문헌에 기록된 이야기는 다른 질문도 제기한다. 아난다는 붓다께 여성들을 승가에 허락해 달라고 설득하는 것으로 그려진다. 곰곰이 생각해 보면 붓다를 설득할 필요가 있었다는 것은 이상하게 보인다. 독일인 상좌부 승려이자 학자인 비구 아날라요(Anālayo)는 붓다의 마음을 바꾸게 한 것은 여성들의 요청에 대한 아난다의 옹호가 아니라 오히려 여성들의 출가 생활에 대한 결단이었다고 주장한다.

"여러 자료에 따르면 붓다께서 처음 법을 가르치기로 결심한 것은 적어도 인간이 깨달음에 이를 수 있는 잠재력을 조사하는 데 바탕을 두고 있었다. 따라서 붓다는 여성에게도 그러한 잠재력이 있다는 것을 굳이 상기시키지 않아도 잘 알고 계셨을 것이다."[36] 실제로 붓다는 여성도 도의 4가지 열매, 즉 예류과, 일래과, 불환과, 해탈한 존재(아라한)를 성취할 수 있다고 선언했을 때 이를 기꺼이 인정했다.

팔리어 삼장의 『앙굿따라 니까야』에 따르면, 아난다는 여성의 승가 입단을 옹호했다는 이유로 나중에 일부 장로 비구들에 의해 비난받고 과오를 참회하도록 강요당했다. 이에 굴하지 않고 그는 여성도 승가에 참여할 수 있도록 허용하는 것이 적합하다고 단호하게 말했다. 게다가 비구니 승가를 확립한 것은 아난다가 아니라 붓다 자신이었다. 이러한 논란의 여지가 있는 구절에 대해, 아날라요(Anālayo)는

---

[36] Anālayo, "Mahāpajāpatī's Going Forth," 294.

붓다가 한 번 결정을 내리면 다른 사람들이 쉽게 설득하지 못했음을 보여주는 경전의 다른 곳에 있는 증거를 사용하여 대안적인 견해를 제시하였다.[37]

그 증거에 의하면 팔경계는 나중에 나타났음에도 마하파자파티의 교단 입문보다 더 앞의 서사인 것으로 삽입되었다고 보인다. 출가 생활을 하는 비구니에 대한 붓다의 관심은 경전의 여러 곳에서 분명하게 나타난다. 예를 들어 성희롱과 강간 사건으로 인해 붓다는 비구니들이 더 이상 나무 아래에서 잠을 자지 않아도 된다고 선언했다. 대신에 그들은 안전을 위해 공동체 안에서 함께 살아야 했고, 고립된 장소가 아닌 마을 안에 사원을 지어야 했다. 불교학자인 그레고리 쇼펜(Gregory Schopen)에 따르면 비구니들은 "말 그대로 비구들과는 매우 다른 위치에 놓이게 되었다"고 한다.[38] 팔중법 중 하나는 비구니들이 우기 안거 동안 비구들이 있는 곳에서 머물도록 하는 것이었는데, 이는 비구니들의 안전에 대한 관심 때문일 수 있다.

현대의 감성으로는 비구니를 비구의 권위 아래 두는 이러한 규칙을 정당화하기 어렵지만, 고대부터 현재까지 여성이 안전을 위해 독립성을 포기하는 경우는 드물지 않았다. 팔중법의 기원과 연대에 관계없이, 시간이 지남에 따라 이러한 규칙에 반영된 비구니와 비구의 지위 격차는 남자 신도와 비구에 비해 여자 신도와 비구니의 지위를 약화시키는 데 작용했을 가능성이 있다. 여성은 능력이 떨어지고 정신적

---

[37] Young, "Female Mutability and Male Anxiety."
[38] Gregory Schopen은 *Buddhist Nuns, Monks, and Other Worldly Matters*, 3-6에서 "도시의 불교 여승들"의 근거를 설명한다.

성취의 성향이 낮으며 세속적인 일에 더 몰두한다는 전제가 모든 불교 사회의 종교 영역과 세속 영역 모두에서 성 불평등을 초래했다.

서양 학계에서는 붓다가 여성의 승가 입단의 허락을 주저한 것에 대해 많은 논의가 이루어져 왔다. 아날라요(Anālayo)는 『중아함경』과 붓다 사후에 발전한 두 불교 학파, 즉 화지부化地部와 근본설일체유부의 한역본 율장 문헌을 근거로 다음과 같이 지적했다. 붓다는 이미 여성들이 머리를 깎고 승복을 입고 금욕적인 삶을 살도록 허용하였지만, 출가자가 되면 여성들이 위험에 노출되고 성폭행에 취약해지기 때문에 출가 유행자가 아닌 가정에서 수행하도록 하였다.

붓다가 여성들에게 구족계를 구하지 말고 가정에서 머리를 깎고 가사를 입고 청정범행을 닦을 것을 제안한 것도 이러한 이유 때문으로 추정된다.[39] 화지부는 오늘날까지 중국, 한국, 대만, 베트남에서 실천되고 있는 율장의 부파인 법장부(法藏部, Dharmaguptaka)의 전신이었다. 아날라요는 상좌부 『율장』의 「소품小品」 "Cullavagga"를 포함하여 네 개의 다른 불교 학파의 율장 문헌에서 석가족 여성들이 어떻게 머리를 깎고 황토색 옷을 입었는지에 대해 서로 다른 이야기가 전해지는 것을 지적했다.[40] 이 설명에 따르면, 마하파자파티와 그녀의 500명의 석가족 여성 동료들이 자발적으로, 머리를 깎고 가사를 입은 채 수많은 고난을 겪으며 먼 길을 걸어 붓다를 찾아가서 다시 한 번 집을 떠나 출가하게 해달라고 요청하였다.[41]

---

[39] Anālayo, "Mahāpajāpatī's Going Forth," 287-88, 296-300.
[40] Anālayo, "The Cullavagga on Bhikkhunī Ordination."
[41] Anālayo, "Mahāpajāpatī's Going Forth," 289. 율장 문헌에서 여성들이 승가에

두 서사의 대조는 매우 중요하다. 만약 붓다가 이미 왕비와 신하들이 실제로 금욕 생활을 할 수 있다고 결론을 내리고, 그들에게 머리를 깎고 황토색 옷을 입고 집에서 금욕 생활을 하도록 허락했다면, 마하파자파티가 출가 생활로 들어가는 것을 허락해 달라는 요청을 주저한 것은 이 귀족 여성들이 출가 유행 생활을 하는 위험과 어려움에 대처할 수 있을지 걱정했기 때문이었을 것이다. 그들이 해탈할 수 있는지에 대한 의구심보다는 비구니들을 희롱과 폭력으로부터 보호하려는 진심어린 우려에서 비롯된 망설임이었을 것이다.[42]

아날라요는 비구니 승가의 창립에 관한 다양한 문헌으로부터 마하파자파티와 그 추종자들이 붓다로부터 출가 유행의 생활방식을 택하지 말고 머리를 깎고 출가자의 승복을 입고 집에서 수행하라는 조언을 받았다는 설득력 있는 설명을 구성하였다.[43] 이 절충안에 만족하지 못한 그들은 이후 머리를 깎고 승복을 입고 맨발로 붓다를 찾아가 출가 생활을 허락해 달라고 다시 요청함으로써 출가 생활에 대한 결의를 증명했고, 그때 붓다는 마음을 돌이켜 당시 탁발과 유행 생활을 하는 승단에 그들이 합류할 수 있도록 허락했다.[44] 2천5백 년 동안

입문하기 전에 머리를 깎고 황토색 옷을 입는 모습을 묘사한 네 가지 불교 전통은 법장부(法藏部, Dharmaguptaka), 설산부(雪山部, Haimavata), 대중부(大衆部, Mahāsāṃghika), 그리고 상좌부(上座部, Theravāda)로 나열되어 있다. 289n49. 마하파자파티의 요청에 대한 상좌부『율장』의 설명은 *Cullavagga* X, in *The Book of the Discipline*, vol. 5(*Cullavagga*), trans. I. B. Horner(1952; repr., Oxford, UK: Pali Text Society, 2001), 352-56 참조.

42 Anālayo, "Mahāpajāpatī's Going Forth," 290-93.
43 Anālayo, "Attitudes towards Nuns," 352-76.

불교 여성들은 수많은 걸림돌에도 불구하고 해탈의 길에 대한 결의를 계속 증명해 왔던 것이다.

쇠퇴의 예측

팔중법 문제 외에도 많은 불교 문헌에는 비구니 수계로 인해 정법의 존속 기간이 5백 년으로 줄어들 것이라는 붓다의 예언이 기록되어 있다. 위에서 언급했듯이, 『중아함경』에서는 붓다가 여성에게 출가 생활을 허용하면 가르침이 지속되지 않을 것이라고 한 것이 인용되었다. 이 언급은 유행 생활이 비구니의 금욕과 안전에 위험을 초래할 수 있다는 우려를 나타낸다.

이 구절의 후반부에서 붓다는, "아난다여, 만약 이 바른 가르침과 규율에서 여성들이 믿음을 따라 집을 떠나서 출가자가 되어 도를 닦게 되지 않았다면, 이 바른 가르침은 천 년 동안 유지되었을 것이다"라고 한다.[45] 이 발언은 이전과는 상당히 다른 해석이 가능하다. 즉 여성의 승단 입단으로 인해 법이 사라질 것이라고 예측되는 것이다. 그러나 이후에 여성들이 말 그대로 집이 없는 생활을 하지 않고 도시 지역에 정착했기 때문에 비구니와 불교의 가르침에 대한 위험은 모두 성공적으로 피할 수 있었다.[46]

---

[44] Anālayo, "Mahāpajāpatī's Going Forth," 307.

[45] Anālayo, "Mahāpajāpatī's Going Forth," 285.

[46] *Once upon a Future Time*에서 Jan Nattier는 문헌에 가르침이 사라질 것으로 예상했던 것은 뒤로 이동했는데, 그 가르침이 예상된 소멸에서 살아남았기

2,500여 년이 더 지난 지금, 여성의 출가에도 불구하고 불교의 가르침은 여전히 생생하게 잘 전해지고 있다. 비교 문헌학적 분석으로 텍스트의 다양한 판본들 속에 여성에 대한 서로 다른 태도가 반영되어 있음을 분명하게 알 수 있다. 이러한 다양한 태도가 가르침을 전하려는 사람들의 의도를 반영한 것인지 아니면 당시 사회에 만연한 태도를 반영한 것인지는 가늠하기 어렵다. 어쨌든 텍스트에 표현된 여성에 대한 태도는 이후 여러 세대에 걸쳐 사회에서 여성과 여성의 특성, 정신적 능력을 대하는 방식에 영향을 미쳤을 가능성이 높다.

아날라요는 팔리어 경전에 나오는 난다카(Nandaka)라는 비구의 가르침에 대한 설명의 여러 편집본을 비교하면서 젠더 관계에 있어서 중요한 차이점을 지적했다. 여기에는 비구니를 소개하는 방식, 예를 들어 비구니의 명성과 위대함을 언급하는 등의 차이, 비구니가 취하는 자세에 나타난 존경의 정도, 붓다가 비구니를 자발적으로 가르치는지 여부, 붓다가 비구니의 요청에 응답하는지 여부, 응답의 유형, 응답하는 사려 깊은 정도, 비구니가 비구에게 보여주는 존경의 정도, 비구니의 통찰력과 성취에 대한 묘사 및 기타 표시들이 포함된다.[47] 이러한 지표는 당시의 사회적 관습, 출가자에게 적절하거나 부적절한 행동으로 간주되는 것, 그리고 여성에 대한 일반적인 태도 등에 관하여 중요한 정보를 전달한다.

또한 아날라요는 팔리어 경전에서 난다카가 비구니 승가에 가르침을 전하는 이야기의 다른 버전을 비교했을 때, 설명 사이에서 미묘하고

때문이다.

[47] Anālayo, "Attitudes towards Nuns."

중요한 차이점을 발견했다. 일부 초기 기록은 비구니에 대해 더 큰 존경심을 표현하고 다른 기록보다 비구니를 더 호의적으로 묘사하는 것으로 보인다. 이러한 차이를 종합해 보면, 비구니의 능력과 성취에 대한 비구들의 태도가 시간이 지남에 따라 변했을 뿐만 아니라, 편집자와 주석자 마다도 달랐을 수 있다는 인상을 준다. 말하자면, 어떤 텍스트가 열세 명의 뛰어난 비구니에 대해 이야기하거나, 완전히 깨달은 오백 명의 비구니에 대해 이야기할 때, 그 텍스트가 문자로 기록되기 전 수백 년 동안 구전으로 암송하고 전달한 사람의 태도와 의견을 반영할 수 있는 것이다.[48]

팔리어 텍스트 간의 불일치, 심지어 한 텍스트의 서로 다른 편집본 사이에서의 불일치는 시간이 지남에 따라 암송자의 선호를 반영할 수 있는 변화가 일어났음을 보여주는 것 같다. 『난다코바다(Nanda-kovāda)경』을 읽으면서 아날라요는 후대의 텍스트에서의 비구니에 대한 덜 우호적인 태도가 특정 상좌부 문헌에 영향을 미쳤을 수 있다고 결론지었다. 이 결론은 상좌부 문헌이 더 여성 혐오적이고 대승 경전이 더 여성 친화적이라는 기존의 가정에 도전한다.[49]

또한 마하프라자파티가 처음에는 팔중법을 기꺼이 받아들였다는 기록과 아무리 어리더라도 모든 비구에게 연장자 비구니보다 우위를 부여하는 규칙을 철회해 달라고 붓다께 나중에 간청했다는 기록은 서로 일치하지 않는다.[50] 아날라요는 이 계율이 붓다의 입멸 후 불교

---

[48] Anālayo, "Attitudes towards Nuns," 363.

[49] Anālayo, "Attitudes towards Nuns," 370.

[50] Anālayo는 "구루 다르마(gurudharma, 팔중법)를 기쁘게 받아들였음에도 불구

승가의 미래가 불확실한 상황에서 비구니를 통제하기 위한 시도였으며, 당시 인도 사회의 가부장적 성격을 반영한 것이라고 주장한다.[51]

법을 전파한 여성들

붓다의 가르침은 아주 일찍, 어쩌면 붓다 생전에도 인도를 넘어 퍼져 나갔으며, 여성들은 불교의 세계 전파에 중추적인 역할을 담당했다. 『마하밤사(Mahāvaṃsa, 大史)』에 따르면, 기원전 3세기 초에 인도 남동쪽 해안의 현 스리랑카인 랑카 섬에 불교의 가르침이 전래되었다고 한다. 아쇼카(Aśoka) 왕의 아들 마힌다(Mahinda) 비구가 랑카로 가서 싱할리 비구 승가의 최초의 비구들을 가르치고 수계하였다. 그리고 그로부터 불과 6개월 후, 아쇼카의 딸 상가미타(Saṅghamittā) 비구니가 그곳으로 가서 최초의 비구니들을 가르치고 수계하여 싱할리 비구니 승가의 시초를 열었다.[52]

하고, 마하프라자파티 고타미는 젊은 비구들이 나이 든 비구니를 존경해야 하는 것을 붓다가 승인하도록 시도했다"는 증거로『화지부(化地部, Mahīśāsaka) 율장』,『근본설일체유부(Mūlasarvāstivāda) 율장』,『중아함경(Madhyama-āgama)』,『상좌부 율장』의 텍스트를 인용했다. "Women's Renunciation in Early Buddhism," 85.

51 Anālayo, "Mahāpajāpatī's Going Forth," 306.
52 붓다고사(Buddhaghosa)의 『율장 주석서』인 Samantapāsādikā에 따르면, 아쇼카는 아들 마힌다와 딸 상가미타에게 "통치 후계자"로서의 자격을 갖추기 위해 승단에 입문하도록 권유했다. 마힌다는 나이 많은 뛰어난 수도승의 초자연적인 위업을 목격한 후 스무 살에 비구가 되었고, 천 명의 다른 젊은이들이 그와 합류했다. 그의 누이 상가미타는 결혼하여 아들 수마나(Sumana)를 낳은 후

전설에 따르면 마힌다는 붓다 입멸 후 236년 후에 이 섬에 도착했다고 한다. 그곳에서 그는 붓다의 가르침으로 판듀바사데바(Paṇḍuvāsadeva) 왕과 4만 명의 추종자들을 기쁘게 했다. 왕의 동생의 아내인 아눌라(Anulā) 공주가 마힌다에게 승단 입단의 허락을 요청했을 때, 그는 비구니 승가의 참여 없이는 비구니의 수계식이 허락되지 않는다고 설명했다.[53] 대신 그는 왕에게 자신의 여동생 상가미타가 수계를 위해 인도에서 오도록 초청할 것을 권유했다.[54]

상가미타는 많은 수행자들과 함께 스리랑카로 항해하여 왔는데, 붓다가 그 아래에서 깨달음을 얻었던 보리수나무 묘목을 황금 꽃병에 담아서 가져왔다.([그림 4] 참조) 그녀가 도착하여 나무가 뿌리를 내리자, 아눌라 공주는 다른 천 명의 여성들과 함께 비구니계를 받았다.[55]

이 기록은 신자들의 마음에 경외심을 불러일으키는 놀라운 기적들로 가득차 있다. 이 이야기는 붓다의 이야기와 비슷한 스토리 라인을 따르는데, 남성이 먼저 입단이 허락되고, 그리고 여성들이 곧

18세에 비구니가 되었고, 수마나는 나중에 사미가 되었다. 아쇼카의 조카였던 상가미타의 남편 악기브라흐마(Aggibrahmā)는 그녀를 떠나 비구가 되었다. Strong, "Aśoka's Wives."

53 『율장』에서는 여성이 사미니(sāmaṇerī/śrāmaṇerika)와 견습 여승 식차마나(sikkhamāṇā/śikṣamāṇā)로서 구족계를 받은 비구니(bhikkhunī/bhikṣuṇī)에게 수련을 받아야 한다고 한다.

54 Jayawickrama, *Inception of Discipline*, 80-86.

55 『사만타파사디카(Samantapāsādikā)』에 따르면, 이 여성들은 "500명의 처녀들과 500명의 궁녀들"을 포함했다. Jayawickrama, *Inception of Discipline*, 89 참조. "처녀"라는 말은 일반적으로 미혼 여성을 나타낸다.

【그림4】 보리수 묘목을 들고 스리랑카로 건너가 스리랑카 최초의 비구니 수계를 행한 아쇼카 황제의 딸 상가미타(Saṅghamittā). 스리랑카 콜롬보, 벨란빌라 (Belanvilla) 마하비하라(Maha Vihara). 사진: 쉬라바스티 담미카(Shravasti Dhammika).

이어서 참여할 수 있었다. 존경받는 보리수나무를 가져온 사람이자 스리랑카 섬의 비구니 승가 창시자인 상가미타는 붓다의 가르침이 초기에 전승되는 데 핵심적인 역할을 한 인물이었다. 오늘날 스리랑카에서는 매년 12월 보름인 상가미타의 날에 그녀의 용기와 공헌을 기념하고 있는데, 이는 여성을 기리기 위해 명명된 세계 유일의 국가 공휴일이다.[56]

여성들의 전법에 있어서 다음으로 유명한 에피소드는 5세기에 비구니 데바사라(Devasārā 혹은 Tessara)가 랑카에서 중국으로 항해하

---

[56] 로나 드와라자(Lorna Dewaraja)가 언급한 바와 같이, 상가미타는 "기록된 역사에서 언급된 최초의 여성 대사로, 다른 국가 원수의 특별한 초청으로 한 국가 원수로부터 보내졌다." "Sanghamitta Theri."

면서 시작된다. 이 이야기는 4세기에서 6세기 사이에 살았던 중국의 뛰어난 비구 485명과 뛰어난 비구니 65명의 전기를 편찬한 중국의 학승 보창寶唱의 『비구니전』에 기록되어 있다.[57] 기록된 비구니들은 신심, 계율, 명상 수행, 그리고 불보살의 감응을 이끌어내는 능력으로 유명했다.

중국 역사 전반에 걸쳐 비구니들은 불교에 큰 공헌을 해왔다. 여성의 구족계 계보를 끊이지 않게 보존하고, 이를 한국, 대만, 베트남에 전승한 것이 그 한 예이다. 또 다른 예는 선 수행에서 비구니들의 뛰어난 업적이다. 예를 들어 역사 자료에는 임제종 선사인 기원행강(祇園行剛, 1597~1654)의 이름이 기록되어 있으며, 이후 일본(임제선)과 다른 나라에 전해지기도 했다.[58] 대만의 비구니 증엄證嚴과 소혜昭慧[59] 그리고 세계의 다른 사람들의 활동에서 볼 수 있듯이, 비구니들은 사회 활동을 통해서 오늘날까지 계속해서 중요한 공헌을 하고 있다.

해탈의 등불

많은 초기 문헌에는 마하프라자파티의 출가와 여성 비구니 승가의 설립에 관한 이야기가 담겨 있다. 이러한 기록의 대부분은 비구니의 정신적 수행에 대해 매우 긍정적인 평가를 포함한다. 붓다 석가모니는 마하프라자파티의 요청에 따라 비구니 승가를 직접 설립하였고, 여성

---

[57] Pao-ch'ang Shih, *Lives of the Nuns*, 54, 63, 70.
[58] Grant, "Female Holder of the Lineage." 참조.
[59] Lee and Han, "Mothers and Moral Activists," 참조.

들은 초기부터 오늘날까지 붓다의 가르침을 실천하고 전승하는 데 적극적으로 참여해 왔다. 비구니 승가가 없었다면 붓다의 가르침은 후대에 전해지지 못했을 것이라고 말할 수도 있다. 처음부터 비구니들의 업적은 의심할 여지없이 붓다의 가르침에 대한 여성들의 관심을 불러일으키는 데 중요한 요인이었다. 재가 여성들이 비구니의 업적에서 얻은 영감은 분명 그들 자신의 수행에 동기를 부여하고 자녀들에게 가르침을 전수하도록 격려했다. 또한 재가 여성들이 관대한 보시를 통해 불교의 가르침과 승가를 지원하도록 동기를 부여했다.

70명의 여성 아라한이 쓴 73개의 시 모음집 『테리가타(Therīgāthā)』는 "세계 최초의 여성 문학 선집"이다.[60] 이것은 정신적인 성취를 통해 여성의 잠재력을 분명하게 보여준 여성들에 의한, 그리고 여성에 대한 자유로운 견해를 표현한다. 이 텍스트의 중요성은 붓다 입적 직후에 열린 붓다의 가르침을 합송하는 제1차 결집에서 아난다가 이 영감을 주는 시를 암송했다는 기록에서 잘 드러난다. 이 시의 다양한 운율로 미루어 볼 때, 이 모음집은 수 세기에 걸쳐 소중히 간직되고 계속 발전해 왔음을 짐작할 수 있다.[61]

수 세기에 걸쳐 수많은 비구니와 재가 여성들이 붓다의 가르침을 연구하고 수행하며 전파하는 데 두각을 나타냈다. 그러나 앞서 살펴본 것처럼 불교 사회에서 여성의 적극적이고 대중적인 참여에 대한 문헌의 언급은 점차 감소하였다. 이러한 감소가 사회적으로 승인된 여성의

---

[60] Hallisey, *Therigatha*, vii.
[61] Norman, *Pāli Literature*, Anālayo, "Beautiful Eyes Seen with Insight," 44. 재인용.

종속, 불평등한 교육 기회 또는 승가 공동체 내의 권위 문제와 관련이 있든 없든 간에, 불교 역사의 대부분에 걸쳐 여성은 문자 기록에서 사실상 보이지 않게 되었다.

안타깝게도 오늘날에도 일부 불교 사회에는 이상적인 불교 사회의 네 가지 필수 기둥 중 하나인 비구니 승가가 없다. 균형을 보장하고 여성의 지위 향상을 돕는 비구니가 없다면 모든 사회 계층의 정신적 잠재력은 감소할 것이다. 여성의 구족계를 위한 현대의 운동은 출가 공동체와 재가 공동체 모두에서 모든 인간의 깨달음의 잠재력을 키워 균형을 회복하는 것을 목표로 한다. 더 큰 평등성을 보장하는 것은 중생의 고통을 덜어주기 위해 오늘날 전 세계 많은 불교도들이 기울이는 노력 중 하나이다.

2장 남아시아와 동남아시아의 불교 여성

불교는 수백 년 동안 남아시아와 동남아시아 문화에 큰 영향을 미쳤지만, 이 지역의 불교 연대기에서 여성에 대한 언급은 거의 찾아볼 수 없다. 초기부터 여성들이 불교의 종교적 생활에 적극 참여했음에도 불구하고 최근까지 여성들의 이야기는 거의 알려지지 않았다. 세계 다른 지역의 여성들과 마찬가지로 불교 여성들은 불교 교육 및 세속 교육, 그리고 남성이 지배하는 종교 기관에서 배제되어 왔고, 지금도 종종 배제되어 있다. 그들은 일반적으로 결혼과 가족과 관련된 책임을 맡아 왔으며, 가부장적 현상 유지에 의해 정의되고 그에 따라야 할 것으로 기대되었다.

상좌부 불교의 수행자로서 그들은 생사윤회로부터 해탈을 성취하기 위해 헌신하지만, 실제 수행에서는 해탈을 향한 여성의 정신적 여정이 여성과 남성 수행자의 교육과 자기 인식뿐 아니라 종교적 열망, 자신감, 심지어 비구니와 비구의 생활 조건에조차 영향을 미치는 성별화된 사회 구조와 선입견에 의해 크게 영향을 받는다.

일반적으로 여성의 종교 생활에 대한 기여는 조용하고 심지어는 은밀하게 이루어져 왔다. 예를 들어 최근 태국에서는 루앙 푸 문 부리닷타(Luang Pu Mun Bhuridatta, 1870~1949)라는 태국 비구승이 쓴 것으로 알려진 『탐마누탐마-빠띠빠띠(*Thammanuthamma-patipatti*)』(1932~34년 출판)라는 중요한 논서가 사실은 쿠닝 야이 담롱탐마산(Khunying Yai Damrongthammasan, 1882~1944)이라는 여성이 썼다는 사실이 밝혀졌다.[1] 여성들은 그들의 기여가 대부분 인정받지 못할 정도로 겸손의 미덕을 구현하도록 배운다.

오늘날 상좌부 불교의 여성 수행자들이 더욱 눈에 띄고 있으며, 여성 승가 공동체는 배움과 수행, 성취를 위한 활발하고 존경받는 중심지가 되고 있다.[2] 세속 영역에서 더 많은 기회를 얻으면서도 새로운 세대의 여성들은 특히 명상 집중수련, 종교적 문해력, 구족계에 대한 뿌리 깊은 정신적 열망을 표출하고 있다. 상좌부 불교 여성들은 각기 다른 역사, 언어, 문화적 전통을 가진 다양한 문화를 대표한다. 불교적 가치와 문화적 서술에는 현저한 유사점이 있고 모두 팔리어로 된 의례문으로 예불을 올리지만, 상좌부 불교 여성들이 한 목소리로 말하는 것은 아니고 공통 언어를 사용하지 않을 수 있으며 비구니의 구족계 문제를 포함한 모든 문제에 대해 모두 동의하는 것은 아니다.

예를 들어 오늘날 스리랑카에서는 2천 명 이상의 여승들이 비구니 수계를 받기로 선택했으며, 반면에 약 2천 명의 여승들은 다사실마타

---

1 Seeger, "(Dis)appearance of an Author."
2 최근 연구는 Seeger, "Changing Roles of Thai Buddhist Women"; Seeger, "Against the Stream"; Seeger, "Reversal of Female Power."가 있다.

(dasasilmātās)로서 10계를 지키며 수행한다.³ 이 장에서는 동남아시아 불교 여성들의 경험과 상호 작용을 이해하기 위한 기준으로 명상, 교육, 수계를 사용하여 그들을 지역적으로 연결하는 역사적, 현대적 통합의 발전을 추적한다. 버마 불교에서 여성의 삶은 학습과 수행의 강력한 살아있는 전통을 대표하고 상좌부 불교 국가 중 여승의 비율이 가장 높기 때문에 한 사례로서 설명한다.

연결의 발생: 상좌부 불교의 여성

미얀마(버마), 캄보디아, 라오스, 스리랑카, 태국에서는 인구의 압도적인 다수가 상좌부 전통 불교 수행법을 따르고 있다. 이 전통은 삼장의 불교 문헌, 즉 경전(sutta, 산스크리트어: sūtra, 붓다의 설법), 율장(승단의 규율), 아비담마(abhidhamma, 산스크리트어: abhidharma, "높은 가르침", 체계적인 주석)의 팔리어 교정본에 기초한다. 홍콩, 말레이시아, 싱가포르에서는 중국의 대승불교 양식의 수행법이 우세하지만, 최근에는 특히 영어 교육을 받은 젊은 세대 사이에서 상좌부 수행법에 대한 관심이 증가하고 있다. 베트남은 남서부의 크메르 크롬족 사이에서는 상좌부 전통이 강한 반면, 그 외 지역에서는 대승이 지배적이다. 방글라데시, 인도, 인도네시아, 말레이시아, 네팔에서는 전체 인구 중 작은 비중의 사람들 사이에서 상좌부 형태의 불교가 강세를 보인다.⁴ 많은 다원주의 사회에서와 마찬가지로 다양한 전통을

---

3 Mrozik, "We Love Our Nuns"; Mrozik, "A Robed Revolution."
4 불교의 문화적 생존에 대한 사례 연구는 Tsomo, "Factions and Fortitude."

가진 불교도들이 사회적으로 어울리고 아이디어를 교환하며 서로의 의식과 축하 행사에 참여할 수 있다. 필연적으로 불교의 신념과 관습은 대다수의 종교에 영향을 미치고 영향을 받기도 한다.

상좌부로 번역된 "테라와다"(Theravāda, 장로들의 부파)라는 용어의 사용은 비교적 늦게 시작되었지만, 그 뿌리는 불교 역사 초기에 발전한 18개 부파 중 하나로, 승단의 계율 또는 윤리적 행동 규칙의 엄격한 준수를 강조한 스타비라와다(Sthaviravāda, 상좌부) 전통으로 거슬러 올라갈 수 있다. 재가 남성과 여성은 5계를 이상적으로 준수하는데, 그 내용은 다음과 같은 사항을 금하는 것이다. (1) 생명을 빼앗는 행위, (2) 주어지지 않은 것을 취하는 행위, (3) 거짓을 말하는 행위, (4) 성적인 비행을 하는 행위, (5) 술에 취하는 행위. 보름날이나 정월 대보름날인 포살(uposatha)과 같은 특별한 날에는 8계를 준수할 수도 있는데, 그 내용은 5계 중 성적 비행 금지 대신 성행위 금지로 대체되고, 여기에 더해서 (6) 정오 이후 단단한 음식 먹지 않기, (7) 노래, 춤, 기타 오락에 참여하지 않고 화장품, 향수, 보석 착용하지 않기, (8) 높고 고급스러운 의자나 침대에 앉거나 자지 않기 등이다.

초보 승려인 사미(팔리어: sāmaṇera, 산스크리트어: śrāmaṇera)와 사미니(팔리어: sāmaṇerī, 산스크리트어: śrāmaṇerika)는 매일 이 계율을 준수하며, 일곱 번째 계율은 은과 금을 취급하지 말라는 계율이 추가되어 둘로 나뉘고, 여기에 여러 가지 추방 규칙(sekhiya)이 부가되어 있다. 상좌부 전통에서 비구의 구족계는 227개의 계율, 비구니 구족계

참조.

는 311개 계율이 있다. 전반적으로 상좌부 불교의 기록은 주로 남성, 특히 남성 승려의 업적에 초점을 맞춰 왔다. 인류 사회 전반에서 젠더의 렌즈를 통해 역사를 바라보면 이는 그리 놀라운 일이 아니다. 놀라운 부분은 상좌부 설명에서의 여성의 누락이, 같은 초기 불교 경전에서 표현된 평등주의적 이상과 상충된다는 것이다.

당시 인도의 가부장적 분위기와는 대조적으로 초기 경전에는 붓다가 여성을 출가자로 받아들이고 비구니 승가를 창설했으며 여성의 동등한 정신적 잠재력을 분명하게 확언했음이 기록되어 있다. 붓다는 비구니를 착취로부터 보호하기 위한 지침까지 마련했다. 안타깝게도 붓다가 입멸하고 얼마 지나지 않아 승단뿐만 아니라 승단을 지지하던 주변 재가 공동체에서도 남성 지배의 양식이 다시 등장했다. 불교 역사를 거치면서, 우리는 불교의 가르침을 보존하고 번성시키는 데 기여한 평범하거나 혹은 뛰어난 여성 수행자들의 사례를 많이 찾을 수 있다. 또한 최근에는 역사의 그늘에 머물지 않고 비구니 공동체가 다시 활기를 띠고 재가 여성과 비구니 모두 종교 생활에서 더 눈에 띄는 역할을 맡기 시작했다.

오늘날 여성의 정신적 열망의 변화는 상좌부 불교의 방향과 사회적 연관성에 점점 더 중요한 영향을 미치고 있다.[5] 남아시아와 동남아시아 상좌부 불교의 역사와 문화는 매우 다양하지만, 이들 국가의 불교 여성의 삶과 경험은 현저히 유사하다. 예를 들어 보시와 신심이라는 오랜 불교문화 전통에 따라 수 세기 동안 여성들은 꽃과 과일을 공양하

---

[5] 예를 들면 Collins and McDaniel, "Buddhist 'Nuns.'" 참조.

여 붓다를 공경하고, 사원(vihāras)과 명상 센터 건립을 지원했으며, 정기적으로 승단에 보시를 실천해 왔다. 여성들은 지역 사원의 활동에 참여했으며, 이야기와 모범을 통해 자녀와 이웃에게 올바른 윤리적 규범을 준수하도록 장려했다.

그러나 상좌부 비구니 계보가 수 세기 전에 단절되었기 때문에 최근까지 여성은 비구니 수계를 받은 승가의 일원이 될 수 없었다. 제도적 지위는 열반이라는 궁극적 목표와 무관한 것으로 간주되기 때문에 이들 국가의 대부분의 여성에게 더 높은 수계를 받는 것은 큰 관심사가 아니다. 우연의 일치인지 모르겠지만, 상좌부 국가의 여승의 수는 비구보다 훨씬 적다. 그리고 종교 계층에서 공식적인 지위를 차지하지 않는다. 많은 여성들이 미래의 삶에서 남성으로 환생하여 비구가 되기를 열망한다. 상좌부 전통의 대부분의 여성들은 열반이라는 궁극적인 목표에 동의하지만, 여성에게 영향을 미치는 모든 문제에 대해 반드시 동의하지는 않는다.

불교 여성의 다양한 종교적, 문화적, 사회적 맥락을 이해하기 위한 기준점으로서, 지역적이나 국제적으로 여성을 연결하는 특정한 통일성이나 경향, 특히나 명상, 교육, 수계를 파악하는 것이 유용하다. 재가자 명상 수행의 부흥은 이 지역 불교 국가들 전반에 걸쳐 확산된 공통 흐름이다. 20세기 상좌부 불교 국가의 재가자들 사이에서 명상 수행의 부흥이 일어났지만, 재가자의 명상 수행은 새로운 것이 아니다. 재가 명상가, 특히 여성 명상가의 사례는 일찍부터 주목받아 왔다.

레디(Ledi) 사야도(1846~1923), 우 바 킨(U Ba Khin, 1899~1971),

마하시(Mahasi) 사야도(1904~82), 파욱 또야(Pa-Auk Tawya) 사야도(1934~), S. N. 고엔카(S. N. Goenka, 1924~2013) 등 버마 계통의 스승들이 가르치는 10일 명상 코스가 보편화되었고 여성들이 열렬하게 참여하고 있다. 버마에서는 노동자들이 직장에 휴가를 신청하고 머리를 깎고 명상 센터에 들어가 한 달 동안 집중적으로 명상 수련을 할 수 있다. 캄보디아, 인도네시아, 라오스, 말레이시아, 태국, 베트남에서도 이와 같이 인기 있는 명상 안거에 여성이 참가자의 대부분을 차지한다.

집중적인 안거와 일상의 명상 수행을 통해 여성들은 정신적 수행을 발전시킬 뿐만 아니라 자신감, 독립기관의 의식, 강화된 종교적 정체성, 불교 유산에 대한 새로운 책임감을 얻게 된다. 일부 신심 있는 여성 수행자들은 동남아시아 전역의 명성 높은 명상 센터를 찾아가서 안거에 참여하고 특정 스승에게 배우기도 한다. 그 과정에서 다른 여성 수행자들을 만나 정보를 공유하고 암묵적으로 또는 명시적으로 서로의 수행에 영감을 준다. 현재 대부분의 명상 교사는 남성이지만, 여성 명상 교사들이 대거 등장하게 되는 것은 시간문제일 뿐이다.

두 번째 공통적인 추세는 불교 교육 프로그램에 대한 여성들의 관심이 증가하고 있는 것이다. 버마의 8계 또는 10계 여승인 틸라신(thilashin)과 태국의 8계 또는 10계 여승인 매치(mae chee)가 팔리어를 공부하고 있으며, 이들이 팔리어와 불교학의 교사가 되었다. 말레이시아, 네팔, 스리랑카, 베트남의 일부 여승들은 불교학의 높은 학위를 취득하였으며, 어떤 여승들은 법사나 대학교수가 되었다. 암기를 통해 구전으로 불교학습에 접근할 수 있었던 전통적인 방식과 달리,[6]

동남아시아 여성들은 이제 자국어로 쓰여진 불교 관련 다양한 인쇄 자료를 접할 수 있고, 온라인으로 불교 경전과 주석서에 접근할 수 있다.

많은 여승들이 팔리어와 아비담마를 가르치는 명망 있는 교사이며, 비구의 스승인 경우도 많다. 불교 재가 여성과 여승들은 수련회, 워크숍, 전문가 모임, 샤카디타(Sakyadhita, 붓다의 딸들) 국제불교여성대회 같은 대회에서 만나 서로의 생각과 통찰을 공유한다.([그림 5] 참조) 이러한 역동적인 행사들은 여성들이 지식과 명상 경험, 연대의 힘을 발견할 수 있는 포럼 역할을 한다.

【그림 5】 제14회 사카디타 개회식에 참석한 인도네시아 불교 여성들. 2015년 인도네시아 족자카르타에서 열린 불교여성 국제회의. 사진: 올리비에 아담(Olivier Adam).

---

6 Seeger, "Orality, Memory, and Spiritual Practice."

세 번째 경향인 여성에게 비구니로서의 구족계 기회를 제공하려는 현대의 운동은 통합적이면서도 논란의 여지가 많다. 지역에서 비구니가 늘어나는 것에 반대하는 일부 비구들은 이 문제가 승가에 분파를 만들 정도로 분열적이라고 주장한다. 이러한 반대는 더 높은 수계를 받는 기회를 환영할 수도 있는 많은 여승들을 위축시켰다. 어떤 입장을 취하든 구족계가 널리 논의되고 있다는 것은 부인할 수 없다. 한국, 말레이시아, 싱가포르, 대만, 베트남 등 구족계를 받은 비구니가 상당수 있는 대부분의 대승불교 국가에서는 이 문제에 다소 무관심하다.

버마, 캄보디아, 라오스와 같은 상좌부 국가에서는 비구니가 거의 없거나 아예 존재하지 않으며, 여승의 고등교육 가능성을 지배적인 남성 승가가 지원하지 않는 상황에서도, 그런 여성 수계의 범주가 존재하고 여성의 구족계가 이제 다른 나라에서는 실제로 가능하다는 인식이 더 커지고 있다. 상좌부 전통에서 수계를 받고자 하는 인도네시아, 태국, 베트남 출신의 여승들이 스리랑카로 가서 출가한 뒤 귀국하여, 결국 다른 여성들에게 수계를 해 줄 수 있을 것으로 보인다. 상좌부 전통의 많은 여성들이 임시 기반으로 종종 8계 또는 10계의 수계를 계속하고 있지만, 이제 더 많은 선택지가 있다는 인식이 확산되고 있다.

상좌부 국가의 불교도들은 점점 더 활기찬 비구니들이 한국, 대만, 그리고 베트남과 같은 대승불교 국가에서 번창하고 있다는 것을 인식하고, 많은 사람들이 그들의 나라에서 여성 구족계를 위한 조건 개선을 희망한다. 비구니는 뉴스에 자주 등장하며, 사라지지 않고 있다.

이러한 모든 요인들이 남아시아와 동남아시아에서 불교의 모습을 크게 변화시키고 있다. 교육 기회가 확대되고, 불교에 대한 지식이 풍부해지고, 집중적인 명상 수행의 기회가 늘어나면서 이전에 여성들이 직면했던 많은 제약이 사라지고 있다.

전통 불교 공동체의 많은 여성들은 여전히 비구에게 공양하는 것을 공덕을 쌓는 최고의 수단으로 여기지만, 점차 여승의 존재를 중요하게 여기고 그들의 훌륭한 수행과 신심을 높이 평가하기 시작했다. 비구와 관련된 스캔들이 널리 알려진 시대에, 일부 신도들은 출가 제도에 대한 믿음을 완전히 잃고 있지만, 다른 신도들은 여승들이 눈에 잘 띄지 않는 곳에 숨겨진 보물이라는 사실을 깨닫고 있다. 현재 이용할 수 있는 의사소통과 여행 기회가 쉬워지면서, 상좌부 여성들이 다른 불교 전통에 대해 가졌던 선입견이 무너지고, 서로의 차이를 넘어 새로운 우정의 유대가 형성되고 있다.

사캬디타 국제불교여성협회가 장려하는 국제 불교 여성 운동은 여러 방향으로 파급 효과를 일으키며 고정 관념을 허물고 문화를 넘어 여성 간의 협력 관계를 촉진하고 있다. 재가와 출가 불교 여성 사이의 이러한 연결과 교류의 확대는 이전에 상상했던 경계를 뛰어넘는 새로운 공동체 의식, 연대감, 통찰력, 사회 운동을 창출하고 있다.

가정주부이자 수행자로서의 불교 여성

앞서 언급했듯이, 상좌부 전통에서 여성은 수 세기 동안 비구니로서 구족계를 받을 수 없었다. 11세기 이후 비구니 수계의 계보는 인도와 스리랑카에서 사라졌고 그리고 버마, 캄보디아, 라오스, 태국에는 전승되지 못했다. 다행히도 중국 사료에 기록된 대로, 비구니 계보는 기원전 3세기에 인도에서 스리랑카로, 5세기에는 스리랑카에서 중국으로 전해져 동아시아로 퍼져 나갔다.

앞서 살펴본 바와 같이 최근 상좌부 전통의 여승들은 중국, 한국, 대만, 베트남에 보존된 전통 계보를 따라 이들 국가를 가거나 스리랑카나 인도에서 수계를 받는 방식으로 점차 수계를 받기 시작했다.

1996년부터는 해외에서 수계를 받은 비구니들이 스리랑카로 돌아와 전통을 되살리기 위해 계맥을 복원했다. 그러나 앞서 언급했듯이 상좌부 전통에서 이 비구니 수계의 부흥을 모두가 환영하는 것은 아니다. 잃어버린 혈통을 복원하는 단순한 문제로 보일 수 있지만, 고려해야 할 중요한 문제들이 많이 남아 있다. 예를 들어 일부 여승들은 스리랑카나 다른 나라로 여행할 수단이 없으며, 스리랑카 비구니 승가는 매년 일정 수의 여승들만 수계할 수 있다. 비구니 수계는 계를 주기 위해 여성과 남성 교단 이부승가(ubhato saṅgha)의 율사가 모두 필요한 매우 정교한 작업이다. 비구의 계를 수여하기 위해서는 10명의 전계사가 필요하지만, 비구니계를 수여하기 위해서는 20명(여성 10명, 남성 10명)이 필요하다. 즉 남성 후보자는 10명의 비구 정족수에 의해 비구로 수계 받을 수 있지만, 여성 후보자가 비구니로 수계 받으려면 10명의 비구와 10명의 비구니 정족수가 필요한 것이다.

또한 일부 여승들은 비구이거나 10계 여승(다사실마타)인 자신의 스승 허락 없이 비구니계를 받는 것을 불편해 한다. 후배 여승이 10계 여승인 스승의 허락을 받으면 전통적인 승가 위계질서에서 스승보다 높아지기 때문에 비구니계를 받는 것을 주저할 수 있으며, 이는 어색한 상황을 만들 수 있다. 고려해야 할 또 다른 중요한 문제는 많은 여승들이 더 높은 수계를 받는 데 전혀 관심이 없다는 것이다.

일부 정통 번역가들은 영어 단어 "nun"을 구족계 수지의 비구니만을 지칭하기 위해 사용하지만, 이 용어를 여성 출가자 또는 독신 수도자를 의미하는 것으로 사용한다면, 티벳 전통의 36계를 지키는 사미니(산스크리트어: śrāmaṇerika; 티벳어: getsulma), 스리랑카의 10계 여승 다사실마타(dasasilmātā), 버마의 8계, 9계, 10계의 틸라신(thila shin), 태국의 매치(mae chee), 캄보디아의 돈치(don chee), 라오스의 매카오(mae khao), 그리고 『범망경梵網經』의 보살계를 지키며 독신 금욕 생활을 하는 일본의 여승들에게도 이것이 적용될 것이다. "여승(nun)"이라는 용어를 광범위하게 적용하면 이러한 범주 간의 차이를 지나치게 단순화할 수 있지만, 불교의 모든 출가 여성을 여승(nun)으로 지칭하고 그들의 역사, 계율 및 생활 방식 간의 차이점을 구분하는 것이 합리적으로 보인다.

많은 불교 국가에서 여성 수계의 완전하고 정확한 역사가 아직 복원되지 않았고 앞으로도 복원될 수 있을지 의문이지만, 여성 수계에 대한 현대의 관심은 여성 수계의 다양한 계보에 대한 논의를 정당하게 만들었다. 상좌부 공동체의 여성은 일반적으로 여승이 되기를 권장하지 않으며 가족과 사회 집단에서 그렇게 하는 것을 적극적으로 반대할 수 있다. 비구들은 전형적으로 존경을 받고 소년과 청년은 일시적으로라도 수계를 받으면 칭찬과 보상을 받는 반면, 젊은 여성의 적절한 역할은 결혼하여 자녀, 가급적이면 아들을 낳는 것으로 간주된다.

그 결과 불교 사회에서 대부분의 여성은 가정생활을 선택한다. 가정주부로서 여성은 대가족을 돌보는 중요한 역할을 맡으며, 집 밖에서 다양한 직종에 종사하여 가족의 수입에 기여할 가능성이 높다. 독실한 불교 신자인 여성은 남성 승려와 그 기관의 후원자로서의 자신의 역할을 주요 종교 수행으로 간주하는 경우가 많다.

여성으로서 승려에게 보시를 하고 아들이 짧은 기간이라도 승려가 되는 것을 보는 것에 자부심을 느낀다. 많은 나이든 여성들은 종종 큰 고통을 겪은 후 남편이 죽고 자녀가 성장한 이후에 승복을 입기도 한다. 예를 들어 베트남에서는 많은 여성들이 전쟁의 참상을 목격하면서 고통에 대한 붓다의 가르침에 대한 통찰력을 얻었다. 캄보디아에서는 크메르 루주 시대(1975~79년)의 상상할 수 없는 고통 속에서 가족을 모두 잃은 많은 여성들이 출가 생활에서 안식처를 찾았다.[7] 어떤 여성들은 수년간의 가정 폭력을 겪은 후 출가를 하기도 했다.

오늘날 비구니가 없는 지역사회에서 여승들은 일반적으로 붓다가 마하프라자파티를 수계할 때처럼 간단한 의식을 통해 비구로부터 계율을 받아 붓다의 계보를 상징적으로 이어가기도 한다.[8] 이 여승들은 흰색 승복(버마에서는 분홍색)을 입고 머리를 깎으며 75가지 행동 규칙에 따라 조심스럽게 금욕적인 행동을 준수한다. 비록 그들은 비구니의 엄격한 계율을 지키기 위해 노력하지만, 구족계를 받지 않았기 때문에 비구니로서 인정받지 못한다. 8계에서 10계 보유자는 승가의 구성원으로 간주되지 않으므로 교단의 정회원 혜택을 받을

---

[7] Harris, *Buddhism in a Dark Age*.

[8] Carbonnel, "On the Ambivalence of Female Monasticism," 280.

자격이 없다.

일부 재가자들은 여성 출가자가 여승이라는 사실을 부인하고 정식 수계를 받은 비구니에게만 여승이라는 용어를 사용하며, 심지어는 그들을 삭발한 재가 여성으로 간주하기도 한다. 승려는 "공덕의 밭"으로 간주되는데, 이는 재가자가 승려에게 기부하는 것이 그들의 종교적, 사회적 지위가 우월하기 때문에 칭찬받을 만한 일이라는 것을 의미한다. 비구는 더 많은 계율과 규율을 지키기 때문에 비구에게 공양하는 것은 현세와 미래의 삶에서 번영을 가져다주는 유익한 업의 행위로 여겨진다. 8계에서 10계 여승의 사회적 정체성은 잘 정의되어 있지 않으며, 이들은 가정생활을 포기한 것으로 인식되지만, 아직 구족계를 받지 못한 채 재가와 승가 사이의 중간 지위를 차지하고 있다.

여승은 자발적으로 비구들과 동일한 계율을 많이 준수하고 매우 금욕적인 삶을 살지만, 여승에게 공양하는 것이 똑같이 공덕이 있는 것으로 간주되지 않으며, 여승의 불교 교육 기회는 제한적이거나 아예 존재하지 않는다. 일반 신도들이 승단과 승려에 보시할 때 여승보다 비구를 지원하기를 매우 선호하는데, 한 일화를 증거로 살펴보면 약 5대 1의 비율로 선호한다고 한다. 그럼에도 불구하고 여승, 비구, 평신도 간의 상호 관계, 특히 보시와 관련된 최근 연구에 따르면 상호 보완적인 네트워크를 통해 상호 이익이 되는 것으로 나타났다.[9] 일부에서는 이를 "공덕의 경제"라고 부른다.[10] 여승에 대한 남성 승려의

---

[9] 버마 불교 사회와 관련하여 이 주제를 전체적으로 다룬 것은 Carbonnel, "On the Ambivalence of Female Monasticism," 참조.

특혜를 지적하면 그들은 종교 수행의 동기가 사회적 지위나 물질적 이익이 아닌 해탈이라고 주장하며 이것을 가볍게 여기는 경향이 있다.

사실 상좌부 여승들은 교육적, 경제적으로 불이익을 받기 때문에 지역사회에 충분히 기여하지 못하는 경우가 종종 있다. 동남아시아의 불교도들은 비구승의 업적을 칭송하는 경향이 있기 때문에 출가한 여성들이 정신적 성취를 공개적으로 인정받은 경우는 거의 없다. 많은 재가 불교도들은 여성과 남성 모두 진정한 종교적 소명은 여승이 아닌 비구의 몫이라고 생각한다. 비구와 여승 사이의 교육과 훈련 수준의 격차는 이러한 편견의 원인인 동시에 결과이기도 하다. 교육 기회와 사회적 인정의 부족으로 인해 출가자의 소명을 추구할 충분한 자신감과 결단력을 가진 젊은 여성은 거의 없다. 열망을 견지한 소수의 사람들은 자원도, 멘토도, 공식적인 인정도, 격려도 거의 받지 못한 채 조용한 삶을 살고 있다.

캄보디아와 라오스에서는 최근까지 비구승들만 종교 교육을 받을 수 있었고, 여성 수행자를 위한 명상 교육은 찾아보기 어려웠다.[11] 여승들은 세속적인 집착을 버렸지만 축원을 해주거나 장례식 및 기타 종교 의식에 초청받는 경우가 거의 없었다. 출가 여성들은 비구를 위해 요리와 청소를 하는 대가로 사원의 한 구석에서 살 수 있는 것을 행운으로 여길지도 모른다. 비구를 섬기는 일에서 많은 여승들은 보람을 느끼기도 하지만, 시간이 많이 걸리고 종종 지치게 만들기도

---

10 예를 들면 Gutschow, *Being a Buddhist Nun*, 77-122. 참조.

11 Jacobsen, "In Search of the Khmer Bhikkhunī"; Tsomo, "Lao Buddhist Women." 참조.

한다.

　최근 몇 년 동안 재가 여성과 여승 모두 사회 변화의 새로운 방향에 착수했다. 여승들이 공동체 봉사와 사회복지 활동에 더 적극적으로 참여하려는 시도가 있었다. 예를 들어 스리랑카의 여승들은 이제 병원 법당에 참여하고 있으며, 어린이들을 위한 담마 수업을 자주 진행한다. 버마와 태국에서는 젠더 기반 트라우마 생존자를 위한 리더십 훈련과 상담에 대한 풀뿌리 계획이 개발되고 있다.[12] 태국에서는 여승들이 청소년들에게 흡연과 마약의 악영향에 대해 교육하는 사찰 프로그램에 적극적으로 참여했다. 캄보디아에서는 일부 여승들이 공동체의 보건, 에이즈 인식, 고문 및 기타 트라우마 생존자 상담에 대한 교육을 받았다. 모유 수유를 장려하기 위해 나이든 여승들의 서비스를 동원하려는 노력도 있었다.[13]

　여성 출가자를 사회봉사에 참여시키려는 이러한 노력은 상당한 성공을 거두었지만, 출가 생활에 들어간 여성들은 일반적으로 사회 활동을 하고 싶어서가 아니라 불교를 배우고 실천하는 데 관심이 있기 때문에 출가한다. 사실 불교는 종종 사회적 참여를 거부하고 세속적 개입을 거부한다는 비판을 받기도 하는데, 이는 전적으로 타당하지 않은 비판은 아니다. 많은 여승들은 명상적인 삶과 사회에 대한 이타적인 봉사의 삶이라는 두 가지 상반된 이상 사이에서 지속적

12　Norsworthy and Khuankaew, "A New View from Women of Thailand"; Norsworthy and Khuankaew, "Women of Burma Speak Out"; Norsworthy and Khuankaew, "Bringing Social Justice to International Practices."

13　Crookston et al., "Buddhist Nuns on the Move."

인 긴장을 경험한다. 어떤 이들은 지역사회에 대한 봉사를 명상하는 생활과 상충되는 것이 아니라 명상을 통해 길러진 자질과 이상의 자연스러운 표현으로 이해한다.

결국 불교 출가자들은 일찍이 자비로운 상담과 중재 기술을 가지고 있었다. 어떤 비구니들은 다음과 같이 말하면서 이러한 사회봉사 활동에 관여하기를 거부한다. "우리는 사회복지 활동을 하기 위해 여승이 된 것이 아니다. 우리는 해탈을 이루기 위해 여승이 되었다. 사회 활동가가 되고 싶었다면 그 길로 갈 수도 있었을 것이다. 그러나 우리는 담마를 실천하고 마음의 오염을 없애고 윤회에서 벗어나기 위해 여승이 되었다." 대부분의 여승들은 재가 공동체의 이익을 위해 기꺼이 보호와 축원의 구절인 파릿타(paritta)를 암송하며, 많은 여승들이 명상 수행에 적극적으로 매진한다. 일부 여승들은 이러한 모든 활동에 참여하면서 기회가 있을 때마다 경전 공부의 기회도 갖는다.

버마 상좌부 불교의 여성들

미얀마는 예전에는 버마로 알려졌는데, 인구의 약 75%가 상좌부 불교 신자이고, 여성의 사회적 지위가 상대적으로 높다. 여성은 일반적으로 교육을 받고 비즈니스에 능숙하며 가족 재정을 책임진다. 불교 신자로서 매일 신심 깊은 수행을 하고 승려와 사원에 자주 공양하며 재가 불교의 5계에 따라서 살기 위해 최선을 다한다. 요즘에는 전국에 있는 수많은 명상 센터에서 열리는 집중 명상 수련회에도 많은 여성들이 참여하고 있다. 마하시 사야도나 S. N. 고엔카처럼 대단한 명성을 얻고 있는 몇몇 명상 지도자를 제외하고, 버마는 20세기 후반 군사 독재로 인해 국제 사회와 사실상 단절되어 있었다. 그 사이 명상 센터가 번성했고 여성들은 명상 센터의 가장 적극적인 후원자였다. 여성과 남성 모두 공덕을 쌓고 부모님의 은혜에 보답하며 고인에게 경의를 표하기 위해, 종종 3개월 간의 우기 안거(vassa) 동안 일시적으로 출가할 수 있다.

모든 버마 남성은 일생에 적어도 한 번은 출가를 해야 하며, 이를 통해 무료 종교 교육 및 기타 특권을 즉시 누릴 수 있다. 남성들은 분(bhun, 팔리어: bhaga)을 소유하고 있다고 하는데, 이것은 어떤 특별한 힘이나 행운으로, 여성에게는 더 약하다고 한다. 이러한 정신적 힘의 성별에 따른 문화적 격차는 종교적 영역에서 남성의 특권과 우월한 지위에 반영된다. 비구승들은 존경받으며 그들의 덕성은 물질적인 방식으로 아낌없이 보상된다. 영향력 있는 사람들이 고위급 승려들에게 아낌없이 보시하기 위해 경쟁하는데, 이처럼 비구승과 재가 보시자의 지위는 서로 밀접하게 연결되어 있다.[14]

버마 불교 여성은 재가자로서 수행하거나 8, 9, 10가지의 불교 계율을 지키며 틸라신("덕을 지닌 자")으로서 일시적으로 또는 평생 정진하는 삶을 살 수 있다. 명상 수련회에 참석하는 동안 재가 수행자(yogi)는 일반적으로 흰색 블라우스, 갈색 롱지(sarong), 그리고 갈색 숄을 오른팔 아래와 왼쪽 어깨에 걸쳐 입는다. 여승들은 오렌지색 롱지에 분홍색 승복을 입고 비구의 겉옷을 상징하는 녹색 숄을 왼쪽

---

14 Jordt, *Burma's Mass Lay Meditation Movement*.

어깨에 걸친다. 틸라신은 일반적으로 부모와 자신을 위해 공덕을 쌓기 위한 수단으로 8계를, 때로는 10계를 받기도 한다. "순결한 여승(ngebyu)"에 대한 선호도 있는데, 이는 여승의 계율을 받기 전에 결혼하거나 성적인 행위를 하지 않은 여승을 의미하며, 일종의 상징적인 순수함을 함축한다.[15] 틸라신은 비구와 유사한 종교적 정체성을 실천하는 존재로 인정된다.

비구의 지위가 분명 우월하지만, 각각의 특유한 출가자 정체성은 그 자체로 똑같이 유효하다고 간주될 수 있다. 어떤 이들은 전통적으로 인정받는 승가에서 여승이 제외된 것이 출가 여성을 주변화시키고 불리한 위치에 놓이게 한다고 주장한다. 다른 사람들은 여승의 모호한 지위가 비구의 227개 계율의 제약을 받지 않고 비구들의 권위 아래 있지 않기 때문에 이동과 제도적 자율성을 더 자유롭게 할 수 있다고 주장하기도 한다.

사회인류학자 히로코 가와나미(Hiroko Kawanami)에 따르면, "2010년 미얀마 종교부에 등록된 독립 여성 사원은 총 3,165개였다."[16] 여기에는 진정한 "출가승의 왕국"으로 불리는 사가잉(Sagaing) 언덕에 위치한 5,746명의 여승이 있는 수백 개 여성 사원(kyaung)도 포함된다. 현재 버마에는 틸라신이 6만 명에 달할 것으로 추정되지만, 정부에 등록되지 않은 경우는 더 많을 수 있다. 여승들은 1990년대 초부터 비구로 구성된 최고승가회의의 감독과 지방정부 관리들과의 긴밀한

---

[15] 그 용어는 비구승에게도 사용될 수 있다. Kawanami, *Renunciation and Empowerment of Buddhist Nuns*, 43-36.

[16] Kawanami, *Renunciation and Empowerment of Buddhist Nuns*, 16.

협력 하에 주, 지역 단위의 10개의 틸라신 협의회와 마을 단위의 206개 협의회로 조직되어 있다.[17] 12세 이상의 모든 여승들은 정부 종교부에 등록해야 한다.

버마 비구승들은 율장에 따라 매일 아침 탁발을 가서 조리된 음식을 받아야 한다. 여성들에게 보시는 승가에 대한 신심을 표현하고 공덕을 쌓으며 승가 공동체와 교류할 수 있는 방법이다. 버마에서는 비구승이 여승들로부터 보시품을 모아들일 수도 있다. 탁발을 통해 승려들은 평신도를 위한 공덕의 원천으로서의 지위를 확보하며, 보시 생활로 상징되는 일반적인 욕망을 포기함으로써 세속적인 감각적 욕망의 세계와 분리될 수 있다. 반면 여승들은 개인 또는 단체로 특정한 날에만 탁발을 하러 갈 수 있는데, 조리된 음식을 받는 것은 금지되어 있으며, 대신 생쌀과 돈을 받는다.[18]

이러한 금욕적 상징의 대조는 여성들이 직접 음식을 사서 요리하는 의무를 부여하는데, 이는 승단에서 기대되는 행동과 모순되며 여성과 세속적 애착 세계 사이의 연관성을 강화시킨다.[19] 여승들은 조리된 음식을 공양으로 받는 것이 금지되어 있고 직접 식사를 준비해야 하지만, 사가잉의 사캬디타 틸라신 여성 사원 학교의 여승들은 "고귀한 침묵"을 지키며 마음챙김 식사를 집단적으로 실천하고 있다.([그림 6] 참조)

상좌부 불교는 파간(Pagan) 왕조(849~1287) 시대에 버마 전역으로

---

[17] Kawanami, *Renunciation and Empowerment of Buddhist Nuns*, 114-16.
[18] Bonnet-Acosta, "Brave Daughters of the Buddha," 42.
[19] Carbonnel, "On the Ambivalence of Female Monasticism," 269.

퍼져 나갔으며, 이는 석조 비문에서 확인할 수 있다. 파간 왕조의 비문에는 다양한 사회 계층의 많은 여성들이 시주자로 언급되어 있으며, 그중에는 매우 부유한 여성들도 포함되어 있다. 비구니를 언급하는 비문은 버마 남부에서 발견되었지만 그들의 지위, 역사, 그리고 그들에게 무슨 일이 일어났는지는 불분명하다. 버마 문화에 대해 많은 연구를 한 G. H. 루체(G. H. Luce)에 따르면, 버마에서는 초기부터 15세기까지 여성들이 구족계를 받았다고 한다.

【그림6】 미얀마 사가잉(Sagaing)의 사캬디타 틸라신 여승 학교 식당에서의 여성 승려들. 사진: 리엔 부이(Liên Bui).

동남아시아학 교수 바바라 왓슨 안다야(Barbara Watson Andaya)는 영국 특사의 다음과 같은 보고서 내용을 인용했다. 즉 "버마 여승들은 한때 비구니의 노란 승복을 입었으나, 인구 증가를 장려하기 위해 교단이 폐지되었다"[20]는 것이다.

1930년대에 신 아디짜(Shin Adicca)라는 버마 비구승이 여승들의 구족계를 주장했지만 충분한 동의를 얻는 데에 실패했다. 1950년대에 마하시 사야도(Mahasi Sayadaw)의 스승이었던 제타와나(Jetavana) 사야도(1868~1955)라는 위빠사나 명상 지도자는 그의 『밀린다팡하』 주석에서 비구니 수계의 복원을 강력하게 지지했지만, 이 생각에 대한 지지를 얻지는 못했다.

1970년에 한 버마 여성이 정부에 구족계를 신청했지만 그녀의 청원은 성공하지 못했다. 충격적인 사례로, 2003년에 스리랑카에서 비구니 수계를 받고 담마짜리야(dhammācariya, "법사") 학위를 가진 버마 비구니 사짜바디(Saccavadi, 1965년생)는 구족계를 받고자 하는 그녀의 결정을 철회하지 않는다는 이유로 2005년 버마에서 수감되었다.[21] 76일 동안 수감된 후 스리랑카로 돌아와 2008년까지 그곳에서 살다가 버마에서 겪은 트라우마로 인해 환속하여 현재는 미국에서 살고 있다.[22]

오늘날 버마의 대부분의 여승들은 일상에서 출가자의 정체성을 드러내며 틸라신으로 수행하는 데 만족하고 있으며, 출가 승가에 포함시키지 않은 승단 당국의 결정에 이의를 제기하는 사람은 거의

---

20 Symes, *An Account of an Embassy*, 249. Andaya, "Localising the Universal," 5. 재인용.

21 Toomey, *In Search of Buddha's Daughters*, 145-54.

22 Bonnet-Acosta, "Brave Daughters of the Buddha," 44-45.

없다. 틸라신처럼 오늘날의 버마 여승들은 집중적인 명상 수행과 종교 교육을 받을 수 있는 기회를 많이 가지고 있다.

여승들이 팔리어와 아비담마를 공부할 수 있는 여러 기관이 있으며, 여승들은 불교를 가르치는 일, 즉 "가르침을 전파하는 일"에서 중요한 역할을 담당하고 있다. 매년 정부는 비구승뿐만 아니라 여승들 중에서도 가장 뛰어난 학자를 표창한다. 그러나 여성은 공적인 역할을 맡는 것을 권장하지 않으며, 여승들은 대중의 감시를 피하기 위해 주목을 받지 않는 경향이 있다. 여승들 중에는 훌륭한 학자들도 있고 비구승들과 같은 시험을 통과한 사람들도 많지만, 일반적으로 대중 법문은 하지 않는다. 여승들은 종교 의식을 주재할 수 있더라도 종교 의식을 주재하도록 초청받는 경우는 거의 없다.

틸라신은 승단에서 그들을 가르칠 수 있는 법사 학위로 이어지는 3년 과정을 이수할 수 있지만, 현재 유일한 학업의 선택은 1994년 사가잉에 설립된 시타구(Sitagu) 국제불교 아카데미뿐이다. 사가잉과 랑군(Rangoon)에 캠퍼스를 갖춘 고등 불교 교육연구소를 설립할 계획이 진행 중이며, 이 연구소는 잠정적으로 여승들에게도 개방될 예정이다.

한편 버마에는 경전 연구, 교육, 명상, 사회봉사 활동, 최근에는 정치 분야에서도 뛰어난 성과를 거두며 여성에게 주어진 한계를 뛰어넘는 훌륭한 여성들이 많이 있다. 히로코 가와나미는 버마 불교 연구의 선구자였던 여러 뛰어난 여승들의 이야기를 들려준다.[23] 많은 여승들

---

23 Kawanami, *Renunciation and Empowerment of Buddhist Nuns*, 181-91.

이 파리야띠(pariyatti, 공부)와 파티파띠(paṭipatti, 수행) 모두에서 모범적인 프로그램을 제공하는 여승 학교(sathin-daik)를 설립했다. 어떤 여승들은 뛰어난 교사가 되기도 했다. 예를 들어 도 유산다(Daw Yusanda)는 담마짜리야 법사 공부를 마친 후 1976년부터 양곤의 쉐다곤 파고다에서 정기적으로 담마를 가르치기 시작했고, 명료하고 매력적인 연설가로 전국적인 명성을 얻었다.[24]

사회 참여에 몸담은 여승의 한 사례는 도 악가냐니(Daw Aggañānī)이다. 그녀는 2010년에 사사나 람시(Sasana Ramsi) 담마 스쿨을 설립하였다. 대나무 오두막에서 단 9명의 여학생으로 시작한 이 학교는 현재 70명 이상의 학생이 재학 중이며, 이들 대부분은 고아나 매우 가난한 가정 출신이다. 이 학교는 이들에게 고등학교까지 기숙사 교육을 제공하여 더 나은 삶의 기회를 제공한다. 오늘날 세계적으로 가장 유명한 불교 여성은 아마도 아웅산 수치(Aung San Suu Kyi, 1945년생)일 것이다. 그녀는 정치 참여로 유명한 위빠사나 명상 수행자인데, 미얀마의 국가 원수직에 오르기도 했다.

---

[24] Kawanami, *Renunciation and Empowerment of Buddhist Nuns*, 106.

3장 동아시아의 불교 여성

초기 수 세기 때부터 불교는 중국 종교 지형의 중요한 특징이 되었으며, 그 가르침은 한국, 일본, 대만, 베트남에도 전해졌다. 붓다의 가르침이 인도에서 육로와 해로를 통해 중국으로 전해지면서 유교, 도교, 조상 전통에 영향을 미치며 융합되기도 하고 경쟁하기도 했다. 이들 국가의 불교도들은 일반적으로 붓다 입멸 후 수백 년 후에 나온 문헌에 근거한 대승불교를 따르고 있다. 『반야경』(prajñāpāramitā, "지혜의 완성")과 같은 텍스트는 팔리어 삼장에 보존되어 있는 아라한이 되기 위한 성문聲聞의 길과는 대조적으로, 완전히 깨달은 붓다가 되기 위한 보살의 길을 설명한다.

인도에서 중국으로 건너간 초기 선구자들 중에 여승에 대한 언급은 없지만, 중국의 많은 여성들이 신심 있는 신자가 되었고 결국 일부는 여승이 된 것을 볼 수 있다. 총 6개 부파의 출가 규율(율장) 텍스트가 한역되었다. 이 중 중국에서 가장 초기의 수계는 초기 화지부(化地部, Mahīśāsaka) 부파에서 발전한 법장부(法藏部, Dharmaguptaka)에 기초한 것이었다. 당나라 시대부터 법장부는 중국에서 따랐던 율장의 지배적인 부파였다가 결국 유일한 부파가 되었다.[1]

법장부 계통은 비구를 위한 250개의 계율과 비구니를 위한 348개의 계율을 가지고 있으며, 오늘날에도 중국, 한국, 대만, 베트남에서 여전히 수행되고 있다. 이것은 여성을 위한 구족계의 유일한 살아있는 계통이며, 따라서 비구니 계통이 이전에 존재하지 않았던 나라에서 이것을 복원하려는 현대의 운동에 있어서 특히 중요하다.

초기 중국 불교에서 여성의 책임과 출가

중국에서 불교 수행 공동체를 시작한 것으로 알려진 최초의 여승들은 그들이 지켜야 할 규칙의 혜택 없이 수행을 시작했다.[2] 인도 비구니가 중국을 방문했거나 중국 여성이 인도로 여행했다는 결정적인 증거는 없다. 비구니 바라제목차(prātimokṣa, 구족계를 받은 비구니들의 출가 행동 규범)는 3세기 중반경에 중국에 등장한 것으로 알려졌지만, 그것이 어느 부파의 율장에 속한 것인지는 명확하지 않다.

4세기 초, 축정검(竺淨檢, 292~361)이라는 여성이 다른 24명과 함께, 한 비구승으로부터 사미니 10계(śrāmaṇerī)를 수계 받았다.[3] 그후 4세기 중엽, 축정검과 4명의 동료들은 『대중부(Mahāsāṃghika) 율장』에 따라 비구들로부터 비구니계를 받고 중국 최초의 비구니가

---

1 Heirman, "Can We Trace the Early Dharmaguptakas?" 412-16.
2 Heirman, "Vinaya," 172-74.
3 Heirman, "Chinese Nuns," 275.

되었다. 그러나 당시 중국에는 비구니 수계에서 후보자를 훈련시키고 그들에게 24개의 개인적인 질문, 예를 들어 가족 문제나 신체 질환이 없는지 등을 물어보는 데 필요한 10명의 비구니 정족수를 채울 수 없었기 때문에 비구만으로 수계가 이루어졌다.[4] 비구니들이 비구들 앞에서 이러한 개인적인 질문에 대답하는 것이 부끄러웠다는 사실이 비구 전계사 외에 비구니 전계사를 요구하게 된 이유이며, 이를 소위 이중 수계라고 한다.

따라서 4세기에 중국에서 수계한 여승들은 율장을 완전히 준수하여 수계한 것이 아니었다. 5세기에 이르러서야 4개의 율장 학파의 전체 문헌이 한역되었고, 정검과 그녀의 4명의 동료가 모든 요건을 충족하지 못했다는 사실이 밝혀졌다. 왜냐하면 수계식과 같은 출가 공동체의 공식적인 행위를 수행할 수 있는 구족계를 받은 비구니 정족수 10명이

---

[4] 다양한 율장 전통에서 여성 후보자에게 제기되는 질문들 사이에는 상당한 차이가 존재하며, 때로는 같은 전통의 다양한 텍스트 편집본 사이에서도, 예를 들어 티벳어로 보존된 『근본설일체유부 율장』 문헌의 칸규르(Kangyur) 판본들 같은 경우에도 상당한 차이가 있다. 대중부 계열에서는 질문이 다음과 같다. 후보자가 부모나 남편의 허락을 받았는지, 지도해 줄 스승을 찾았는지, 승복과 그릇을 가지고 있는지, 식차마나 2년을 마쳤는지, 스승으로부터 제자로 받아들여졌는지, 아버지, 어머니 또는 아라한을 살해했는지, 붓다께 피를 내게 했는지, 승가에 분열을 일으켰는지, 비구에게 계율을 어기게 했는지, 도둑인지, 외도인지, 스스로 수계하였는지, 노예인지, 빚이 있는지, 군대에 있는지, 반역을 저질렀는지, 여성인지, 불임인지, 생식기를 다쳤는지, 항문과 질이 붙어 있는지, 생식기를 손상시켰는지, 양쪽 가슴을 잃었는지, 한쪽 가슴을 잃었는지, 월경을 계속하는지, 월경이 없는지, 월경이 불규칙한지, 발기불능인지, 심각한 질병이 있는지 등이다. Hirakawa, *Monastic Discipline*, 60-62 참조.

없었기 때문이었다.

429년, 한 무리의 비구니들이 스리랑카에서 배를 타고 중국 남부에 도착했는데, 하지만 그들은 수계식을 집행하기에는 숫자가 부족했다.[5] 434년, 두 번째 비구니 그룹이 스리랑카에서 도착했을 때, 정족수가 완전히 구성되어 오늘날 난징에 있는 난린(Nanlin) 사원에서 중국 여승 300여 명에게 최초로 정식 승인된 수계를 시행할 수 있었다.

이렇게 중국에서 비구니 수계의 계보가 공식적으로 확립되어 오늘날까지 이어져 오고 있다. 8세기 초에는 중국 승려 도안(道安, 312~385)의 영향으로 법장부의 율장『사분율』이 중국 전역의 표준이 되었다.

6세기 초 비구 보창寶唱이 편찬한『비구니전』에는 4세기에서 6세기 초에 살았던 중국 비구니 65명의 전기가 수록되어 있다.[6]

그때 내가 모범으로 제안하는 이 비구니들은 명성이 높고 열렬한 도덕의 귀감이며, 그 미덕은 끝없이 흐르는 향기로운 물줄기이다. … 그들의 미덕은 깊은 바다나 높은 봉우리와 같고 동과 옥으로 만든 조화로운 종소리 같다. 참으로 그들은 가을 같은 시대의 덕행의 모범이자 말법 시대의 믿을 만한 안내자와 같다.[7]

---

5 Cheng, "Tracing Tesarā."
6 이 텍스트는 6세기 초에 편찬되었으며 보창寶唱의 저작이다. 영어 번역은 Pao Chang, *Biographies of Buddhist Nuns*, trans. Jung-hsi Li(Osaka, Japan: Tohokai, 1981); Shih, *Lives of the Nuns*가 있다.
7 Shih, *Lives of the Nuns*, 15-16.

이 문헌은 그들의 가족 배경, 세속적인 삶을 포기한 동기, 그들이 추구한 정신적 수행, 성취, 그리고 그들의 삶과 죽음에 대한 다른 측면을 간략하게 설명한다. 『비구니전』에 수록된 이야기는 그들의 특별한 경건함과 자기희생이나 단식 같은 고행에 대해 극찬을 한다. 금식이나 소신공양을 통해 부처님께 자신의 몸을 바치는 것 같은 고행이 공덕으로 여겨졌다. 육신을 버리는 것이 자아를 버리는 것으로 해석되었기 때문이다.[8] 극단적인 고행을 거부하는 초기 불교 경전에서는 이러한 행동을 모두 허락하지 않지만, 불교가 중국에 전파된 초기 수 세기 동안에는 아마도 도교의 영향으로 성스러움의 표식이라고 여겨졌던 것 같다.

현대의 감각으로 보면 심각한 의문이 들지만, 그럼에도 불구하고 이 전기들은 명상, 가르침, 신통력에 대한 비구니의 성취담을 되짚어 볼 때 주목할 만하다. 이러한 전기가 편찬된 지 약 한 세기가 지난 후, 일부 유명한 남성 율사들은 그들의 저술 속에서 비구니를 호의적이지 않게 묘사하였는데, 이는 이후 여러 세대에 걸쳐 여성 출가자에 대한 태도에 영향을 미쳤다.[9] 예를 들어 7세기의 영향력 있는 율사 도선道宣에 따르면, 과거와 미래의 모든 붓다들이 여성은 가정에서 똑같이 수행을 할 수 있으므로 비구니가 될 필요가 없다는 데 동의한다는 것이다. 그는 여성 최초로 수계를 요청하고 승가 일원으로 허락을 받은 마하프라자파티를 옹호했기 때문에 10가지 이유로 아난다를 비난한, 잘 알려지지 않은 율장 문헌을 언급하며, 여성들이 집에

---

[8] 소신공양에 대한 자세한 이해를 위해서는 Benn, *Burning for the Buddha* 참조.
[9] Heirman, "Buddhist Nuns."

머물렀다면 비구승들이 더 많은 존경과 보시를 받았을 것이고 법이 훨씬 더 오래 지속되었을 것이라고 주장한다. 법은 종말에 대한 정설의 예측보다 오래 지속되었기 때문에, 역사는 이 점이 거짓임을 보여주었다.[10]

유교적 가족 및 사회 체계에서는 여성의 역할이 분명하게 설정되어 있는데, 이는 현대 페미니즘의 관점에서 보면 구속적인 것이었다. 불교가 수용되기 위해서는 중국의 문화적 환경에 적응해야 했고, 이는 곧 유교적 신념과 사회적 관습을 받아들여야 한다는 것을 의미했다. 역사학자 브렛 힌쉬(Bret Hinsch)가 "불교 이전 중국의 탁월한 덕목이자 중국 사회의 가장 근본적인 조직 원리"[11]로 간주하는 효孝는 가족에 대한 충성, 사회적 조화, 결혼, 그리고 출산을 요구한다. 이러한 요구 사항은 승가(출가 공동체), 개인의 해탈, 출가, 독신이라는 불교의 이상과 상당히 상충되는 것이었다. 이 새로운 종교는 중국에 낯선 것이었을 뿐만 아니라, 삭발과 사후 화장을 장려한 점은 조상에 대한 모독이기도 했다. 불교를 받아들이기 위해 불교도들은 이러한 명백한 모순을 해결할 방법을 찾아야 했다. 여성의 사회적 정체성은 가정 및 가족과 밀접하게 연관되어 있었기 때문에 특히 이러한 윤리적, 사회적 딜레마에 대한 해결책을 찾기가 어려웠다.

결국 신심 있는 불교 여성들은 불교 수행을 정신적으로 대가족을 돌볼 수 있는 방법으로 생각하게 되었다. 참회, 보시, 도덕적 순수성의

---

10 Heirman, "Buddhist Nuns," 36-37. 이 예측에 대한 자세한 내용은, Nattier, *Once upon a Future Time*, 참조.

11 Hinsch, "Confucian Filial Piety," 49.

의례를 통해 그들은 조상을 대신하여 바칠 수 있는 공덕을 쌓았다. 이러한 방식으로 그들은 가족과 종족의 건강과 안녕을 보호했을 뿐만 아니라 새로운 정신적 정체성을 구축하고 자비의 범위를 가족을 넘어 모든 생명체로 확장했다.

4세기 초, 영도슈首라는 한 비구니는 불효라는 아버지의 비난에 대해 다음과 같이 반박했다. "내 마음은 종교 활동에 집중되어 있고, 내 생각은 오로지 정신적인 문제에만 머물러 있습니다. 비난도 칭찬도 나를 움직이지 않으며, 순수함과 강직함 그 자체로 충분합니다. 왜 내가 (아버지, 남편, 아들에게) 세 번 복종해야만 정숙한 여성으로 간주됩니까?" 그러자 그녀의 아버지는 그녀에게 자신만 생각한다고 비난했고, 이에 그녀는 이렇게 대답했다. "저는 모든 중생을 고통에서 벗어나게 하고 싶어서 도를 닦기 위해 스스로를 세우고 있습니다. 그렇다면 제가 두 부모님을 얼마나 더 해탈시키고 싶겠습니까!"[12]

불교 경전과 가르침이 점차 중국 문학과 의식에 스며들면서 불교 사상과 문화는 인도 불교 전통과 대체로 일치하면서도 중국 특유의 색채를 지닌 방식으로 변화하게 되었다. 특히 당나라 시대(618~905년)에는 불상을 봉안하고 불교 경전을 필사하는 것이 여성이 공덕을 쌓는 인기 있는 방법이 되었다. 하남성河南省의 난봉산蘭封山에는 특히 신심 있는 여성 수행자들에게 바치는 헌사들이 석조 기념비에 많이 새겨져 있다.[13]

그러나 불교가 전래된 후에도 유교 이념은 중국 사회에 계속해서

---

12 Shih, *Lives of the Nuns*, 20.
13 Adamek, "A Niche of Their Own."

강한 영향을 미쳐 가족생활, 윤리, 정치, 남녀 관계를 포함한 사회관계에 영향을 미쳤다. 천명天命이라는 신성한 통치권을 행사하는 황제를 닮은, 집안의 남성 가장은 다른 가족 구성원에게 막강한 권력을 행사했다. 들판과 숲에서 육체노동에 종사하는 농민 여성을 제외하고, 여성들은 대부분 가정 영역에 국한되어 봉사와 순종에 대한 보상을 받았다. 여성의 자율성은 전족이나 과부의 정절과 같은 사회적 관습에 의해 제한되었다. 불교 승단에 들어가는 것은 여성이 선택할 수 있는 소수의 대안 중 하나였다. 적어도 1980년대부터 페미니스트 학자들이 지적했듯이, 모든 중생에게 깨달음의 잠재력이 있다는 불교의 철학적인 평등주의 약속과 불교 경전에 반영된 가부장적 관습 및 인도와 중국 사회에서의 여성의 종속적 지위 사이에는 긴장과 모순이 존재한다.

한편으로 불교의 출가는 여성에게 결혼과 출산에 대한 대안을 제공했으며 학대받는 아내와 과부를 위한 피난처 역할을 하기도 했다. 반면에 희망하는 모든 여성이 전업 출가수행자가 되고자 하는 열망을 이룰 수 있었던 것은 아니었다. 불교 신자라고 공언한 사람을 포함하여 많은 부모들은 여성은 자손을 낳음으로써 시댁에 효도하는 의무가 있다고 믿으며 딸이 출가하는 것을 적극적으로 말리거나 금지했다. 오늘날에도 출가 수계를 받기 위해서 부모님이 돌아가신 후까지 기다려야 했던 비구니를 종종 볼 수 있다. 중국 사회의 부모들이 아들이 승려가 되는 것도 똑같이 꺼릴 수 있지만, 여성이 출산에 대한 자연스러운 성향과 책임감을 가지고 있다는 선입견은 떨쳐버리기가 쉽지 않다.

중국에서 여성의 깨달음

중국에서 계속해서 논쟁을 불러일으키는 질문은 여성이 깨달음을 얻을 수 있는지, 가능하다면 어떤 상황에서 어떤 과정을 통해 깨달음을 얻을 수 있는지이다. 마찬가지로 도발적인 질문은 여성이 여성의 모습으로 깨달음을 얻을 수 있는지에 대한 질문이다.

대승 전통에서는 여성이 완전히 깨달은 존재의 거처인 정토(kṣetra-śuddhi)에서 태어날 수 있는지에 대한 의문이 제기되었다. 이 전통에서는 붓다가 깨달음과 동시에 삼신三身으로 알려진 세 가지 형태, 즉 형상이 없는 깨달은 의식의 몸(법신法身, dharmakāya), 정토에 나타나 향유하는 몸(보신報身, saṃbhogakāya), 이 세상에 출현하는 몸(화신化身, nirmāṇakāya)을 드러낸다.

정토는 깨달음의 공덕으로 만들어진 보신 형태의 붓다들의 거처이다. 이러한 상서로운 환경에서 보살들은 그 정토의 붓다로부터 가르침을 받아 완전한 깨달음의 길로 빠르게 나아갈 수 있다. 정토에서 여성의 몸으로 태어나는 것이 가능한지 아니면 남성의 몸으로만 태어나는지에 대해서는 문헌마다 차이가 있다.[14] 이러한 질문은 논란의 여지가 있으며 문헌들은 서로 다른 이야기를 들려준다. 중국 불교는 활기찬 정토 전통을 발전시켰으며, 신자들은 무한한 빛과 무한한 생명의 붓다인 아미타불의 극락(Sukhāvatī, "기쁨으로 가득 찬") 정토에 다시 태어나기를 열망한다. 『무량수경』에 따르면, 아미타불의 서른다

---

14 Balkwill, "The Sūtra on Transforming the Female Form."

섯 번째 서원에서 여성이 아미타불을 믿고 깨달음을 갈망하며 여성의 몸을 버리면 다시는 여성으로 태어나지 않을 것이라고 완곡한 방식으로 말한 유명한 구절이 있다.

중국 불교학자인 폴 해리슨(Paul Harrison)은 『무량수경』의 가장 초기에 기록된 내용에 따르면, 아미타불에 대한 믿음을 가지고 깨달음을 갈망하며 여성의 몸을 버린 여성은 자신이 원한다면 다시는 여성으로 태어나지 않을 수 있다는 내용을 언급한다.[15] 또한 정토에는 성별 구분이 없는 것으로 보이는데, 이는 모두 불보살인 정토에 거주하는 존재들이 성별이 없으며 아마도 무성無性임을 암시한다.

그러나 반대로 불교학자인 그레고리 쇼펜(Gregory Schopen)과 다른 학자들이 지적한 바와 같이, 특정 텍스트에서는 불국토(정토)에 여성이 없거나 심지어 "여성"이라는 말조차도 없다고 명시적으로 언급하였다.[16] 이러한 성 편향의 영향을 받은 텍스트와 사회적 환경의 영향으로 불교 사회에서 여성들이 다음 생에 남성이 되기를 열망한다는 얘기를 듣는 것은 매우 흔한 일이다. 깨달음을 얻기 위해서는 남성의 몸으로 태어나는 것이 더 바람직하다는 가정이 깔려 있다.

사회학적 관점에서 보면, 가부장제 사회에서는 남성이 선호되고 비구니보다 비구를 우대하는 등 온갖 특권이 주어지기 때문에 일부 여성들이 남성으로 환생하기를 원하는 것은 당연한 일이다. 해리슨은 초기의 많은 대승 문헌에 나타나는 여성에 대한 편향이 시간이 지남에

---

[15] Harrison, "Women in the Pure Land."

[16] Schopen, "Sukhāvatī as a Generalized Religious Goal"; Harrison, "Women in the Pure Land."

따라 완화되는 것처럼 보이기는 하지만, 그럼에도 여성에 대한 태도와 그들의 정신적 잠재력에 분명히 영향을 미쳤다고 주장한다. 불교학자 세리니티 영(Serinity Young)은 대중적으로 성행한 아미타불 신앙의 경전에서 극락왕생을 바라는 사람들에게 다시는 여성으로 환생하지 않기 위해 여성의 모습을 경멸하도록 가르치는 점을 상기시켰다.[17]

대승 전통은 종종 평등주의적이고 여성 친화적인 것으로 간주되지만, 정토 전통에서 여성의 최선의 희망은 남성으로 태어나고 남성의 모습으로 깨달음을 얻기 위해 노력하고, 남성의 모습으로 깨달음이라는 최종 목표를 구현하는 것으로 보인다. 4세기 인도의 승려이자 철학자인 무착(無着, Asaṅga)의 『보살지(菩薩地, Bodhisattvabhūmi)』와 같은 다른 대승 문헌에서도 또한 지적 능력이 약하고 타락으로 가득 찬 여성에 대해 비하적인 견해를 분명히 표현한다.

위경인 『조상공덕경造像功德經』에는 불선한 행위를 하면 여성으로 태어나는 과보를 받고, 선한 행위를 하면 남성으로 태어나는 과보를 받는다라고 명시적으로 언급되어 있다.[18] 일본 불교학자인 제임스 도빈스(James Dobbins)는 이를 "이상적 종교와 현실 종교 사이의 불일치"라고 칭한다.[19]

중국에서는 자비의 보살로 알려진 관세음보살이 "세상의 울부짖음을 듣는" 관음으로서 점차 여성의 모습으로 진화했다.(【그림 7】참조)

---

[17] Young, *Courtesans and Tantric Consorts*, 199-21.

[18] Young, "Female Mutability and Male Anxiety," 38, Beyer, *Buddhist Experience*, 46. 인용.

[19] Dobbins, "Women's Birth in Pure Land."

【그림 7】 관음보살상, 뉴질랜드 오클랜드 도르제창(Dorje Chang) 연구소. 사진: 카르마 렉세 쏘모(Karma Lekshe Tsomo).

소원을 이루어주는 연민이 사회의 모든 부분에 미치며 완전하게 깨달은 것이 여성의 모습으로 현현된 것의 상징적 가치는 아무리 강조해도 지나치지 않는다. 남성의 모습을 한 관세음보살, 특히 천 개의 손과 천 개의 눈을 가진 모습으로 중생의 고통을 보는 모습이 지속되었지만, 12세기에 이르러서는 독특하게 여성 모습을 한 관음이 보편화되었다.[20]

인도의 아발로키테스바라(Avalokiteśvara)와 같은 자비의 남성 화신에서 중국의 관음(Guanyin)과 같은 여성 화신으로의 전환은 수백 년에 걸쳐 점진적으로 이루어졌으며, 그 변화의 이유에 대해서는 추측만 있을 뿐이다. 아마도 인도에서 수입된 깨달음의 이미지가 중국에 풍부했던 토착 어머니 여신과 달리 너무 배타적으로 남성 위주였을지 모른다. 사람들은 자연스럽게 연민의 미덕을 여성, 특히 어머니의 이미지와 연관시켰을 수도 있다.

관음보살의 놀라운 변화의 이유가 무엇이든 간에 관음보살은 오늘날에도 동아시아에서 불교 신자 여부와 관계없이 수백만 명의 사람들에게 가장 친근한 깨달음의 상징으로 남아 있으며, 다양한 사찰은 물론 가정과 식당에도 모셔져 언제나 중생을 구제하는 존재로 자리하고 있다.

한국의 불교 여성

한국의 불교는 삼국 시대인 4세기에 중국에서 유학한 학승들에 의해 전래되었다. 한국에는 토속적인 샤머니즘 전통이 강하게 남아 있었지만, 불교문화는 지배층에 의해 수용되어 곧 대중의 문학과 예술, 의학, 종교 생활에 큰 영향을 미쳤다. 여성의 수행과 업적은 거의 기록되어 있지 않은데, 비구니 승단이 비구 승단과 함께 설립되었다는 사실은 잘 알려져 있다. 이후 고려 시대(982~1392)에는 한국의

---

20 Yü, *Kuan-yin*.

왕비와 귀족 여성들이 사찰로 몰려들어 불교 경전의 번역과 출판을 후원했다.[21]

조선 시대(1392~1897)에는 가부장적 사회 규범과 더불어 불교에 대한 성리학적 탄압이 여성들의 사찰 의례 참여에 심각한 영향을 미쳤다. 하지만 불보살에 대한 여성들의 신심은 여전히 그들의 종교적 정체성과 정신적 발전의 중심이었다.[22] 20세기부터 여성들은 사찰, 선방, 교육 기관, 그리고 다양한 사회복지 사업에 적극적으로 기여해 왔다.[23] 선(중국어: Chan, 일본어: Zen)으로 알려진 명상 전통이 잘 보존되어 있으며, 비구니는 이 전통의 중요한 수행자들이다.

1982년 내가 한국의 부산 보문사에서 비구니 수계를 받았을 때([그림 8] 참조), 혜춘 스님이라는 저명한 선사는 수년 만에 처음으로 비구 전계사 10명과 비구니 전계사 10명이 모두 포함된 이 획기적인 이중 수계식을 집행한 10명의 비구니 중 한 명이었다. 1918년 북한의 부유층 집안에서 태어난 혜춘 스님은 1950년대 초 한국전쟁으로 인해 삶이 완전히 뒤바뀌었다. 피난민으로 남한으로 내려온 혜춘 스님은 한 불교 사원에서 위안을 얻고 비구니가 되기로 결심했다. 깨달음을 얻기로 서원한 스님은 상상할 수 없는 고난을 겪은 끝에

---

21 Eun-su Cho가 편집한 *Korean Buddhist Nuns and Laywomen*의 여러 장에 수많은 사례들이 소개되어 있다.
22 Cho, "Religious Life of Buddhist Women in Chosŏn Korea."
23 마틴 배첼러(Martine Batchelor)와 선경 스님의 출가 생활에 대한 이야기는 Batchelor, *Women in Korean Zen*에 담겨 있고, 한국 승가의 보존에 기여한 묘엄 스님 이야기는 Chung, "Crossing Over the Gender Boundary."에 기록되어 있다.

당대 가장 유명한 선사 중 한 명인 비구 성철 스님(1912~93)의 제자로 받아들여졌는데, 이는 당시 비구니에게는 전례가 없는 일이었다.

【그림 8】 1982년 부산 보문사에서 열린 비구니 수계식. 사진: 보문사 제공.

1982년 10월 어느 날 오후, 내가 사찰의 다다미가 깔린 허름한 방에서 혜춘 스님을 만났을 때, 스님은 매우 격식 있는 태도로 나의 이름을 물으셨다. 나는 또 다른 저명한 선사 구산(1908~83) 방장 스님이 막 지어주신 한국식 이름 혜공이 나의 법명이라고 대답했다. 그러자 갑자기 나의 이름이 방 전체에 울려 퍼지는 소리가 들렸다. "혜공아!" 깜짝 놀란 나는 "네?"라고 대답했다. 그러자 스님은 "내가 네 이름을 불렀을 때 누가 대답했지?"라고 물으셨다.

일본의 선 공안과 비슷한 이 유명한 한국의 화두는 자신의 본성에 대한 직접적인 통찰을 불러일으키기 위해 고안된 명상용 질문이다.

"이것이 무엇인가?(이뭐꼬)"라는 질문은 우리를 깨어나게 하고 그 순간의 경험에 주의를 기울이도록 만든다.

궁극적으로 이 질문은 자아와 무아에 대한 지혜를 일깨우고 우리 정체성의 진정한 본질에 대해 질문하게 한다. 혜춘 스님의 무아의 지혜는 한국 불교 여성들의 체화된 수행을 잘 보여준다.[24]

일본의 불교 여성

일본에서 불교의 가르침은 6세기 중반에 공식적으로 받아들여졌으며, 쇼토쿠 태자(574~622)의 통치 동안 번성했는데, 그는 개인적으로 보살계를 받아 많은 사원과 비구니 사찰을 세우고 여러 불교 경전에 대한 주석을 저술하였다. 최초의 일본 승단은 590년에 한국에 건너가 비구니 계율을 받은 세 명의 비구니였다고 한다.[25] 그들은 일본으로 돌아갔지만, 수계를 할 수 있는 비구니 수가 충분하지 않아 비구니 구족계의 계보는 이어지지 못했다. 일본의 여승 사원은 가정 폭력과 불행에서 벗어난 여성을 위한 안전한 피난처인 '이혼 사찰'이 되었다는 기록이 있다.

다양한 불교 학파의 사상과 수행법이 일본에 전래되어 오늘날까지 대부분 계속 수행되고 있다. 8세기 말까지 여성은 공식적인 승려 수계에서 제외되었지만, 동아시아 종교학자 로리 믹스(Lori Meeks)가

---

24 그녀의 이야기는 Cho, "A Resolute Vision of the Future."에서 볼 수 있다.
25 이 비구니들의 이름은 선신니善信尼, 선장니禪藏尼, 혜선니惠善尼이다. Hirakawa, "History of Buddhist Nuns in Japan."

기록한 바에 따르면 헤이안(794~1186)과 카마쿠라(1186~1336) 시대에는 귀족 여성이 비구니의 전통적인 율장 계율을 받는 대신 '재가 여승' 수계를 받을 수 있었다.[26] 예를 들어 1026년에 쇼시 황후(988~1074)의 수계식은 뛰어난 고승들이 참석한 가운데 성대하게 거행되었다. 믹스는 "엘리트 여성들이 자신의 부와 지위를 이용해 재가자, 보살, 심지어 승려 수계를 자신의 숙소에서 편안하게 할 수 있는 자신들만의 복합적인 수계 전통을 의뢰하고 유지했다"고 주장한다.[27] 수계에 대한 여러 혁신적인 해석을 통해 여성들은 머리를 깎거나 승복을 입지 않고 또는 출가 생활의 제한을 따르지 않고도 유연하게 종교 생활을 할 수 있었다.

오늘날 많은 일본 여성들은 독실한 불교 신자이며, 다양한 길을 선택할 수 있다. 1872년 메이지 정부는 불교 승려들이 독신과 채식 생활을 하지 못하도록 하는 칙령을 통과시켰는데,[28] 이후 대부분의 비구 승려들은 결혼했지만 여성들은 대체로 계속 독신 생활을 이어갔다.[29] 이전보다 더 많은 여성이 사찰의 승려로 활동하고 있지만, 현재 일본의 독신 비구니의 수는 감소하고 있다. 그러나 아직 전통 사원을 유지하고 고대 불교 의례를 보존하며 지역사회에 봉사하는 여승들이

---

[26] Meeks, "Reconfiguring Ritual Authenticity."
[27] Meeks, "Reconfiguring Ritual Authenticity," 53.
[28] 종교학자 리차드 제프(Richard Jaffe)의 "Seeking Sakyamuni," 70에 따르면, 메이지 시대(1868~72년) 초기에 "정부 지도자들은 불교 기관에 일련의 가혹한 조치를 취해 승려의 세속화와 수많은 사찰의 폐쇄 또는 파괴를 초래했다"고 한다. Jaffe, *Neither Monk nor Layman*, 4-6 참조.
[29] Arai, *Women Living Zen*, 47.

천 명 이상이 있다.

조동종의 여승들은 매우 엄격한 훈련을 받고 명상을 수행하며 다도나 꽃꽂이 등 수 세기에 걸쳐 일본 불교문화에서 발전해 온 전통 선 예술을 수련한다.[30] 일본 여승들과 많은 재가 여성들은 『범망경梵網經』에서 설한 보살의 10가지 주요 계율인 살생, 도둑질, 거짓말, 음주, 성적인 비행, 비난, 과시, 분노, 인색함, 삼보(불법승)의 모욕 등을 하지 않는 것을 지키기 위해 노력한다.[31] 오늘날 일본에서는 등록된 불교 교사 중 절반이 여성이다.[32]

오늘날 일본에서 주목할 만한 불교 여성으로는 나고야의 여성 승려 수행 기관인 아이치 센몬 니소도(Aichi Senmon Nisōdō)를 이끄는 다작 작가이자 선사인 슌도 아오야마(Shundo Aoyama, 1933년생)[33] 노사老師, 그리고 나가노의 젠코지(Zenkōji) 사찰의 걸출한 주지인 세이교쿠 다카츠카사(Seigyoku Takatsukasa, 1929년생)[34], 천태종의 여승이 된 유명한 작가인 자쿠초 세토우치(Jakucho Setouchi, 1922년생)가 있다.

독특한 역사적 상황으로 인해 현대 일본의 불교 승려들은 대부분

---

30 Arai, "Japanese Buddhist Nuns"; Arai, *Women Living Zen*. 참조.
31 400년경 구마라집에 의해 한역된 『범망경』에는 10개의 대보살계와 48개의 소보살계가 나열되어 있다. 이 계율은 『유가사지론』에서 아상가(Asaṅga 無著)가 인용하고 티벳 불교 전통의 수행자들이 준수하는 18개의 대보살계와 46개의 소보살계와는 다른 계보에서 유래한 것이다.
32 Borup, "Contemporary Buddhist Priests and Clergy," 108.
33 Aoyama, *Zen Seeds*; Arai, *Women Living Zen*, 74-80. 참조.
34 Mitchell, "Going with the Flow."

결혼하여 자녀를 두고 있으며 사찰은 세습되고 있다.[35] 이러한 종교적 환경에서 여성은 여승, 법사 또는 사찰 부인으로 수행하는 것을 선택할 수 있다. 때때로 승려의 딸이 가족의 사찰을 책임지거나 혹은 사찰의 승려가 될 남자와 결혼하기도 한다. 사찰 부인은 가정에서의 역할과 승려나 사찰 부인이 될 자녀를 양육하는 의무 외에도 사찰 관리, 공양물 준비, 사찰 활동 일정 관리, 신도들과의 교류 등 많은 중요한 역할을 한다.

요즘에는 종교 의식을 집전하기도 하는데, 종파에 따라 많은 차이가 있다. 임제종과 천태종에서는 승려의 아내를 사찰 부인(寺庭婦人, temple wife)이라고 부르며, 정토진종에서는 사찰 수호자라는 의미의 '보모리'(坊守, temple guardian)라는 용어가 더 일반적이다. 일본 정토진종의 창시자인 친란(親鸞, 1173~1263)이 결혼을 결정한 이래로 대부분의 정토진종 승려들은 자녀를 둔 결혼 생활을 해왔다. 1990년대에 들어서면서 보모리는 입문 의식에 참여함으로써 공식적으로 인정받기 시작했다.[36] 오늘날 이 종파에는 북미의 일부를 포함하여 수천 명의 여성 승려가 있다. 재가 여성들은 일본 사찰 생활에서 활발히 활동하며 그들의 공헌에 대해 인정받기 시작했다. 수 세기 동안 일본 재가 여성들을 지탱해 온 가정의 불법 수행도 점점 더 많은 관심을 받고 있다.

---

[35] Noble, "Monastic Experience"; Noble, "Eastern Traditions." 참조.
[36] Starling, "Rights, Centers, and Peripheries."

21세기 동아시아 여성들

동아시아의 불교 여성들은 현재 여성에게 더 많은 자유와 기회가 주어지는 시대에 불교 전통의 부흥을 경험하고 있다. 대만에서는 여성들이 불교문화와 수행에 대한 관심이 부활하는 진원지에 있다. 대만의 종교 정체성은 다양한 종교 전통의 의례 활동에 폭넓게 참여하여, 불보살에 대한 신심과 중국 및 지역 신들의 판테온을 결합하는 등 절충적인 경향이 있다. 1950년대에 중국 본토에서 온 수많은 불교학자와 뛰어난 수행자들이 이 섬으로 이주했을 때 여성들은 성공적인 정착에 중추적인 역할을 했으며 이들과 협력하여 번영을 이루었다. 이 활기찬 종교 환경에서 수많은 신자들이 재가자와 보살의 계율을 받았고 수천 명이 비구와 비구니로 계를 받았다.

오늘날 비구니의 수는 비구의 수보다 3배 이상이다. 불교 기관이 성장함에 따라 대만의 불교 신자 수가 증가했으며 불교 교육과 공덕 활동의 기회도 늘어났다. 불교 여성들은 이러한 부흥의 지도자들이며, 몇몇 비구니들은 교육과 사회 참여 분야에서 저명한 인물이 되었다.[37]

대만 불교 여성의 초기 역사는 잘 기록되어 있지 않지만, 1950년 이전에 "채식 종교"(zaizhao)를 신봉하던 많은 여성들이 점차 불교 비구니로 수계를 받았다는 것은 잘 알려져 있다.[38] 최근 몇 년 동안

---

[37] Cheng, "Luminary Buddhist Nuns in Contemporary Taiwan"; DeVido, *Taiwan's Buddhist Nuns*. 참조.

[38] Li, "From 'Vegetarian Women.'"

대만은 독실하고 교육 수준이 높으며 독립적인 불교 여성 공동체의 모델이 되었으며, 많은 비구니들이 스승으로 존경받고 있다. 증엄(證嚴, 1937년생)[39], 소혜(昭慧, 1957년생)[40], 석효운(釋曉雲, 1913~2004)[41], 오인(悟因, 1940년생)[42] 등 권위 있는 인물들은 후대 제자와 학생을 교육하고 훈련함으로써 미래의 대만 불교의 번영을 위해 큰 공헌을 해왔다.

최근 수십 년 동안 중국 본토에서는 다른 종교 전통과 마찬가지로 불교가 부활과 탄압의 물결을 거듭해 왔다. 사회학자 리주 판(Lizhu Fan)과 종교사학자 제임스 D. 화이트헤드(James D. Whitehead)가 지적했듯이, 현대 중국 여성은 조직화된 종교는 거부할지 모르지만 업의 연결(緣分)이나 "운명적인 일"로 번역되는 인과의 상호 의존성 같은 불교 개념을 인정한다.[43]

많은 사람들이 종교와 정부 간의 연결을 의심하고 종교 문제에 관심을 드러내는 것 자체를 주저하지만, 문화대혁명 이후 정신적 공백을 느끼는 것에 대한 대응으로 일부 사람들이 불교적 대안을 모색하기도 한다. 많은 중국 여성들은 유명한 구혼자에 대해서 금욕의 삶을 선택했다가 아버지에게 가혹한 벌을 받고 여신이 된 어린 소녀

---

[39] Huang, *Charisma and Compassion*.
[40] Lee and Han, "Mothers and Moral Activists."
[41] Tsomo, "Illustrating the Way."
[42] 여승들의 출가 생활방식에 대한 현대의 관점은 Wu Yin, *Choosing Simplicity* 참조.
[43] Fan and Whitehead, "Spirituality in a Modern Chinese Metropolis."

묘선妙善의 전설을 들으며 자라왔다. 대부분의 사람들은 『법화경』에서 설한 용왕의 딸이 여성의 몸을 남성 붓다의 몸으로 바꾼 변성성불에 대해서 잘 알고 있는데, 이는 깨달은 상태에서는 성별 구별의 가변성과 외관이 무관함을 보여준다. 이러한 전설은 오늘날까지 중국 여성들의 정신적 열망을 살아있게 하는 데 도움이 되었다. 동아시아의 불교 전통에서는 수천 명의 고학력 비구니와 수백만 명의 재가 신도들이 진정으로 다른 사람들을 돕는 일을 하고 있다.[44]

비구승이나 재가 남성들과 달리, 비구니는 사원을 찾아온 수많은 여성들과 자유롭게 어울리며 그들이 겪고 있는 개인적인 어려움에 대해 상담할 수 있다. 비구니들은 도량 청소와 채식 요리, 그리고 오대산의 한 사원에서 열린 염불 행사([그림 9] 참조)와 같은 경전 독송 및 기타 포교 활동을 조직하고, 어린이와 성인을 위한 불교 교육을 제공, 불교 예술과 문화를 홍보함으로써 불교를 지키고 보존하기 위해 끊임없이 노력한다.

최근 수십 년 동안, 많은 비구니들이 높은 수준의 교육을 받았고 불우한 사람들을 돕고 사회를 변화시키기 위해 다양한 실제적인 노력에 참여하는 데 필요한 자신감을 발전시켰다. 그들은 이타적인 수행을 통해 붓다의 가르침을 구현하려고 노력하는 이들에게 높은 기준을 세웠다.

---

[44] 중국계 이민자들과 함께 일하는 대만 출신 비구니들의 사회복지 활동에 대해서는 Tsomo, "Socially Engaged Buddhist Nuns."에서 논의한다.

【그림 9】 중국 오대산五台山의 한 사원에서 염불하는 비구니들. 사진: 우진(Wu Jin) 제공.

4장 내륙 아시아의 불교 여성

불교 경전과 가르침은 인도에서부터 중앙아시아 대륙과 티벳으로 전해졌다. 불교의 전파 과정은 2세기 초, 갠지스강 평원에서 간다라(현재 아프가니스탄과 파키스탄의 일부), 투르판(현재 중국)에 이르는 지역을 통치했던 카니쉬카(Kaniṣka) 왕 시대에 시작되었다. 7세기부터 불교는 히말라야 산맥을 넘어 티벳으로 전파되었고, 13세기 이후에는 티벳에서 몽골을 거쳐 시베리아까지 북쪽으로 이동했다. 인도에서 유래된 정통 불교 가르침에 기초한 이러한 연속적인 전파는 도입되면서 독특한 특성과 전통을 발전시켰고 히말라야의 먼 지역과 그 너머에 확고하게 뿌리를 내리게 되었다. 수 세기에 걸친 긴 전승과 적응의 과정에서 여성들은 독실하게 불교를 실천하고 불교의 문화적 발전을 지원했다.

    대승불교의 금강승 분파는 6세기 초 인도에 등장한 딴뜨라 문헌에 기술된 고급 명상 수행법을 통합했다. 불교 딴뜨라는 12세기까지 인도에서 산스크리트어로 작성되었으며, 딴뜨라의 가르침이 티벳과 중국 지역으로 전해진 후 많은 텍스트가 티베트어와 한문으로 번역되었다. 딴뜨릭 문헌에는 수많은 명상 신격인 이담(yidam), 시각화 수행의 대상으로 사용되는 깨달은 인물들, 여기에는 다키니(ḍākinī, 티베트어: khandroma, 문자 그대로 '하늘을 나는 사람'), 지혜의 여성 화신, 남성과 여성 형태의 붓다와 보살 등이 다양하게 등장한다.

수행자에게 이러한 이담들은 성별에 관계없이 중생이 완전한 깨달음이라는 최고의 목표를 달성할 수 있다는 사실을 항상 상기시키는 역할을 한다. 이러한 독특한 문화적 변화에 대한 여성의 공헌을 추적함으로써 많은 융합을 발견할 수 있다.

티벳의 불교 여성

티벳 비구승의 이미지는 미디어에서 익숙한 광경이지만, 티벳 여승이 대중의 관심을 받게 된 것은 최근의 일이다. 티벳 여승들은 비구승과 같은 승복을 입고 같은 생활방식을 하지만 그 수가 많거나 눈에 잘 띄지 않았다. 오늘날 티벳 불교문화를 포함한 모든 곳에서 여성에게 중대한 변화를 가져오는 지각변동이 일어나고 있다. 여성들이 새로운 교육 기회와 자신감을 얻게 되면서 그들은 기록적인 숫자로 출가 승단에 들어가고 있고 세계 종교의 상상력 속에서 그들의 자리를 차지하고 있다. 지난 수십 년 동안 학자들은 티벳 전통에서 주목할 만한 여성들의 이야기를 밝혀냈는데, 오늘날까지 수 세기에 걸쳐 깨달은 여성 수행자들의 수행과 관점, 그리고 업적에 대해 새로운 통찰을 제공한다.

여성의 수행은 종종 무시되거나 도외시되었기 때문에 많은 것을 잃어버렸지만, 여러 비범한 여성 수행자들의 삶을 통해 여성이 가르침에 접근하는 데 직면한 어려움을 엿볼 수 있고 그들의 뛰어난 성취를 조명할 수 있다. 오늘날 티벳 불교를 수행하는 여성들은 다음과 같은 선조로 거슬러 올라가는 뛰어난 여성의 감격적인 계보 계승자이다. 즉 인도의 마하프라자파티[1]와 겔롱마 빠모(Gelongma Palmo, 11~12세기)[2], 인도와 네팔의 만다라바(Mandāravā, 8세기)[3], 네팔의 오르걈 최키(Orgyan Chökyi, 1675~1729)[4], 티벳의 예셰 쵸겔(Yeshe Tsogyal, 757~817)[5], 마칙 랍된(Machig Labdrön, 1055~1153)[6], 삼딩 도르제 빠모(Samding Dorje Palmo, 1422~55)[7], 세라 칸드로(Sera Khandro, 1892~1940)[8], 타레 라모(Tāre Lhamo, 1938~2003)[9] 등이다. 영어로 이들의 전기를 접할 수 있게 된 것은 번역가들 덕분이다.

이 특별한 수행자들의 업적은 여성이 정신적으로 높은 경지에 오를 수 있고 교사, 번역가, 정신적 스승으로서의 위상을 가질 수

---

[1] Anālayo, "Mahāpajāpatī's Going Forth."
[2] Vargas-O'Brian, "The Life of dGe slong ma dPal mo."
[3] Chönam and Khandro, *Lives and Liberation of Princess Mandarava*.
[4] Schaeffer, "Autobiography of a Medieval Hermitess"; Schaeffer, *Himalayan Hermitess*.
[5] Changchub and Nyingpo, *Lady of the Lotus-Born*.
[6] Harding, *Machik's Complete Explanation*.
[7] Diemberger, *When a Woman Becomes a Religious Dynasty*.
[8] Jacoby, *Love and Liberation*.
[9] Gayley, *Love Letters from Golok*.

있다는 것을 보여준다. 또한 이들의 전기는 여성 수행자들이 정신적 깨달음의 길에서 큰 어려움을 겪어왔음을 보여준다. 이들의 이야기를 읽다 보면 문해력, 여가, 자신감, 독립성, 물질적 자원, 스승에 대한 접근성 등 현대의 특권층 여성들이 누리는 다양한 이점을 상기시키는 동시에, 이전 세대의 여성들이 깨달음을 향한 탐색을 방해했던 많은 장애물도 떠올리게 된다.

역사를 통해 여성들이 불교 수행의 결실을 실현하기 위해 노력하면서 보여준 회복력과 결단력을 배우는 것은 고무적인 일이다. 그들이 직면한 많은 장애물을 알게 되는 것은 실망스럽기도 하지만, 반면에 많은 여성들이 자신의 정신적 성취를 인정받았다는 것이 고무적이다.

티벳 역사 초기에 걸출한 여성 인물이 등장한다. 티벳의 창조 신화에서 티벳 민족은 동굴에 사는 오그리스(ogress)의 후손으로 묘사되며, 자비의 보살 아발로키테스바라(Avalokiteśvara)가 원숭이의 모습으로 등장한다.[10] 티벳 땅 자체는 불교의 도입을 격렬하게 반대한 땅에 누운 괴물로 그려진다. 불교가 이 황무지에 뿌리를 내리고 자비로운 법이 번성하기 위해서는 인도의 마하싯다(mahāsiddha, 위대한 성취자)인 구루 파드마삼바바(Padmāsambhāva)가 이 여성 괴물을 말 그대로 못 박고, 열세 개의 불교 사원을 지어서 지배해야 했다.[11] 일단 그녀가 정복되고 8세기에 불교가 뿌리를 내리기 시작하자, 빛나는 여성 수행자들이 등장하기 시작했다.

7세기 불교 왕 송첸 감포(Songtsen Gampo)의 여섯 아내 중 적어도

---

10 Gyaltsen, *Clear Mirror*.
11 Gyatso, "Down with the Demoness."

두 명은 독실한 불교 신자였다. 즉 네팔 출신의 브리쿠티(Bhṛkutī) 왕비는 건강, 장수, 지혜의 여성 보살인 화이트 타라(Tārā)로[12], 그리고 중국의 문성(文成, Wencheng) 공주는 덕행의 여성 보살인 그린 타라로 알려져 있다. 8세기의 예셰 쵸겔(Yeshe Tsogyel)은 호평 받는 학자이자 수행자이고, 티벳에서 불교를 세운 것으로 알려진 오디야나(Oddiyāna) 왕국의 딴뜨릭 대가 파드마삼바바(Padmāsambhāva)의 배우자이자 전기 작가가 되었다.[13] 많은 금강승 수행은 여성 형태의 깨달은 존재와 보살에 초점을 맞추며, 여성과 남성 모두가 시각화하여 간구하고 존경한다. 팔덴 라모(Palden Lhamo)와 같은 여성 수호신은 오늘날까지도 지속적으로 숭배되고 있다. 티벳 문화에서는 종종 여신의 영매 역할을 하는 여성 신탁의 전통도 강하다.[14]

다음 두 여성은 티벳 문화권 안팎에서 매우 인기 있는 독특한 수행 계보의 창시자이다. 11~12세기에 티벳에 살았던 성숙한 여성 수행자 마칙 랍된(Machig Labdrön)은 "자르기"라는 뜻의 쬐(chöd) 수행법을 개발했다. 그녀는 반야바라밀(지혜의 완성)의 가르침을 터득한 후 많은 고난을 겪었지만 깨달음을 얻을 때까지 다양한 딴뜨릭 수행을 인내하며 닦았다. 쬐 수행은 중생의 욕구를 충족시키고 갈망을 달래며

---

12 Shakya, *Life and Contribution of the Nepalese Princess*.
13 Yeshe Tsogyal의 생에에 대해서는, Dowman, *Sky Dancer*; Kunga and Tsogyal, *Life and Visions of Yeshe Tsogyal*. 참조.
14 Diemberger, "Female Oracles in Modern Tibet." 참조. 1990년대에 티벳 캄 출신의 남셀 돈마(Namsel Donma)라는 여성이 제14대 달라이 라마 성하로부터 공식적으로 영매로 인정받았으며, 유돈마(Youdonma, Kelsang Dolma)로 알려진 여성도 마찬가지였다. Sidky, "State Oracle of Tibet," 86-87 참조.

집착과 자기애를 끊기 위해 자신의 잘린 신체 부위를 공양하는 모습을 시각화하는 것이다. 죄는 누구나 할 수 있지만, 여성인 마칙 랍된이 개발한 수행법이기 때문에 여성에게 특별한 의미가 있다고 주장하는 사람들도 있다.

늉네(nyung ne) 단식 수행은 11~12세기에 살았던 한 인도 공주에게서 시작되었다. 결혼을 거부한 비구니 카말라(Kamalā, 티벳어: 겔롱마 빠모)는 비구니가 되어 큰 사원의 승원장이 되었다. 몇 년 후 그녀는 나병에 걸려 숲으로 쫓겨났는데, 그곳에서 천 개의 손을 가진 자비의 관세음보살의 환영을 보았고, 나병을 치료할 수 있는 늉네(nyung ne) 수행법을 전수받았다. 이틀간 진행되는 이 수행은 8계를 지키고 염불하고 오체투지 하는 것을 수반하는데, 이때 금식과 묵언을 하루씩 번갈아가며 병행한다. 늉네는 누구나 수행할 수 있지만, 특히 여성들이 더 능숙하고 열정적으로 참여한다. 히말라야 산맥과 몽골과 러시아 대초원 전역의 마을들에서 여성들이 음력의 특별한 날과 달에 충실하게 모여 늉네 수행을 한다.

죄와 늉네는 인도 히말라야부터 시베리아, 전 세계에 이르기까지 티벳 불교의 영향력이 미치는 곳이라면 어디에서나 불교 수행의 주축이 되었다. 죄와 늉네가 여성들에게 인기가 있는 이유 중 하나는 티벳 불교의 주요 계보를 특징짓는 남성 중심적인 종교 위계와 기관을 벗어나 소규모 그룹으로 가정이나 마을의 사원에서 개별적으로 수행할 수 있기 때문이다.

티벳어권 사회에는 훌륭한 여성 수행자, 깨달음을 얻은 모범, 수호신, 신탁들이 존재함에도 불구하고 성 불평등이 매우 분명하다. 여성은 "하층민"을 의미하는 "여성"(케맨, skye dman)이라는 단어를 들을 때마다 자신의 열등감을 떠올리게 된다. 여성은 종종 종교적 위계를 포함한 사회적 영역에서 강화되는 무능감을 내면화한다. 무시되었거나 배제되었든 간에, 11~12세기 이후 여성들은 역사 기록에서 거의 사라졌다.[15]

역사적으로도 현존하는 티벳 불교의 4대 종파, 즉 닝마(Nyingma), 카규(Kagyu), 사캬(Sakya), 겔룩(Gelug) 모두에서 여성은 교육 기관과 고위 권력층에서 체계적으로 배제되어 왔다. 여성은 대규모 대중 불교 법회에 참석할 수 있지만, 최근까지 공식적인 불교 교육을 받은 여성은 거의 없었기 때문에 붓다 가르침의 대략적인 윤곽만 이해하는 경우가 대부분이다. 여성은 불교 수행 계보나 수련 기회에 쉽게 접근할 수 없었다. 학자나 숙련된 수행자 집안에서 태어나거나 결혼하지 않는 한, 불교의 가르침과 수행에 대한 구전 전승과 심도 있는 지도를 받을 수 있는 기회는 거의 없었다. 학자나 숙련된 수행자 집안에서 태어나거나 결혼한다고 해서 여성이 불교를 배우거나 심도 있는 수행의 기회를 얻는 것이 보장되지는 않았다.

깨달은 여성 수행자들의 전기에서 알 수 있듯이, 결혼하지 않고 남성 딴뜨릭 수행자와 친밀한 관계를 맺은 여성은 종종 장애물, 위험 및 경멸에 직면했다. 여성 출가자도 비슷한 어려움과 좌절에 직면했는데, 이는 여성이 가정적인 역할을 하는 것을 선호하는 가족과 사회 모두로 부터 비롯되었다. 여성을 위한 사원은 적었고, 외진 곳에

---

15 Martin, "Woman Illusion?"

있었으며, 지원도 제대로 이루어지지 않았다. 티벳어로 라마(lama)는 오직 남성에게만 사용되었다. 이는 일반적으로 오늘날에도 여전히 그러하다.

좋은 소식은 여성들이 순수한 결단력을 통해 법에 대한 신심을 증명했다는 것이다. 지난 수십 년 동안 티벳, 네팔, 인도 등지에서 그 어느 때보다 많은 여성들이 집중적인 수련을 마쳤다. 교육 기회가 확대되면서 여성들은 불교 철학을 습득하기 위해 부단히 노력해 왔고, 그 결과 당당하게 등장하고 있다. 닝마와 카규 전통의 여성 불교학자들은 켄모(khenmo) 학위를 취득했으며, 특히 다른 여성들을 가르칠 수 있는 완전한 자격을 갖춘 교사로 인정받고 있다. 2016년 12월, 인도 남부의 드레풍(Drepung) 사원에서 열렸고 제14대 달라이 라마 성하 텐진 갸쵸(Tenzin Gyatso, 1935년생)가 참석한 축하 행사에서 수천 명의 관중은 불교 역사상 최초로 티벳 전통에서 불교 철학의 최고 학위인 게쉐(geshe) 학위를 취득한 20명의 여성에게 박수를 보냈는데, 이는 불과 30년 전에는 상상할 수 없었던 업적이었다.([그림 10] 참조)

2018년에는 인도와 네팔의 9개 사원에서 600여 명의 여승들이 참석한 연례 사원 간 토론 대회와 연계하여 카트만두 외곽의 코판(Kopan) 여승 교단에서 수여식이 열렸는데, 여기서 10명의 여승들이 추가로 게세 학위를 수여받았다. 불교계에서 여성들은 존경받는 교사, 통역가, 상담가, 정신적 스승이 되고 있다. 전 세계의 친절한 스승과 후원자들의 격려와 보시에 힘입어 금강승 불교 전통에서 수행을 하는 여성들이 불교 스승의 반열에서 위상을 갖기 시작했다.

【그림 10】 2006'년도 인도 바이라쿠페(Bylakuppe)의 로슬링(Loseling) 사원에서 불교 철학 게세마 학위를 받은 첫 번째 티벳 여승들. 사진: 카르마 렉세 쏘모(Karma Lekshe Tsomo).

티벳 전통에서 대부분의 여승들은 사미와 같이 36가지의 초보 계율을 받는다. 이 계율은 일부 계율이 세분화되었다는 점을 제외하면 상좌부 전통의 사미 10계와 동일하다. 티벳에는 8세기에 구족계를 받은 비구의 계보가 확립되어 오늘날까지 번성하고 있지만, 이에 상응하는 구족계 비구니의 계보는 존재하지 않으며, 그 이전에 확립되었다는 역사적 증거도 없다. 수계를 집행할 비구니가 없는 상황에서 비구승들이 여성의 사미니 수계를 집행하지만, 일반적으로 여승들을 지원하거나 수련시키는 데 적극적으로 참여하지 않으며, 비구니 수계를 시행하지도 않는다.

여승들의 사미니 위상 때문인지 아니면 교육과 수련이 부족해서인지 최근까지 티벳 여승들은 조용히 뒤에서 안거를 하거나, 기도문을 암송하고, 의례를 주관하고, 상담을 위해 찾아오는 이들에게 법을 전하며 머문다. 하지만 최근 몇 년 동안 티벳 여승들은 새로운 역할을 맡으며 새로운 기회를 모색하고 있고, 이로 인해 주목을 받기 시작했다. 일부 여승들은 정치 활동과 티벳 내 중국 공산당 통치에 반대하는 저항 운동에 적극적인 역할을 맡고 있다.[16]

위대한 인물

티벳 역사의 모든 시대에서 여성에 대한 전기와 정보 조각을 발굴하고 번역하기 위해 많은 연구가 남아 있다. 한편, 티벳 불교 역사에서 저명한 여성 인물에 대한 선별된 이야기는 20세기 후반 중화인민공화국이 티벳을 점령하면서 시작된 현대 티벳 망명 여성의 삶을 이해하는 데 배경 지식을 제공한다.

수 세기 전에 가장 잘 알려진 여승 중 한 명인 삼딩 도르제 팍모(Samding Dorje Phagmo)는 한 개인이 아니라 15세기부터 현재까지 이어져 온 스승의 계보이다. 마칙 랍된, 오르걍 쵸키, 젯선 로첸(Jetsun Lochen) 린포체(1865~1951)와 같은 걸출한 인물들이 독립적인 존재였던 것과 달리, 삼딩 도르제 팍모의 계보는 여성들이 차례로 전임자의 환생으로 인정받았기 때문에 여러 생애에 걸쳐 이어져 왔다. 문서로

---

16 예를 들면 Pachen and Donnelley, *Sorrow Mountain*. 참조.

기록된 몇 안 되는 여성 툴쿠(tülku) 계보 중 하나이자 걸출한 여성 스승들의 도르제 팍모 계보는 최키 된마(Chökyi Drönma, 1422~55/65)로부터 시작되었다. 페미니스트 관점에서 그녀의 삶을 자세히 살펴보면 주목할 만한 특징이 많이 발견된다. 티벳 중부의 녜모(Nyemo) 지역에서 공주로 태어난 그녀는 어렸을 때 출가하기를 원했지만 가족들과 예비 시댁 모두의 반대에 부딪혔다. 비록 결혼을 하고 딸을 낳은 후였지만, 결국에는 여승이 되는 것을 허락받았다. 그녀가 출가하기로 결정하는 데는 그녀의 스승인, 여성에게 매우 호의적이었던 유명한 라마 보동 초글 남걀(Bodong Chogle Namgyal, 1376~1461)의 지원이 있었다. 그는 인도의 불교 전통을 되살리는 여승을 위한 새로운 의례를 정립하고, 여성 배역을 보통 비구승들이 맡았던 시절에 최키 된마가 의례의 춤 수행을 시작할 수 있도록 고무했다고 전해진다.[17]

그녀의 전기와 다른 문헌에서 수집한 정보에 따르면, 최키 된마는 짧은 생애 동안 티벳을 자유롭게 여행했다. 친한 여성 동료를 동반한 그녀는 가는 곳마다 지역 주민들의 존경을 받았다. 그녀의 전기에 따르면, 그녀는 "사회적, 문화적 도전"에 직면했지만 이를 극복하는 데에 능숙했다.[18] 전기에는 그녀가 비구니로 수계를 받았다고 말하지만, 당시 티벳에서 여성 구족계의 살아있는 계보를 확인할 수 있는 자료는 없다. 그녀는 "여성 출가자를 모집하고 수련시키는 데 헌신"한 것으로 알려져 있으며, 특히 남성 승단의 가부장적 특성으로 인해 여승들이 받을 수 있는 교육이 부족한 것을 우려했다. 그녀의 라마가

---

17 Diemberger, *When a Woman Becomes a Religious Dynasty*, 62.
18 Diemberger, *When a Woman Becomes a Religious Dynasty*, 62.

입적한 후, 최키 된마는 라마의 유품 분배와 관련된 분쟁을 중재했다.[19] 그녀는 라마가 남긴 전체 가르침을 편집하고 복제하는 일을 맡았기 때문에 그녀가 높은 학식을 가졌음을 추측할 수 있다. 티벳어 문자의 어려움을 고려하면 이는 결코 쉬운 일이 아니며, 당시나 심지어 지금도 여성에게는 매우 특별한 일이었다. 이 프로젝트를 촉진하면서 그녀는 "티벳에서 생산된 최초의 인쇄물 표본"을 제작하였다.[20]

최키 된마는 이 프로젝트를 완수하기 위한 기금 모금에 큰 성공을 거두었으며, 깨달음을 성취한 스승 청 리워체(Chung Riwoche)가 북부 라토(Lato)에 탑을 조성하려는 유명한 프로젝트를 위한 기금 모금에도 도움을 주었다. 그녀는 빠모 최딩(Palmo Chöding)에 수로를 건설하여 학습 센터를 지원하고자 했다. 이 프로젝트는 완전히 실현되지는 못했지만, 당시 여성으로서는 놀라운 비전과 강렬한 결단력의 스케일을 보여준다.

최키 된마의 정신적 수행과 가르침 방식에서, 그녀는 "육체적 편안함이나 외모에 관심이 없는 '미친 성자' 전통의 대가"로 알려졌다. 그녀는 "본질적인 정신적 메시지를 전달하기 위해 관습에 거스르는 행동을 사용"했으며, "외모와 관습"은 "정신적 가치를 평가"하는 데 신뢰할 수 없는 지표라고 가르쳤다 한다.[21] 여성, 특히 공주가 정교하고 사회적으로 허용되는 아름다움의 기준을 유지해야 했던 당시에는 외모를 완전히 무시하는 것이 정신적 실현을 위한 코드였다.

---

[19] Diemberger, *When a Woman Becomes a Religious Dynasty*, 63.
[20] Diemberger, *When a Woman Becomes a Religious Dynasty*, 63.
[21] Diemberger, *When a Woman Becomes a Religious Dynasty*, 63.

최키 된마에 대한 정보의 또 다른 출처는 그녀의 스승인 보동 초글 남걀의 전기이다. 이 전기에서 여성의 모습을 보면 여성들이 전기 집필에 직접 참여했음을 알 수 있다. 사회인류학자 힐데가드 디엠버거(Hildegard Diemberger)는 "티벳 자료에서는 여승과 여승 사원이 보통 일반화된 표현으로 언급되는 반면, 이 전기에서는 여성의 개별 이름이 언급되어 있다"라고 지적한다.[22] 이 전기는 비구승의 단독 저술이 보편적이었던 시대에 여러 저자가 공동으로 작업한 것으로 보이며, 이는 최키 된마의 관습을 거스르는 성향이 학문에까지 확장되었음을 시사한다. 그녀의 공동 저술 방식은 불교 해탈의 "구원론적 포용성", 즉 여성도 동등하게 깨달음을 얻을 수 있는 존재로 여겨졌다는 것을 의미한다.

티벳 문화권에서는 개인적인 찬사에 대한 무관심이 위대함의 표시로 받아들여진다. 결국 그녀는 평범한 사람이 아니라 깨달은 존재인 도르제 빠모(Dorje Palmo, 산스크리트어: Vajrayoginī)의 화신으로 여겨졌다.

망명 속의 자유

1950년 중국의 인민 해방군이 동쪽에서 티벳을 침공하면서 티벳 불교계는 대격변을 경험했다. 이후 9년 동안 제14대 달라이 라마 성하와 그의 정부는 티벳의 안보와 독특한 문화유산을 지키기 위해

---

[22] Diemberger, *When a Woman Becomes a Religious Dynasty*, 83.

중국 지도자들과 대화를 시도했지만 결국 모든 시도는 실패로 돌아갔다. 1959년 티벳 봉기가 일어났고, 달라이 라마 성하와 약 10만 명으로 추정되는 티벳인들이 네팔과 인도로 피난을 떠났다. 중국 공산당의 티벳 점령에 대한 광범위한 대중의 저항 속에서 일부 여승들은 존경받는 지도자로 부상했다. 많은 여승들이 체포되어 고문을 당했고, 다른 많은 여승들은 종교의 자유를 찾아 인도와 네팔로 피난했다.

영화감독 엘렌 브루노(Ellen Bruno)의 다큐멘터리 「사티야: 적을 위한 기도(*Satya: A Prayer for the Enemy*)」(1992)는 티벳 불교 여승들이 중국 공산당 치하에서 겪은 고난을 그리고 있으며, 영화감독 폴 와그너(Paul Wagner)의 「윈드호스(*Windhorse*)」(1998)는 이러한 비극적인 사건의 여파를 극화한 작품이다.

여승들은 부양하고 보호해 줄 가족이 없기 때문에 중국의 종교 탄압에 대해 용기 있게 반대 목소리를 냈고, 그 때문에 투옥과 고문을 당하는 일이 빈번했다. 정치적, 종교적 제약으로 인해 많은 여승들이 티벳에서 네팔로 가는 험난한 여정을 시도했으며, 특히 다람살라에서 달라이 라마 성하를 만나기 위해 네팔에서 인도로 떠나는 경우가 많았다. 그들이 들려주는 가슴 아픈 이야기는 그들의 영웅심과 불교 신념에 대한 헌신을 증명하는 증거이다. 중국에서 강간, 투옥, 괴롭힘, 고문, 감시를 당한 후 외상 후 스트레스 장애를 앓고 있는 사람들이 많다.

1980년대 이후 티벳 여성들은 티벳이나 망명지에서 세속적, 종교적 교육 분야에서 성평등을 향한 상당한 진전을 이루었다.[23] 네팔과 인도에서 소녀들을 위한 일반 교육의 기회가 늘어나는 것과 병행하여 여승들을 위한 교육 기회도 세계적으로 더 증가하는 추세이다. 이러한 새로운 기회는 사회 전반에 걸쳐 소녀와 여성들의 교육 수준을 끌어올렸다. 인도와 네팔의 티벳 중앙 학교, 티벳 어린이 마을, 티벳 홈즈와 같은 남녀공학 기관을 통해 수만 명의 티벳 소녀와 젊은 여성들이 교육을 받을 수 있게 되었지만, 그 과정에서 여승들뿐만 아니라 재가 여성에게도 장애물이 있었다.

1980년대까지만 해도 인도 바라나시 인근 사르나트에 있는 명망 높은 중앙 고등 티벳학 연구소에서는 여학생을 입학시키지 않았고, 지금도 매년 입학할 수 있는 여학생 수를 제한하는 할당제가 시행되고 있다. 그럼에도 불구하고 중앙 고등 티벳학 연구소는 교사가 되기 위한 학생들을 준비시키는 공인 고등교육 기관이기 때문에 더 많은 재가 여성과 여승들이 그곳에서 공부할 기회가 열렸다는 점이 의미가 있다. 중등교육을 받지 못해 입학시험에 합격하지 못한 많은 여학생들이 중앙 연구소 주변에 거주하며 개인적으로 공부하기도 한다.

1976년부터, 극심한 빈곤과 신체적, 정신적 박탈감의 환경에도 불구하고 인도와 네팔에 티벳과 히말라야 여성을 위한 사원이 몇 군데 설립되었다. 새로운 기후와 문화적 환경에 적응해야 하는 어려움은 제14대 달라이 라마 성하와 다른 저명한 티벳 불교 스승들을 만나 가르침을 받을 수 있는 기회로 상쇄해 왔다. 망명 중인 티벳 여승들은 두려움 없이 자유롭게 신앙을 실천할 수 있을 뿐만 아니라 이전에는 티벳에서 드물거나 아예 없던 교육 기회에 접근할 수 있게

---

23 Tsomo, "Buddhist Nuns."

되었다. 1980년대 이후 티벳과 네팔 국경의 치안이 완화될 때마다 티벳 난민들은 성지 순례를 위해 인도에 도착했다. 인도에 도착한 난민들은 달라이 라마 성하가 부여한 칼라차크라 관정과 같은 대중적 가르침과 다른 라마들의 가르침을 구하기 위해 노력했다.

티벳에서 수계를 받은 여승들 외에도 많은 젊은 여성들이 망명길에 올라 달라이 라마를 만난 후 여승이 되었다. 이 젊은 여성들 중 상당수는 새로 찾은 자유와 고통과 고난을 통해 얻은 교훈에 따라 자연스럽게 종교적 소명을 추구하기로 선택했다. 이들은 인간 삶의 덧없는 본질에 대한 통찰력을 얻은 후 불교의 가르침이 심오하고 의미 있는 삶의 방식을 대변하는 것으로 여기게 된다. 인도에서 자란 다른 젊은 티벳 및 히말라야 여성들도 행복을 약속하지만 항상 성취로 이어지지는 않는 현대 세속적인 삶을 접하면서 같은 깨달음을 얻게 된다.

이 여성들 중 대부분은 출가 생활을 결심한 것이 가족이나 사회의 권유 때문이 아니다. 대신, 불법 수행에 전념하기로 한 결정은 깨달음을 성취할 수 있는 인간의 기회를 가장 의미 있게 활용하기 위한 개인적인 선택이다. 여승이 되기로 결심하는 것은 가정생활에서 발생할 수 있는 잠재적인 문제를 피하고 싶은 소망을 반영할 수도 있다. 또한 많은 여승들은 현재 고국에서 사라질 위기에 처한 티벳 불교문화를 지키는 걸 돕기 위해 깊은 책임감을 느낀다. 티벳의 소중한 불교문화 유산이 궁극적으로 점령된 티벳 지역 밖에서 가장 잘 보존될 수 있다는 안타까운 현실이 이들의 헌신을 더욱 촉진시킨다.

현재 1,290명 이상의 티벳 여승들이 인도와 네팔에서 망명 생활을 하고 있다. 티벳에서 탈출한 일부 여승들은 중국 공산당 치하에서 겪은 성폭력, 강간, 고문, 투옥, 감시의 장기적인 정신적, 육체적 후유증으로 여전히 고통받고 있다.[24] 1987년부터 티벳 여승 프로젝트, 잠양(Jamyang) 재단 및 기타 단체는 국제사회의 지원을 받아 티벳에서 네팔과 인도로 유입되는 난민 여승들을 위해 여성 사원을 설립하고 의료 서비스, 식량, 주거 및 교육을 제공하기 위해 노력해 왔다. 인도 히말라야 국경 지역, 즉 아루나찰 프라데시(Arunachal Pradesh), 킨나우르(Kinnaur), 라다크(Ladakh), 라하울(Lahaul), 스피티(Spiti), 장스카르(Zangskar), 그리고 부탄과 몽골, 네팔 등지에서 온 많은 젊은 여성들이 여기에 합류했다.([그림 11] 참조)[25]

장 미셸 코릴리온(Jean-Michel Corillion) 감독의 다큐멘터리 「장스카르에서 여성이 되다(*Becoming a Woman in Zanskar*)」(2007)는 히말라야에서 여승이 되기로 한 용기 있는 선택에 수반되는 불확실성을 극화하

---

[24] 예를 들면 Ani Pachen의 이야기는 Pachen and Donnelley, *Sorrow Mountain*에서 볼 수 있다.

[25] Tsomo, "Change in Consciousness." 참조. 이 여승들의 공동체는 다음과 같다. 인도에서는 돌마 링(Dolma Ling) 사원과 연구소, 게덴 채링(Geden Choeling) 사원, 잠양 최링(Jamyang Chöling) 연구소, 장춥 채링(Jangchub Choeling) 사원, 쵸겔 세둡 다질링(Tsogyal Shedrub Dargyeling) 사원, 나귤 닝마(Ngagyur Nyingma) 사원, 카르마 둡규 탈게링(Karma Drubgyu Thargay Ling), 동규 가찰링(Dongyu Gatsel Ling) 사원, 디궁 카규 삼텐링(Drikung Kargyu Samtenling) 사원, 그리고 체첸 세둡 삼텐푼촉링(Tsechen Shed-Dub Samten Phuntsok Ling). 네팔에서는 카초 가킬링(Khacho Ghakhil Ling) 사원, 키둥 둑체 채링(Keydong Thukche Choeling), 텍촉링(Tek Chok Ling) 사원. 그리고 부탄에 있는 여승 사원은 파로 킬라 곰파(Paro Kila Gompa), 시로카(Siloka), 왕 시시나(Wang Sisina), 자충 카르모(Jachung Karmo) 등이다.

【그림 11】 인도 아루나찰(Arunachal) 프라데시(Pradesh) 몬타왕(Mon-Tawang) 지역의 재가 불자 여성들. 사진: 올리비에 아담(Olivier Adam).

였다. 히말라야 여승의 삶에 대한 민족지학적 연구는 드물지만, 킴 구쇼(Kim Gutschow)는 장스카르의 여승에 관한 책을 출간했고, 린다 라마키아(Linda LaMacchia)는 킨나우르(Kinnaur)의 여승에 관한 글을 썼다.[26]

불교 연구와 여성을 위한 구족계

승단에서 비구승이 주를 이루던 히말라야 문화와 사회에서 여성 출가의 길은 험난했다. 특히 교육, 접근, 재정적 지원과 관련하여 여승과

---

[26] Gutschow, *Being a Buddhist Nun*; LaMacchia, *Songs and Lives of the Jomo*.

비구승의 상황 사이에는 근본적인 격차가 많이 남아 있으며, 이러한 격차를 최소화하기 위한 노력이 진행 중이다. 네팔과 인도에서 태어난 많은 젊은 여승들은 공교육의 혜택을 받았지만, 티벳에서 태어난 대부분의 여승들은 고국을 탈출하기 전까지 정규 교육을 거의 또는 전혀 받지 못했으며 잃어버린 시간을 보충하기 위해 고군분투해야만 했다. 지난 30년 동안 티벳 여승들은 학문적으로, 특히 철학 연구에서 상당한 진전을 이루었는데, 이것은 이전에 그들에게 개방되지 않았던 영역이다.

현재 네팔과 인도의 몇몇 여승 사원에서는 철학 연구에 초점을 맞춘 집중 교육 프로그램을 제공하고 있다. 다른 여승 사원에서는 기초 불교학, 의례 수행, 집중 명상 수련을 통합한 불교학 프로그램을 제공한다. 인도와 네팔의 여승들은 1990년부터 매년 열리는 여승들을 위한 교내 철학 토론 대회에 참가하는데, 이것은 라싸에서 매년 겨울 티벳의 명문 승가대학의 비구승을 대상으로 열리는 유명한 장 쿤최 (Jang Kunchö) 토론 대회를 모델로 한 것으로, 이를 통해 지적 추론 능력을 연마하는 기회를 얻게 되었다.

철학적 연구에 대한 접근성은 티벳 문화에서 여승과 비구승 간의 성평등을 평가할 때 고려해야 할 핵심 요소이다. 티벳에서 여승들은 전통적으로 데붕(Deprung), 간덴(Ganden), 세라(Sera)의 주요 승가대학의 불교학 프로그램에서 배제되었는데, 이것은 비구승의 배타적인 영역이었다. 이들 대학은 최고의 불교학 프로그램을 제공하고 권위 있는 게셰 학위를 수여하는 기관이었기 때문에 이전에는 오직 남성만 취득할 수 있었던 것이 특징이다. 1987년 이후 상황이 급변하여 여성에게도 철학과 토론을 체계적으로 공부할 수 있는 새로운 길이 열렸다. 시설은 제한적이지만 인도와 네팔의 여승들은 이제 게셰 학위 과정이 허용되는 교육 기회를 이용할 수 있게 되었다.

2017년 12월, 수십 년간의 집중적인 공부 끝에 20명의 여승이 시험에 합격하여 인도 카르나타카(Karnataka)주 드레풍(Drepung) 사원에서 달라이 라마 14세 성하로부터 게셰 학위를 수여받았다. 이 역사적인 업적은 티벳 불교 전통에서 성평등을 성취하는 데 있어서 중요한 단계를 나타낸다. 여성을 라마(종교적 스승)나 툴쿠(성취한 존재의 인가된 환생자)로 인정하는 경우가 드물었던 환경에서 이제 여성도 불교 연구에서 뛰어난 능력을 발휘할 수 있음을 입증할 기회를 얻었다. 몇몇 여성들은 라마나 툴쿠로 인정받았다. 현대에 인정받은 여성 툴쿠의 예로는 잠양 키엔체 최키 로드로(Jamyang Khyentse Chökyi Lodrö, 1893~1959)의 아내인 칸드로 체링 쬐돈(Khandro Tsering Chodrön, 1929~2011)과 국제적으로 가르치는 민돌링 트리첸 쥬르메 쿤장 왕얄(Mindrolling Trichen Jurme Kunzang Wangyal, 1930~2008)의 딸인 칸드로 린포체(Khandro Rinpoche, 1967년생)가 있다.[27]

불교 교육이 꼭 형식적으로 이루어질 필요는 없다. 많은 티벳 여승들은 티벳 문화권 전역의 작은 사찰, 수행 센터, 사원 등에서 의례 연구에 전념하고 있다. 또한 많은 여승들이 히말라야 지역 곳곳의 동굴이나 고립된 장소에서 고독하게 명상과 의례를 수행하고 있다. 산속에서 조용히 수행을 하는 여승들은 거의 주목을 받지 못하지만,

---

27 Haas, *Dakini Power*, 15-38, 271-93.

그들의 종교적 실천은 여성의 역량 강화에 상당한 기여를 하는데, 그들은 세계의 평화에도 기여한다고 믿는다. 이제 여성의 종교적 삶에 더 많은 관심을 기울이고, 티벳 전통에서 뛰어난 여성 수행자들의 전기가 점점 더 많이 연구, 번역, 출판되고 있다.[28]

비구니들은 이제 모래 만달라 제작, 신성한 춤 시연, 철학 토론, 대 기도 축제(Monlam) 참여 등 이전에는 오직 비구들만 참여할 수 있었던 의식과 행사에 참여할 수 있게 되었다. 그러나 티벳 불교에서 여성의 구족계 수계는 여전히 논란의 여지가 있는 문제이다. 이 논쟁은 비구니, 티벳어로 겔롱마(gelongma) 계보의 전승에 대한 의문을 중심으로 전개되고 있다. 겔롱마 계보가 공식적으로 승인된 방식으로 인도에서 티벳으로 전해졌다는 증거는 없으며, 따라서 현재 티벳 전통에는 구족계를 받은 비구니의 계보가 존재하지 않는다. 티벳 여승들은 사미니(산스크리트어: śrāmaṇerika, 티벳어: getsulma)의 36계율을 받고 승가의 일원으로 간주되지만, 구족계를 받은 비구승에 비해 지위가 현저하게 낮다.

비구니 계보를 도입하기 위한 전략이 현재 진지하게 고려되고 있다. 한 가지 가능성은 티벳 여승들이 인도와 스리랑카에서 중국, 한국, 베트남으로 전해진 끊어지지 않은 계보를 통해 구족계를 받는 것이다. 많은 티벳 학자들은 율장 문헌이 비구니계를 수여하기 위해서는 비구 10명과 증인 2명을 포함한 비구니 12명의 정족수가 필요하며,

---

28 이 사례는 Diemberger, *When a Woman Becomes a Religious Dynasty*; Harding, *Machik's Complete Explanation*; Schaeffer, *Himalayan Hermitess*에서 볼 수 있다.

비구만으로는 여승의 구족계 의식을 주관할 수 없다고 설한 것으로 이해한다. 이 경우 첫 번째 티벳 여승 집단은 한국, 대만 또는 베트남에서 구족계를 받은 비구니와 비구로부터 수계를 받는 것이 가능하다. 또 다른 가능한 해결책은 티벳 여승들이 티벳 비구승들에게만 수계를 받는 것인데, 이는 한국, 대만, 베트남에서 큰 논란 없이 사용되어 왔던 절차이다.

세 번째 해결책은 한국, 대만, 베트남의 여승들이 티벳 비구승들과 함께 비구니계 수계를 수행하는 복합적인 접근법이다. 제14대 달라이 라마 성하와 원로 비구들의 지지가 있으면 어떤 해결책이든 실행할 수 있다. 최근 이 문제에 대한 열띤 토론을 보면, 티벳 불교 전통에서 비구니 계보를 확립하는 것에 대한 지지가 커지고 있는 것으로 보인다.

인도 다람살라에 본부를 둔 티벳 중앙정부(티벳 망명정부)는 아직 이와 같은 가능한 해결책을 공식적으로 승인하지 않는다. 제14대 달라이 라마 성하는 티벳 전통에 비구니 계보가 확립되는 것을 보고 싶다는 개인적인 소망을 표명했다. 그러나 달라이 라마는 이 문제는 원로 승가 위원회에 상정되어야 하며 자신이 단독으로 결정할 권한이 없다고 말했다. 달라이 라마 성하는 이 문제를 해결하기 위해 모든 주요 불교 전통의 대표들이 참여하는 국제회의를 개최하여 불교 승가법의 세부 사항을 검토하고 이 문제에 대한 합의를 도출할 것을 거듭 촉구해 왔다. 그는 또한 고위 라마 회의에서 여러 차례 이 문제를 제기했다. 중국과 티벳 불교 승가 전통의 비구니 계율과 비구니 수계 절차를 비교하기 위해 승가 문헌에 대한 심도 있는 연구가 진행되었다.

학자들은 또한 현존하는 비구니 계통이 석가모니 붓다 시대부터 오늘날까지 끊어지지 않고 계보가 이어져 왔는지를 조사하고 있는데, 이는 어려운 작업이다. 한편 의견은 분분하다. 한쪽에서는 티벳 전통에서 비구니 수계를 받는 데 필요한 정족수를 채우지 못했기 때문에 비구니 수계를 수여할 수 없다고 주장한다. 이러한 주장은 티벳 전통에서 수행 중인 충분한 수 이상의 비구니들이 이미 중국, 한국, 베트남 전통에서 구족계를 받았다는 사실을 무시한 것이다. 반면에 비구니 수계를 지지하는 쪽에서는 석가모니 붓다께서 처음에 구족계 비구니의 정족수 없이 비구니를 수계하셨고, 따라서 이 절차의 선례를 남겼다는 점을 근거로 비구니 수계가 진행될 수 있다고 주장한다.

논란이 해결되기를 기다리는 동안 티벳과 히말라야의 여승들은 인도와 네팔에 새로운 여승 사원과 수행 센터를 계속 설립하고 있다. 이 여승 사원들은 대부분 자율적으로 운영되며, 여승들이 직접 관리, 유지, 지원을 담당한다. 여승들이 사원과 수행 센터를 설립하고 유지하는 데 있어 지역사회 또는 해외로부터의 기부금 형태의 재정적 지원은 매우 중요하다. 이것은 엄청난 도전이다. 재정 지원 분야에서도 재가 신도들이 비구승을 지원하는 것을 선호하기 때문에 여승들은 일반적으로 차별을 경험한다. 이러한 어려움에도 불구하고 여승들은 불법의 수행과 소중한 불교문화유산 보존을 위해 헌신하고 있다.

티벳 여승들은 수행과 공부를 계속하면서 여성의 열등함에 대한 과거의 제한과 낡은 관념을 깨뜨리고 있다. 이들은 티벳과 히말라야 지역 여성들의 롤 모델이 되어 불법에 따라 여성들을 상담하고 지역사회 발전을 돕는 등 사회 참여를 통해 붓다의 평등주의 철학을 적극적으로 홍보하고 있다. 티벳 전통에서 불교를 공부하는 방법은 철학적 토론이나 변증법 등의 방법을 사용한 심도 깊은 학문적 접근만이 유일한 것은 아니다. 티벳어로 쉐드라(shedra)라고 하는 많은 카규파 및 닝마파 연구 센터에서 사용하는 또 다른 방법은 학생들이 교사와 동료들 앞에서 전날 배운 내용을 반복해서 암송하는 것이다. 무작위로 학생들을 선정하여 공개적으로 문헌의 의미를 설명하는 이 경전 학습 방식은 학생들이 공부를 잘하도록 독려하고 가르치는 경험을 쌓을 수 있다는 장점이 있다. 다른 불교 교육 방식은 교사와 학생 간의 개인적인 상호 작용을 포함하기도 한다.

예를 들어 티벳 불교의 전형적인 딴뜨릭 가르침인 위대한 완성이라는 뜻의 족첸(Dzogchen)의 "직접 전수" 교육 방식은 스승과 제자 간의 친밀한 관계를 수반한다. 여성은 성별 때문에 이러한 관계를 맺는 데 불리할 수도 있다. 딴뜨릭 문헌에 등장하는 성적 상징주의는 오해의 소지가 있기 때문에 이러한 가르침은 일반적으로 은밀하게 전달된다. 그 결과 여성은 위대한 스승과 고급 가르침에 접근하는 데 더 많은 장애물에 직면할 수 있다. 결과적으로 다양한 티벳 계보에서 더 많은 여성을 스승으로 양성하는 것이 시급한 문제이다.

부탄 여성의 발자취 추적

불교가 부탄에 영향을 미친 것은 7세기 티벳 왕 송챈 감포(Songtsan Gampo, 재위 627~649년)에 의해 이 외딴 산악 지역에 도입된 시기부터이다. 17세기 라마 응아왕 남걀(Ngawang Namgyal, 1594~1651)에 의해 통일된 이후 부탄은 공식적으로 둑파 카규(Drukpa Kagyu)파에 속하는 불교 왕국이었고, 닝마파의 영향이 강하고 불교 이전의 뵌(Bön) 수행의 흔적이 곳곳에 남아 있다. 오늘날 부탄에는 여승을 위한 26개의 사원을 포함해 2천 개가 넘는 사원이 있다. 부탄 불교의 역사는 남성 인물에 의해 지배되었지만, 여성들은 여성과 남성의 붓다, 보살, 명상 신격(이담), 깨달은 존재, 신심 있는 수행자 모두에게서 영감을 얻는다. 여성에게도 해탈의 잠재력이 있다는 붓다의 선언에도 불구하고 대부분의 여성은 종교적 추구에 있어서 한계를 직면하며, 많은 여성은 여전히 깨달음에 더 쉽게 도달할 수 있다고 믿는 남성의 몸으로 다시 태어나기를 기도한다.

여승들은 위대한 수행자로 칭송받는 여성들을 자주 언급하는데, 여기에는 겔롱마 빠모와 같은 역사적 인물과 푸나카(Punakha)에서 도보로 몇 시간 거리에 있는 사원, 자청 카르모(Jachung Karmo)의 원장을 역임한 여승 로폰마 팔돈(Loponma Paldon, 1926년생)과 같은 최근의 인물도 포함된다. 안타깝게도 부탄의 저명한 여성 수행자들의 이야기는 거의 기록되지 않았다.

어떤 이들은 정신적 깨달음은 성별의 구분을 초월한다고 주장한다. 일단 깨달음을 얻은 존재라면 여성인지 남성인지는 별로 중요하지 않다. 그러나 일상적인 현실의 영역에서 종교적 학습과 수행 과정의 조건은 여성과 남성이 매우 다르다. 전문 출가수행자가 되는 것은 남성에게는 여전히 박수를 받지만, 가정생활에 더 적합하고 고행과 안거의 엄격함을 감당할 준비가 되어 있지 않다고 여겨지는 여성은 종종 낙담한다. 만일 한 여성이 정신적 성취를 향한 탐구를 인내하며 지속한다면, 그녀는 필요한 필수품들을 얻는 것이 남성보다 더 어렵다는 것을 알게 될 것이다.

부탄의 여성 교육 기회는 1980년대 이후 확실히 개선되었지만, 주로 정부의 지원을 받아 영어로 진행되는 세속 교육에서 개선되어 왔다. 이전보다 여승들을 위한 학습 프로그램이 많아졌지만, 대부분 비공식적이며 자격을 갖춘 교사, 학습 자료, 정부 지원 등이 부족하여 약화되고 있다. 부탄에서 진실한 수행자라면 먹을 것이 부족하지 않을 것이다는 말이 있지만, 여전히 여승을 위한 체계적인 교육이 부족하여 많은 여승들이 인도로 가서 불교 공부를 해왔다.

그러나 최근 수십 년 동안 뚜렷한 변화가 있었다. 부탄의 26개 사원의 여승들은 이제 더 많은 교육을 받고 있으며, 재가자 공동체를 위해 의례를 집전하고, 경전을 암송하고, 붓다의 가르침을 설명하도록 초청받는 기회가 이전보다 훨씬 많아진 것으로 보인다. 여승들은 인정이나 보수를 기대하지 않고 겸손하게 재가자들을 도우며, 사람들은 여승들의 근면과 헌신을 감사하게 생각하고 있다. 점점 더 많은 여승들이 부탄 사회에서 눈에 띄는 역할을 맡고 있다. 초기에는 여승들이 단지 짧은 머리를 유지하고 재가자의 5계를 지키며 부탄의 전통 의상인 노란색 키라(kira)를 입는 것이 일반적이었다.

하지만 1980년대 이후 여승들이 삭발을 하고 출가 계율을 받고 적갈색 승복을 입는 것이 더 보편화되었다. 2014년에는 부탄 여승 재단[29]이 부탄에서 처음으로 대규모 사미니 수계식을 개최했다. 이 나라에서 가장 고위급 비구승들이 집전하고 7개 여승 사원의 140명의

---

[29] Bhutan Nuns Foundation, 2019년 2월 17일 접속, https://www.bhutannuns.org.

여승들이 참석한 이 수계식은 푸나카(Punakha)의 상첸 도르지 렌드럽(Sangchhen Dorji Lhendrup) 여승 사원에서 열렸다. 그 필요성을 인식하여 왕대비 체링 양돈 왕척(Tshering Yangdon Wangchuck, 1959년생) 폐하의 격려를 받기도 했는데, 현재 부탄의 불교 여성, 특히 여승들이 불교 교육을 더 폭넓게 받을 수 있도록 하기 위한 시도가 진행 중이다.

몽골 불교 부흥의 여성들

몽골의 불교 역사에서 여성에 대한 언급은 거의 없다. 간혹 불교를 후원한 독실한 귀족 여성에 대한 언급이 있는데, 예를 들면 쿠빌라이 칸(1215~94)의 배우자로 사인 우제스겔렌트(Sain Uzesgelent)가 있는데 그녀는 칸에게 사캬파의 라마 드로괸 초갈 팍파(Drogön Chögyal Phagpa, 1235~80)를 정신적 스승으로 따르도록 고무하였다. 그리고 19세기에 오늘날의 울란바토르에 있는 두인코르 다산(Duinkhor Datsan)이라는 사원을 세우는 데 도움을 준 촛트 다리(Tsogt Dari)와 같은 여성이 있었다.

강력한 몽골의 여왕 용겐(Jönggen, 1551~1612)은 제3대 달라이 라마의 유해를 티벳으로 돌려보내 화장하고, 제4대 달라이 라마를 선출하고, 티벳 불교 대장경인 칸규르(Kangyur)를 몽골어로 번역하는 데 중요한 역할을 했다.[30] 몽골의 주요 사원은 모두 남성 라마를 위해 마련된 것이지만 여성들은 수 세기 동안 사원의 충실한 신봉자이자

---

30 Elverskog, "Whatever Happened to Queen Jönggen?"

아낌없는 후원자 역할을 해왔다.

1930년대부터 시작된 수십 년에 걸친 소련의 불교 박해와 탄압 속에서도 몽골의 여성 수행자들은 개인적으로 자신의 정신적 가치를 지켜왔으며, 많은 이들이 살인, 도둑질, 삿된 성행위, 거짓말, 중독 물질 사용 등을 하지 않는 재가 불자의 5계를 준수했다. 1990년대 초 소련의 해체와 몽골의 소련으로부터의 독립에 따른 정치적, 경제적 자유화는 불교에 대한 관심의 부흥을 포함한 문화적 르네상스를 가져왔다. 하지만 이러한 자유의 확대는 또한 전통적인 제도에 도전하는 경쟁적 가치와 종교 단체의 유입을 불러오기도 했다.

몽골 불교 여성 역사의 독특한 측면은 특정 여성을, 구제주로 알려진 여성 모습의 깨달음인 타라(Tārā)의 발현으로 인정하는 것이다.[31] 이 존경받는 여성의 축복을 받기 위해 공양을 올리고 개인적, 정신적 문제에 대한 보호와 치유, 조언을 구하는 신도들이 가깝고 먼 곳에서 찾아온다. 말년에 남편이 세상을 떠난 후 많은 몽골 여성들은 삭발을 하고 기도문과 진언을 암송하는 등 불교의 경건한 수행에 집중한다. 숙련된 치료사나 퇴마사 등을 포함하여 높은 정신적 성취를 이룬 여성에 대한 이야기는 많지만, 최근까지 몽골에서 정식으로 수계를 받은 여승의 흔적은 찾아볼 수 없다.

몽골이 비폭력 민주 혁명으로 독립을 재확인한 1990년 이후 200여 개의 닷산(datsan, 사원)이 재건되거나 새로 설립되었다. 그중에는 여성에 의해, 그리고 여성을 위해 설립된 사원들이 몇 군데 있는데,

---

31 Tsomo, "Nuns, Dakinis, and Ordinary Women: Buddhist Women of Mongolia," in Tsomo, *Eminent Buddhist Women*, 201-2, 207-9.

몽골 불교 여성의 툭스바야스갈란트(Tugsbayasgalant) 센터, 나르카지드(Narkhajid) 사원, 둘말린(Dulmaalin) 사원 등이 그것이다. 낮에는 수십 명의 재가 여성과 여승들이 부지런히 염불을 하고 불교 의식을 거행하는데, 방문객들도 종종 함께 참여한다. 저녁이 되면 재가 여성들은 가정으로 돌아가지만 여승들은 사원에 거주하며 지낸다. 재가 신도들의 기부금은 사원의 기능을 지원한다.

많은 몽골 불교 여성들은 중생의 고통을 덜어주기 위해 자신의 중요한 장기와 다른 신체 부위를 상상 속에서 공양하는 보시의 의례 수행, 쬐(chöd)의 신심 있는 수행자이다. 앞서 살펴본 바와 같이 인도의 전통에 뿌리를 둔 이 수행법은 일반적으로 성취한 티벳의 요기니 마칙 랍된에게 그 유래를 찾을 수 있다. 몽골의 쬐 전통에 대한 체계적인 분석은 거의 이루어지지 않았지만, 겔룩파 교사들은 간덴(Ganden) 구전 계통과 다키니(Dākinī) 구전 계통이라는 두 가지 인기 있는 쬐 계통을 가르친다. 이러한 쬐 계통은 스승에서 제자로 전승되어 왔으며 공식적인 사원 환경 밖에서 비교적 비밀리에 수행되는 경우가 많다. 각 수련자가 다른 수련자들과 함께 손북 다마루(ḍamaru)를 치기 때문에 수행은 활기차게 진행된다. 최근 몇 년 동안 울란바토르의 간덴 사원에서는 쬐 몬람(Chöd Monlam)으로 알려진 수행자 모임이 매년 열렸다.

러시아 불교 공화국의 여성들

소비에트 연방(1922~91) 내 불교 여성들의 경험은 몽골 여성들의 경험과 여러 면에서 유사하다. 1922년부터 1953년까지 소련을 통치한 조셉 스탈린(1878~1953)과 수십 년에 걸친 소련의 지배 아래서 불교는 탄압받고 거의 파괴되었다. 오늘날 러시아 연방의 세 불교 공화국, 부랴티야(Buryatia), 칼미키야(Kalmykia), 투바(Tuva)에서 힘겨운 부활이 진행되고 있다. 이 지역에 불교가 전파된 것은 14세기 초 몽골과 티벳 라마들이 대초원을 가로질러 몽골 부족들 사이에 가르침을 전파하면서 시작되었다. 시간이 흐르면서 불교는 이 지역에서 종종 토착 샤머니즘 전통과 대화하고 경쟁하면서 고유한 개성을 발전시켰다.

지난 세기 동안 공산주의와 세속주의의 경쟁 이데올로기는 더 큰 도전을 제기했지만 불교의 가치와 종교 전통은 견뎌냈고, 예상치 못한 활력으로 다시 부상하고 있다. 몽골에서와 마찬가지로 부랴티야, 칼미키야, 투바의 출가자 수련은 여성에게 폐쇄적이었다. 언뜻 보기에도 종교적 맥락에서 여성은 종속적인 지위를 가졌음을 알 수 있다. 유목민 여성들이 아무리 자유로웠을지라도 여성의 종속적 지위는 사회의 다른 영역에서도 그대로 반영되었다.

그러나 소비에트 시대에 눈에 보이는 남성 중심의 불교 기관은 쉽게 무너졌지만 여성들은 은밀하게 신심을 이어갈 수 있었다.[32] 공산주의 이데올로기와 그것이 만들어낸 사회 구조는 불의와 제약에도 불구하고 교육, 정치적 대표성, 경제적 독립의 기회라는 측면에서 여성에게 한 걸음 더 나아간 것이었다. 그러나 이러한 평등주의적 기회는 종교 구조에는 적용되지 않았고, 불교 사원은 오늘날까지

---

32 Tsomo, "Prayers of Resistance."

남성 특권의 보루로 남아 있다. 성별이 행동으로 존재하는 성격이라면[33], 종교 교육, 의례, 권력 구조에서 남성의 우위는 남성의 깨달음 성취를 위한 무대이며 여성은 보조적인 역할로 캐스팅되는 것이 분명하다.

최근 몇 년 동안 교육을 잘 받고 사회적으로 해방된 새로운 세대의 여성들이 불교의 가르침, 특히 윤리와 심리학에 관심을 갖기 시작하면서 태도가 바뀌기 시작했다.[34] 오늘날 러시아 연방의 불교 여성들은 대중적인 불교 문학, 학술적인 불교 연구, 그리고 많은 대중적인 가르침과 활동을 접할 수 있으므로 미래가 밝아 보인다. 그러나 이 여성들이 불교에 더 많이 참여함에 따라 종교의 상태에서 성별 비율의 비대칭성에 질문을 시작할 수 있다. 세계의 다른 지역과 마찬가지로 불교의 가르침이 여성에게 남성과 동일한 혜택을 제공하지 않는다면 현대적 사고를 가진 여성들은 자연스럽게 자신의 배제와 종속에 의문을 제기하고, 겉보기에 난해하고 조작된 시스템에 흥미를 잃고 급히 후퇴할 것이다.

현재까지 러시아 연방 전체에 불교 여승은 단 4명에 불과하며, 여성 구도자들이 출가 생활을 할 수 있는 사원도 없고, 불교 교육과 수련을 받을 수 있는 곳도 없다. 그럼에도 불구하고 러시아 연방 불교 공화국의 여성들은 이제 세속 생활면에서는 그 이전보다 더 많은 기회를 갖게 되었으며 자신들의 정신적 유산이 전하는 철학과 방법에 점점 더 매료되고 있다. 또한 전통적으로 불교를 믿지 않는

---

[33] Butler, "Performative Acts."

[34] Tsomo, "Transition and Transformation."

가정과 지역의 여성들도 불교 사상과 수행에 관심을 보이고 있으며, 이에 따라 러시아에서 불교에 대해 배울 수 있는 자격을 갖춘 교사와 더 많은 자료가 필요하다. 러시아 불교도들이 인내심과 통찰력을 가지고 이러한 요구를 해결하고 여성이 교사와 지도자 역할을 맡도록 장려함으로써 불교의 성비 불균형을 바로잡을 수 있기를 바란다.

깨달음을 통한 변화

광범위한 금강승 문화권의 다양한 불교 전통은 인도의 공통된 원천에서 생겨나 티벳과 그 너머로 퍼져 나갔으며, 모두 정신적 깨달음을 향한 대승불교의 수혜자로서 독특한 문화적 경로를 따라 발전했다. 이러한 불교 사회에서 여성의 경험은 이러한 다양성의 축소판이지만, 그 비유는 불완전하다. 깨달음이라는 불교의 목표는 단순히 추상적인 것이 아니라 모든 중생을 위한 구체적인 사건으로 묘사된다. 그러나 금강승 불교 공동체의 여성들은 공식적인 종교 기관에서 적절하게 대표되지 못한다. 금강승 이론은 "바로 이 몸에서, 바로 이 생에서" 깨달음을 얻을 수 있다는 약속으로 수행자들을 매료시키지만, 여성들이 그 잠재력을 실현할 수 있는 적절한 자원 없이 이 약속을 실현하기는 어렵다.

여성의 깨달음 가능성에 대한 붓다의 긍정을 뒷받침하는 금강승 기관은 거의 없다. 예를 들어 현재 티벳에서 인도로 이전한 규메(Gyümé) 또는 규토(Gyütö) 딴뜨라 대학에 여성이 입학한 적이 없었으며, 일부 딴뜨릭 수행과 관정 공간은 여성의 출입이 제한되어 있다.

이러한 모순은 여성의 종교 생활의 장애가 세속 세계에서는 여성에게 열려 있는 기회와 나란히 공존하는 현대적 맥락에서 더욱 두드러진다. 혹자는 불교 여성들이 신심과 도덕적 미덕의 삶에 만족하며 남성 종교인들과 같은 번거로운 조직 구조를 필요로 하지 않는다고 주장할 수도 있다. 아마도 여성들은 가족과 가정생활의 안락함을 버리지 않고도 집에서 수행을 잘 할 수 있을 것이다. 중국과 소련의 오랜 박해 끝에 어렵게 재건된 섬세한 승가 제도를 정비하는 운동에 착수하지 않고도 어쩌면 여성들은 최고의 정신적 목표를 달성할 수 있을지도 모른다.

이것은 금강승 불교문화권 공동체에 속한 여성들이 스스로 고려해야 할 질문이다. 연구자는 이들 국가에서 불교의 최고 종교 기관에서 여성이 사실상 배제되어 있다는 점을 지적할 수밖에 없다. 이러한 배제는 무작위적인 것이 아니라 대부분의 사회에서 매우 오랫동안 유지되어 온 가부장적 구조의 일부이다.

한편으로는 붓다의 평등주의적 가르침에 내재된 여성의 이론적 평등과 다른 한편으로는 사회의 모든 수준에서 여성을 지속적으로 배제하고 종속시키는 것 사이의 두드러진 모순이 계속 놀라움을 자아낸다. 이러한 모순은 많은 고통과 불의의 핵심이며, 여성의 이론적 평등은 종종 매우 실제적인 사회적 불평등과 착취를 감추는 데 사용된다. 불교에서 여성과 남성은 평등한데, 무엇이 문제인가?

붓다의 사회적 비전이 그가 세운 종교 공동체의 여성들에게 건설적인 변화를 가져온 것은 틀림없는 사실이다. 게다가 깨달음을 향한 여성의 동등한 잠재력을 확인했을 뿐만 아니라, 붓다가 여성 출가 교단, 즉 비구니 승가를 확립하여 여성에게 가정에 대한 대안을 제공한 것으로 인정된다. 붓다의 시대 남아시아 사회에 만연한 성 불평등을 고려할 때, 이러한 진취성은 당시 상황에서 크게 벗어난 것이었다. 그럼에도 불구하고 불교 승가 공동체를 규율하는 율장 문헌은 그 자체로 가부장적 태도에 의해 형성되었으며 비구승에 대한 여성의 종속을 강화시켰다. 이후 세대의 불교 여성들은 이러한 텍스트에 내재된 가부장적 가정에 영향을 받고 종속되었다.

불교의 남성 우위의 역사가 많은 여성들이 높은 수준의 정신적 성취를 이루는 것을 막지는 못했지만, 역사적으로 많은 불교 여성들은 교육, 수계 또는 잠재력을 개발할 수 있는 자원에 거의 또는 전혀 접근하지 못했으며 종교 지도자로 등장한 여성도 거의 없었다. 따라서 사원 생활을 규제하는 규범에 내재된 불평등에 대한 이해는 전통에 대한 페미니스트 평가에 있어 매우 중요하다. 여성에 대한 전통적인 가정이 재평가되고 있는 세상에서, 이러한 연구는 이미 오래전에 이루어졌다. 이 문제는 텍스트가 여성을 지지하거나 방해하는 정도뿐만 아니라, 성평등과 사회 정의에 따라 불교 제도를 어떻게 변화시킬 것인지 하는 실질적인 문제이다.

5장 서구의 불교 여성

불교는 단일한 전통이 아니라 붓다의 가르침이 2,500년 동안 아시아 각국에 퍼져 나가면서 진화하고 적응한 것을 반영한 전통의 집합체라는 것이 이제는 분명해질 것이다. 이러한 가르침은 새로운 땅의 언어와 문화에 맞게 번역되고 통합되었는데, 다른 것들을 변형시키는 동안에도 핵심 개념의 정수는 유지하였다. 수입된 사상이 동화되면서 불교 예술과 건축은 현지 미학의 영향을 받아 변모했다. 오늘날 서양에서는 영어로 예배를 드리고 제단에는 초콜릿을 올리는 등 현지 관용어로 불교적 정서를 표현하기도 한다. 전통이 변화함에 따라 주목할 만한 변화 중 하나는 여성의 중요성이 커지고 있다는 점이다. 오늘날 여성들은 북미와 남미, 유럽, 호주, 뉴질랜드 등 아시아 이외의 국가에서 불교를 전승하고 이식하는 데 중요한 역할을 한다.

여성들은 교사, 번역가, 상담가로서 활발히 활동하고 있으며, 새로운 땅에서 불교를 전파하고 통합하는 데 있어 네트워킹과 기타 중요한 책임을 맡는다. 서구 불교 여성들의 삶과 경험을 기록한 수많은 기사,

책, 비디오가 출판되었으며, 국제회의는 여성들이 자신만의 독특한 불교 수행 경험을 이야기할 수 있는 장이 되었다.[1] 샤캬디타(Sakyadhita) 회의에서 열리는 것과 같은 워크숍은 여성들에게 상호 작용적이고 체험적인 학습의 기회를 제공한다.([그림 12] 참조)

【그림 12】 2015년 인도네시아 족자카르타(Yogyakarta)에서 열린 제14회 사캬디타 국제불교여성대회의 한 워크숍에 참석한 불교 여성들. 사진: 올리비에 아담(Olivier Adam).

---

[1] 가장 먼저 등장한 선집 중 일부는 Boucher, *Turning the Wheel*; Dresser, *Buddhist Women on the Edge*; Friedman, *Meetings with Remarkable Women*; Gregory and Mrozik, *Women Practicing Buddhism*. 최근의 것은 Tsomo, *Buddhism through American Women's Eyes*; Haas, *Dakini Power*; Miller and the editors of the Shambhala Sun, *Buddha's Daughters*; McGinnity, *Lotus Petals in the Snow* 등이 있다.

수많은 책들이 불교의 가르침에 대한 개인적인 해석을 제시한다.[2] 여성의 참여를 이해하면 비아시아 문화권에서 불교를 채택하고 적응하는 복잡한 과정에서 몇 가지 주요 문제에 초점을 맞출 수 있다.

불교는 적응력이 뛰어나 현지의 신앙과 관습에 적응할 수 있는 것으로 잘 알려져 있다. 현재 서구 국가로의 불교 전래는 4세기 불교가 중국에 전래된 것과 유사한 동화 과정을 거치고 있다. 고도로 발달한 지적 전통을 이미 고유의 지적 전통을 가진 문화에 도입하는 데에는 유사하거나 유사해 보이는 개념들을 연결하고 적절히 조정하는 작업이 수반된다. 때로는 문화 변용 과정에서 해석에 너무 많은 조정이 필요하기 때문에 그 결과로 보간補間된 것을 합법적으로 불교라고 부를 수 있는지 의문을 가질 수 있다.

불교 전통이 서양으로 전해지면서 복잡한 지형이 형성되었다. 불교 사상과 수행의 각 변형 전통은 고유한 문화적 가치와 관습을 의례, 도상과 함께 새로운 국가로 전달한다. 각 전승 단계는 불교 수행에 대한 숙련도와 경험에 따라 교육 수준과 언어 능력이 다른 사람들이 단어와 사상을 번역하는 과정을 통해 매개된다. 각 전승 사례는 똑같이 다양한 학생들에 의해 수용된다. 이러한 다양한 전통의 가르침과 수행법은 각기 다른 사람들에 의해 개별적인 방식으로 평가되고 적용된다. 예를 들어 분노를 관리하고 분쟁을 해결하고 행복을 얻고 마음의 평화를 얻기 위한 명상과 실용적인 불교의 방법은 북미에서 최초로 통용된 수행법 중 하나였다.

---

[2] 최근 사례는 Caplow and Moon, *Hidden Lamp*에서 볼 수 있다.

의례와 신심과 같은 불교의 다른 측면은 인구의 일부에게만 호소력을 발휘하고 다른 사람들에게는 단호하게 거부당한다. 평등주의적 감성은 계보 전승, 구족계, 성불이 남성만의 특권이라고 생각하는 성차별과 위계적인 관념에 의해 순위가 매겨진다. 불교가 서구의 자유주의적 가치관에 부합하는 방식으로 받아들여지기 위해서는 성 불평등과 가부장제, 성 착취에 관한 불교 기관의 권위주의와 비밀주의 등 차별적인 위계 구조를 해결해야 한다는 것을 불교도들이 깨닫고 있다. 많은 서양 학생들은 깨달음을 얻는 것보다 일상생활의 문제를 해결하는 데 더 관심이 있다. 따라서 불교가 서양에 전파되는 과정은 매혹적이면서도 도전과 모순으로 가득차 있다.

선구적인 불교 여성

서양 불교의 초기 개척자 중 일부는 19세기 말 캘리포니아와 하와이에 정착한 중국과 일본 출신 이민자였다. 이 이민자들은 미국 불교에 대한 기록에서 종종 누락되어 아시아인 또는 아시아계 미국인, 특히 여성의 기여에 대한 언급이 거의 없다. 많은 초기 불교 이민자들은 아미타불의 무한한 지혜와 자비에 의지하고 사후에 아미타불의 정토에서 다시 태어나기를 열망하는 정토불교의 추종자였다. 일본 정토의 대가인 렌뇨(Rennyo, 1415~99)는 "재가 생활을 하는 여성들은 아무런 계산 없이 아미타불께 한마음으로 흔들림 없이 깊이 의지하며, 사후의 해탈을 위해 붓다께 자신을 맡기는 사람은 모두 구원받을 수 있다는 사실을 깨닫고 조금도 의심하지 말아야 한다"고 확신시켰다.[3]

오늘날 서구의 정토 사찰에서는 재가와 출가 여성들 모두 점점 더 중요한 역할을 하고 있다.[4] 2018년에는 패트리샤 카나야 우스키 (Patricia Kanaya Usuki, 1953년생)가 미국 정토진종 사찰의 지도력을 제공하는 미국 불교 교회 성직자 협회의 회장으로 선출되었다. 20세기의 전환기에 협회가 시작된 이래로 회장은 항상 남성이 맡아왔다. 우스키의 선출은 성별 경계의 돌파구를 예고한다.

아이린 에신 마츠모토(Irene Eshin Matsumoto, 1929년생)는 불교 수행에 평생을 바친 일본계 미국인 여성의 표본이다. 그녀의 시어머니인 키요 묘세이 마츠모토(Kiyo Myosei Matsumoto, 1884~1959)는 1935년 남편과 함께 호놀룰루에 파로로(Palolo) 관음사를 창건했다. 그녀는 1936년 일본에서 천태종 여승으로 수계를 받았고, 남편이 사망한 후 1944년부터 1958년까지 이 절의 2대 주지로 재직했다. 아이린은 묘세이의 아들인 리처드 치코 토모요시(Richard Chiko Tomoyoshi, 1927~95) 주교와 결혼한 후 초등학교 교사와 더불어 사원 부인으로 봉사했다. 1986년 남편이 사망하자 그녀는 이 사원의 네 번째 주지가 되었고, 그 이후로 여성의 모습을 한 자비의 보살 관음에 대한 신심으로 공동체를 이끌어 왔다. 사원 경내의 수많은 우아한 관음상은 신도들에게 자비의 해방력을 일깨워 주며, 아이린 에신 마츠모토 자신이 행동하는 자비를 계속해서 나타내었다.

또 다른 선구적인 불교 여성은 미국인 루스 풀러 사사키(Ruth Fuller

---

3 Nagao, *Letters of Rennyo*, 79.

4 Usuki, "American Women in Jōdo Shin Buddhism Today"; Usuki, *Currents of Change*.

Sasaki, 1892~1967)로, 쿄토의 난젠지(Nanzen Temple, 南禪寺)에서 난신켄(Nanshinken) 노사老師와 함께, 이후에는 북미의 선의 초기 전승에 깊이 관여한 두 일본인 스즈키 다이세츠 테이타로(Daisetsu Teitaro Suzuki, 1870~1966)와 사사키 시게쓰(Shigetsu Sasaki, 1882~1945)와 함께 선 전통을 공부했다.[5] 1932년 공안 수행[6]을 하던 중 갑작스러운 깨달음인 사토리(satori, 悟り)를 경험한 후 비구들과 함께 좌선할 수 있게 허락받았다.[7] 시간이 흐른 후 그녀는 서양인 최초로 쿄토의 다이토쿠지(Daitoku-ji, 大德寺) 절의 주지가 되었고, 일본 임제종 선 전통에서 수계 받고 료센안(Ryōsen-an, 龍泉庵)의 주지가 된 최초의 출가 여성이었다. 1951년 뉴욕에 미국 최초의 선 연구소를 설립하고 일본에도 유사한 연구소를 설립하여 번역가 팀을 구성하고 고전 선 교본, 소책자, 시, 공안 등을 번역하고 출판하는 데 여생을 바쳤다.

1960년대부터 북미와 유럽에서 많은 여성들이 좌선을 수행하기 시작했고, 그중 많은 여성들이 법의 계승자이자 스승으로 인정받게 되었다. 서양인 최초로 조동종 계통에서 출가한 영국인 여승 지유 케넷(Jiyu-Kennett, 1924~96) 노사는 1970년 캘리포니아 샤스타산 근처에 샤스타(Shasta) 사원을 설립했다.[8] 그녀는 선 수행에 관한 수많은

---

[5] 예를 들면 Kirchner, *Record of Linji*; Miura and Sasaki, *Zen Dust*. 참조.

[6] 선불교라고 불리는 중국, 한국, 일본의 종파는 기존의 논리와 지적 이해의 한계를 보여주는 공안 명상, 즉 질문 또는 짧은 대화를 통해 수행자가 세상을 바라보는 조건화된 방식에서 벗어나게 독려하고 사물의 본질에 직접적인 통찰력을 촉발시킨다. 그 예는 다음과 같다. "지금 염불하는 사람은 누구인가?", "부모님에게서 태어나기 전 나의 원래 모습은 무엇인가?"

[7] Sterling, *Zen Pioneer*; Anderson and Schwartz, *Zen Odyssey*.

책을 저술하고 그레고리안(Gregorian) 염불 스타일의 예불을 개발했으며, 불교 명상종을 설립하여, 국제적으로 여러 지부를 두었다. 1970년대에는 캐나다 태생의 모린 스튜어트(Maureen Stuart, 1922~90) 노사는 매사추세츠에 케임브리지 불교협회를 설립하고 지도 교사가 되었다.[9] 같은 시기인 1977년에는 젠케이 블랑쉬 하트만(Zenkei Blanche Hartman, 1926~2016)이 미국에서 선 대중화에 기여한 스즈키 슌류(Suzuki Shunryū, 1904~71)의 조동종 계통에서 승려로 수계를 받고 1996년부터 2002년까지 샌프란시스코 선 센터의 공동 주지로 재직했다. 그녀는 승복을 바느질하는 전통 기술인 뇨호에(nyohō-e)를 가르쳤으며 여성과 어린이의 강력한 옹호자였다.

독일에서 태어난 겟신 프라바사 달마(Gesshin Prabhasa Dharma, 1931~99) 노사는 1968년 여승으로 수계를 받았다. 임제종 계보에서 지도를 받은 그녀는 1983년 로스앤젤레스에 국제선 연구소를 설립하고 유럽과 미국에서 가르침을 펼쳤다. 의학 인류학자인 조안 지코 할리팩스(Joan Jiko Halifax, 1942년생) 노사는 뉴멕시코주 산타페에 있는 우파야(Upaya) 연구소와 선 센터의 설립자이자 선원장이 되었다. 그녀는 특히 죽음과 임종에 관한 연구로 인정받고 있다.[10]

북미에서 선의 스승으로 잘 알려진 다른 서양 여성으로는 바바라 로즈(Barbara Rhodes, 성향 선사, 1948년생), 얀 쵸젠 베이즈(Jan Chozen Bays, 1945년생), 샬롯 조코 벡(Charlotte Joko Beck, 1917~2011), 이본

---

[8] Jiyu-Kennett and MacPhillamy, *Roar of the Tigress*.

[9] Chayat, *Subtle Sound*; Tworkov, *Zen in America* 참조.

[10] Halifax, *Being with Dying*; Halifax, *Standing at the Edge* 참조.

랜드(Yvonne Rand, 1936년생), 패트리샤 다이엔 베니지(Patricia Dai-En Bennage, 1939년생), 웬디 에교쿠 나카오(Wendy Egyoku Nakao, 1949년생), 에이준 린다 커츠(Eijun Linda Cutts, 1947년생), 엔쿄 팻 오하라(Enkyo Pat O'Hara, 1941년생) 선사, 그리고 메이안 엘버트(Meian Elbert, 1947년생) 등이 있다. 이들은 각각 서양 여성으로서 선 수행에 관한 독특한 서사를 가지고 있다.[11]

여성들은 서구에서 상좌부 불교 전통을 확립하는 데에도 적극적으로 참여했다. 위빠사나(통찰) 명상의 초기 개척자 중 한 명은 캘리포니아에 정착하여 모하비 사막의 조슈아 트리(Joshua Tree)에 담마 데나(Dhamma Dena)라는 위빠사나 수행 센터를 설립한 독일 재가 여성 루스 데니슨(Ruth Denison, 1922~2015)이다.[12] 그녀는 1969년 버마의 재가 명상 교사 우 바 킨(U Ba Khin, 1899~1971)의 제자가 되어 서양에서 위빠사나를 가르칠 수 있도록 승인받았다. 그녀의 혁신적이고 비형식적인 교육 스타일은 감각 알아차림과 마음챙김 동작을 강조한다. 또한 여성만을 위한 집중 수련회도 도입하였다. 독특한 성격으로 잘 알려진 루스는 많은 학생들, 특히 여성들에게 담마의 길에 대한 영감을 주었다. 그녀의 제자들은 그녀의 정다운 성격과 신경증에 대한 그녀의 인내심을 높이 평가했다.

아야 케마(Ayya Khema, 1923~97)는 베를린의 유대인 가정에서 태어났으며, 나치의 박해를 피해 스코틀랜드에서 2년을 보낸 후 상하이로 이주하여 홍커우 지역의 무국적 난민을 위한 상하이 빈민가에

---

11 Bennage and Carney, *Zen Teachings* 참조.
12 그녀의 이야기는 Boucher, *Dancing in the Dharma*에서 볼 수 있다.

갇혀 지냈다. 결혼하여 아이를 낳았지만 1932년부터 시작된 일제 강점기를 피해 캘리포니아로 가서 둘째 아이를 낳았다. 여러 나라를 거쳐 호주에 정착한 후 1978년 시드니 외곽에 태국식 왓 붓다 담마(Wat Buddha Dhamma)를 설립했다. 1979년에는 스리랑카에서 출가하여 선정 수행을 배웠고, 1988년에는 캘리포니아 하시엔다 하이츠 (Hacienda Heights)의 시라이(Hsi Lai) 사원에서 구족계를 받았다.([그림 13] 참조) 스리랑카에 여승의 수련을 위한 국제불교여성 센터와 안거 수련을 위한 파라푸두와(Parappuduwa) 여승의 섬을 설립했다. 또한 1987년 인도 보드가야에서 사캬디타 국제불교여성협회 설립을 도왔으며, 독일에서는 1989년 오이 미텔베르크(Oy-Mittelberg)에 붓다 하

【그림 13】 1988년 캘리포니아 하시엔다 하이츠(Hacienda Heights)의 시라이(Hsi Lai) 사원에서 열린 비구니 수계식에 참석한 비구니들. 사진: 카르마 렉셰 쏘모(Karma Lekshe Tsomo).

우스(Buddha Haus)를, 1997년에는 메따 비하라(Metta Vihara)를 설립했다. 그녀는 많은 책을 저술했으며 뉴욕에 있는 유엔에서 연설한 최초의 비구니이기도 하다.[13]

오늘날에는 존경받는 상좌부와 위빳사나 명상 교사가 된 서양 여성들이 많이 있다. 그중에는 매사추세츠의 바레(Barre)에 있는 통찰 명상 협회의 창립자 중 한 명인 샤론 살즈버그(Sharon Salzberg, 1952년생)가 있고, 위빠사나 하와이의 미셸 맥도널드(Michele MacDonald), 그리고 뉴멕시코주 랜초스 데 타오스(Ranchos de Taos)에 있는 산사를 창립하고 지도 법사를 하는 마르시아 로즈(Marcia Rose), 영국의 가이아 하우스 공동 창립자 크리스티나 펠드먼(Christina Feldman), 캐나다의 여성 삼림 사원인 사티 사라니야(Sati Saraniya) 암자의 창립자이자 지도 법사인 아야 메다난디(Ayya Medhanandi), 캘리포니아 담마다리니(Dhammadharini) 비하라의 비구니 설립자인 아야 타탈로카(Ayya Tathaloka, 1968년생), 명상 및 마음챙김 교사 실비아 부어스타인(Sylvia Boorstein, 1936년생), 마우이의 위빠사나 메따 재단의 설립자이자 교사 중 한 명인 카말라 마스터스(Kamala Masters) 등이 있다.

티벳 전통에서 세 명의 서양 여성은 놀라울 정도로 비슷한 길을 걸으며 불교의 가르침을 전파하는 데 영향력 있는 역할을 해왔다. 케촉 빠모(Khechok Palmo)는 프레다 베디(Freda Bedi, 1911~77)의 법명인데 서양 여성 최초로 출가자 수계를 받은 인물이다. 영국에서

---

13 아야케마(Ayya Khema)의 책은 *Being Nobody, Going Nowhere: Meditations on the Buddhist Path*; *When the Iron Eagle Flies: Buddhism for the West*; *I Give You My Life: The Autobiography of a Western Buddhist Nun*이 있다.

태어나 옥스퍼드 대학에서 교육을 받은 그녀는 1934년 시크교도인 남편과 함께 인도에 정착하여 인도 독립 운동에 적극적으로 참여했다. 1959년 제14대 달라이 라마 성하와 약 10만 명의 티벳인들이 인도와 네팔로 망명한 후, 그녀는 인도 히마찰 프라데시(Himachal Pradesh)의 달하우지(Dalhousie)에 젊은 라마들의 집과 틸록푸르(Tilokpur)에 카르마 둡규 타가이 링(Karma Drubgyu Thargay Ling)을 설립하여 인도의 티벳 난민 세대 비구와 여승들을 교육시켰다.[14] 그녀는 1966년 제16대 걀와 카르마파(Gyalwa Karmapa, 1924~81)로부터 사미니계를 받았고 1972년 홍콩에서 비구니계를 받았으며, 많은 서양 학생들을 가르쳤다.

영국에서 태어난 또 다른 수행자 젯선마 텐진 빠모(Jetsunma Tenzin Palmo, 1943년생)는 런던에서 사서로 일하면서 불교에 깊은 관심을 갖게 되었다. 1964년 인도로 건너가 달하우지에 있는 젊은 라마들의 집에서 영어를 가르치기 시작했고, 그곳에서 둑파 카규(Drukpa Kagyu) 라마인 제8대 캄툴(Khamtrul) 린포체(1931~80)를 만나 제자가 되었다. 그 후 얼마 지나지 않아 그녀는 출가를 결심했다. 1967년 시킴(Sikkim)의 럼텍(Rumtek)에서 제16대 걀와 카르마파에게 사미니계를 받았고, 1973년에는 홍콩에서 비구니 수계를 받았다. 1976년부터 1988년까지 인도 히마찰 프라데시의 라하울(Lahaul) 히말라야 지역의 동굴에서 12년간 고독한 명상 수행을 한 후[15] 둑파 카규 종파에서 여승들이 독덴마(togdenma)의 계보를 잇고 훈련할 수 있는 환경을

---

14 MacKenzie, *Revolutionary Life of Freda Bedi*.

15 MacKenzie, *Cave in the Snow*.

만들기로 결심하고, 2000년에 인도 북부 타시종에 동규 가찰링(Dongyu Gatsal Ling) 여승 사원을 설립하기 시작했다. 그녀는 국제적으로 가르치고 있으며, 2012년부터 사캬디타 국제불교여성협회 회장으로 활동하였다.

페마 쬐돈(Pema Chödrön, 1936년생)은 사라 로렌스 대학에서 영어를 공부한 후 캘리포니아 버클리 대학에서 교육학 석사 학위를 받았으며, 초감 트룽파(Chögyam Trungpa)와 불교를 공부하기 전에 가정을 꾸렸다. 그녀는 1974년 시킴의 럼텍에서 제16대 걀와 카르마파에게 사미니계를 받았고, 1981년 홍콩에서 비구니계를 받았다. 1984년부터 캐나다 노바스코샤에 있는 감포(Gampo) 사원의 지도 법사이자 원장 직무대행을 맡고 있다. 그녀는 불교에 관한 수많은 인기 서적을 저술했다.[16]

티벳 전통의 다른 서양 여성 작가이자 교사로는 콜로라도에 있는 타라 만다라 수련 센터의 교사이자 공동 설립자인 출트림 알리온(Tsultrim Allione, 1947년생), 작가이자 웨슬리안(Wesleyan) 대학교 종교학 명예 교수인 제니스 딘 윌리스(Janice Dean Willis, 1948년생), 브라질 남부의 착두드 곤파(Chagdud Gonpa)의 정신적인 지도자 착두드 카드로(Chagdud Khadro), 브라질 상파울루에 있는 착두드 곤파

---

16 페마 쬐돈(Pema Chödrön)의 책은 *When Things Fall Apart: Heart Advice for Difficult Times*; *Start Where You Are: A Guide to Compassionate Living*; *The Wisdom of No Escape*; *The Places That Scare You: A Guide to Fearlessness in Difficult Times*; *No Time to Lose: A Timely Guide to the Way of the Bodhisattva*; *Practicing Peace in Times of War*; *Comfortable with Uncertainty: 108 Teachings on Cultivating Fearlessness and Compassion* 등이 있다.

옷살링(Odsal Ling)의 상주 법사 체링 에베레스트(Tsering Everest, 1954년생) 라마, 라이스(Rice) 대학교 종교학 교수이자 텍사스 휴스턴의 던 마운틴(Dawn Mountain) 공동 설립자 겸 상주 교사인 앤 캐롤린 클라인(Anne Carolyn Klein, 1947년생), 워싱턴 주 스라바스티(Sravasti) 사원의 설립자 겸 상주 교사 툽텐 쬐돈(Thubten Chodron, 1950년생), 샹파 카규 전통의 번역가이자 교사 사라 하딩(Sarah Harding), 작가이자 미국 불교 페미니스트 종교학자 리타 그로스(Rita Gross, 1943~2015), 콜로라도 롱첸 직메 삼텐 링(Longchen Jigme Samten Ling)의 작가이자 교사인 엘리자베스 매티스 남겔(Elizabeth Mattis Namgyel) 등 이 밖에도 더 많이 있다.

서구의 선구적인 불교 여성 교사의 다른 예로는 환경 운동가이자 작가, 학자인 조안나 메이시(Joanna Macy, 1929년생), 1976년에 미국 태생 여성 최초로 비구니 수계를 받은 카루나 달마(Karuna Dharma, 1940~2014), 위빠사나 명상에 배경을 둔 베트남 선불교의 트랜스 여성 선사 카트리오나 리드(Catriona Reed, 1949년생) 등이 있다. 이 여성들은 모두 여러 불교 전통에서 영향을 받았다.

서양 불교 여성들은 거의 모든 분야에서 두드러지고 있다. 티나 터너(Tina Turner, 1939년생)와 케이 디 랭(k. d. lang, 1961년생) 같은 공연가, 작가인 루스 오제키(Ruth Ozeki, 1956년생)와 벨 훅스(bell hooks, 1952년생), 배우 우마 서먼(Uma Thurman, 1970년생)과 샤론 스톤(Sharon Stone, 1958년생), 학자 얀 나티에(Jan Nattier, 1949년생)와 자넷 갸쵸(Janet Gyatso, 1949년생), 활동가 젠주 어슬린 마누엘(Zenju Earthlyn Manuel, 1952년생)과 엔젤 쿄도 윌리엄스(angel Kyodo Williams,

1969년생), 예술가 마유미 오다(Mayumi Oda, 1941년생)와 티파니 갸쵸(Tiffani Gyatso, 1981년생), 시인 제인 허쉬필드(Jane Hirshfield, 1953년생)와 앤 왈드먼(Anne Waldman, 1945년생) 등이다.

다양한 배경을 가진 많은 사람들을 포함하여, 모든 분야에 걸쳐 인정을 받을 만한 불교 여성도 물론 있다. 미국에는 몇몇 유명한 공연 예술가들이 불교도로 확인되고 그들의 예술을 불교의 가르침으로부터 끌어내기도 한다. 메레디스 몽크(Meredith Monk, 1942년생)는 불교, 호흡, 명상, 그리고 소리의 치유력을 분명하게 연결 짓는 성악가이다. 타라 댄서스(The Tara Dancers)는 불교 페미니스트적 알아차림을 움직임으로 표현한 예이다.

인도에서 인도 고전 무용을 배운 미국인 프레마 다사라(Prema Dasara)는 인도 동부 오디샤(Odisha)에서 수백 년 동안 보존되어 온 불교 무용을 발견하고 이를 보존하기 위해 타라 다투(Tara Dhatu)라는 비영리 단체를 만들었다. 그녀는 붓다와 보살, 특히 여성의 모습을 한 불보살의 자질을 기리고 표현하는 일련의 춤을 만들었다. 1998년부터 타라 다투는 전 세계에서 여성들에게 춤을 가르치고 불교의 가르침의 중요한 측면을 전달하기 위한 춤을 가르치는 워크숍을 조직했다. 그녀의 최신 춤 시리즈는 여성 보살 타라의 21가지 측면을 묘사한다. 발리에서 특별히 제작된 가면을 쓴 무용수들은 모든 존재의 이익을 위해 깨어난 존재의 자질을 구현하고자 한다.[17]

---

17 Tara Dhatu: Dance for the Goddess, 2018년 9월 17일 접속, www.taradhatu.net.

가부장제에 도전, 연대의 구축

서구 불교 여성들의 가장 큰 공헌 중 하나는 불교 전통 내 성 편향에 대한 대중의 관심을 이끌어낸 것이다. 그렇다고 아시아 불교 여성들이 자신들의 전통과 공동체에서 남성 우위와 성차별을 인식하지 못하는 것은 아니다. 한국에서 스리랑카에 이르기까지 아시아 전역의 불교 여성들은 여성을 옹호하는 데 앞장서 왔으며, 성별화된 현상에 의문을 제기하고 이를 시정하기 위한 프로젝트를 시작했다. 여성의 성취에 장애가 되는 성 불평등은 서구 국가에서도 여전히 존재한다. 가부장제에 도전하는 것은 모든 사회 정의 운동과 마찬가지로 상당한 자신감, 지혜, 인내가 필요하며 상당한 사회적 위험을 수반하는 어려운 과제이다. 서구 국가를 포함한 전 세계 대부분의 문화권에서 여성에게 동등한 기회가 제한되고 위협적인 것으로 간주되는 이유에 대해 질문하는 것이 중요하다.

  서구 불교 여성들의 또 다른 주요 공헌은 국제적 네트워킹을 장려하고 전 세계 국가와 지역사회에서 불교 내적 이해를 증진해 온 것이다. 불교 여성에 관한 샤카디타 국제회의는 평등주의 불교도의 초국가적 협력의 좋은 예이다. 샤카디타는 교육을 받은 엘리트뿐만 아니라 모두 배경을 가진 여성들에게 목소리를 낼 수 있는 포럼을 만들어 혁신적이고 포용적인 방식으로 페미니스트 대화를 진전시켰다. 한편, 아시아와 서구를 오가며 상호 영향을 주고받은 건전한 교류는 역동적인 다차원적 과정을 통해 문화적 소양과 불교의 가르침에 대한 깊은 이해를 증진시키며 지속되고 있다. 모두를 위한 깨달음이라는 불교의 이상은 비록 그러한 고매한 이상이 아직 사회적 현실로 구현되지 않았더라도 여성과 남성 모두에게 변화를 가져올 수 있다.

앞서 살펴본 바와 같이, 많은 아시아 및 서양의 불교 수행자들은 여성과 남성 모두 명상 수행에는 성별이 없으며, 불법에는 성별이 없으므로 불교에서 여성 문제에 집중할 이유가 없다고 주장한다. 불교의 가르침은 의식을 수양하고 마음을 정화하는 데 초점을 맞추고 의식에는 성별이 없기 때문에 모든 인간은 해탈에 도달할 수 있고, 그래서 불교에서 여성 문제는 관련이 없다는 주장이다. 그러나 이론적으로 불법에 성별이 없는 것은 사실이지만, 불교의 가르침과 수행의 사회적 적용은 극심하게 성별화되어 있다. 불교 유산에 대한 여성의 완전한 참여를 거부하는 것이다. 또한 여성을 불교 철학과 수행의 최고 목표를 달성할 수 없는 존재로 낙인찍는 것인데, 이는 붓다 자신의 견해와 정면으로 모순된다. 이제 불교 센터에서 명상 훈련과 함께 젠더 교육이 제공되어야 할 때이다.

불교와 섹슈얼리티

최근 몇 년 동안 서양 학자들은 불교, 섹슈얼리티, 젠더에 대한 연구에 중요한 기여를 해왔다.[18] 그러나 최근까지 성 착취에 대한 주제는 일반적으로 회피되어 왔다. 성적 비행에 대한 불교적 분석은 모든 다르마 수행의 기초가 되는 윤리적 원칙을 설명하는 것에서 시작된다.

---

18 특히 Cabezón의 포괄적인 연구, *Sexuality in Classical South Asian Buddhism* 참조.

불교 재가자, 남성 우바새(upāsaka)와 여성 우바이(upāsikā)는 자발적으로 5계를 준수한다.

이 중 하나는 성적 비행을 삼가겠다는 서약으로, 일반적으로 간음, 강간 또는 자신의 성행위로 다른 사람에게 해를 끼치는 행위로 해석된다. 출가자들은 성관계를 완전히 자제하는 것을 포함하여 더 많은 계율을 자발적으로 준수한다. 남성 승려나 여성 승려는 정의상 독신주의이다. 불교 교사는 재가자, 출가자, 또는 일부 일본과 티벳 상황처럼 재가자도 독신 승려도 아닌 성직자일 수 있다. 자격을 갖춘 교사라고 해서 모두 독신주의는 아니며, 독신 출가자라고 해서 모두 자격을 갖춘 교사인 것도 아니다. 그럼에도 불구하고 불교 교사는 권위 있는 위치에 있기 때문에 추종자들과 사회 전반에 높은 도덕적 행동의 기준을 제시해야 한다. 불교 교사는 독신 생활을 선택하든 그렇지 않든 간에 불건전한 성행위를 하지 않아야 한다. 승복을 입었든 입지 않았든 교사가 개인적으로 지키기로 서원한 성적 절제의 계율을 어기고, 더구나 성매매나 성폭력에 가담하는 것은 문제가 된다.

전설에 따르면, 붓다는 호사스러운 왕자였을 때 수많은 궁녀들의 쾌락에 빠져 성적 욕망을 매우 가까이했다고 한다. 사실, 사치스러운 삶을 포기하기로 결심한 것은 자신의 주변에 흐트러진 자세로 널려 있는 여인들을 보며 환상을 깨는 경험을 한 것이 계기가 되었다.[19] 정신적 깨달음 이후 붓다는 남성에게 가장 매력적인 것은 여성이고 여성에게 가장 매력적인 것은 남성이라고 설명했다. 이러한 이성애적

---

19 Lawergren, "Buddha as a Musician," 226-28.

유형론에도 불구하고 붓다는 욕망을 모든 존재의 고통으로 간주했다.

붓다 시대에 발생한 사건에 근거하여 출가자의 첫 번째 계율은 이성 또는 동성 간의 성관계를 금지하는 것으로, 출가자는 자발적으로 금욕하며 어떠한 성행위도 해서는 안 된다. 초기 불교 경전에서는 재가자를 포함하여 성관계를 금하는 계율을 받지 않은 사람의 동성애 행위에 대해서는 언급하지 않는다.[20] 성적 비행의 원인은 이해하기 어렵지 않다. 성욕은 습관적인 경향에 의해 유발되는 강력한 감정이다. 불교에서는 이를 탐욕, 욕망, 집착과 함께 망상적인 마음 상태로 분류한다. 욕망과 집착은 질투와 실망을 불러일으키고, 존재를 불만족과 고통의 끊임없는 순환에 얽매이게 한다. 이러한 원인과 연관성을 이해하는 것만이 이 순환에서 벗어날 수 있다.

섹슈얼리티에 대한 혼란의 한 가지 잠재적 원인은 금강승 불교의 특정 딴뜨릭 명상 수행에서 사용되는 남녀 교합의 남성/여성, 티벳어로 얍/윰(yab/yum)의 이미지인데, 이는 숙련된 수단(방편)과 지혜의 결합을 상징한다.[21] 불교 딴뜨라에서 성적 결합은 정신적 수행으로 논의되지만, 이는 출가자가 아닌 매우 높은 단계의 수행자에게 해당되며, 오늘날 세상에 그러한 존재가 몇 명이나 존재할지는 의문이다. 이러한 수행을 성적 착취의 구실로 삼는 것은 재앙적인 업보를 초래한다고 언급된다. 제14대 달라이 라마 성하는 불교 교사에 의한 성폭력 사례를 보고 받았을 때, 교사가 계율을 어기면 학생은 교사의 비행을 공개적으로 말해야 한다고 분명히 언급했다.[22]

---

20 Harvey, *Introduction to Buddhist Ethics*, 420-23.
21 Gayley, "Revisiting the 'Secret Consort.'"

오늘날 많은 여성들이 성취한 독립은 도전뿐 아니라, 새로운 경험의 영역을 열어준다. 여성들은 고등교육을 받고 새로운 길이 열리면서 더욱 자신감을 갖게 되었다. 하지만 행복이 보장되는 것은 아니다. 모든 불교 센터에서 여성들은 일반적으로 교사가 윤리적으로 행동하기를 기대하며, 성적인 접근을 문화 간 오해의 일종으로 순진하게 일축할지 모른다. 그러나 여러 불교 센터에서 심각한 성폭력 사건이 여러 차례 드러나면서 이 문제를 더 이상 외면할 수 없게 되었다.[23] 따라서 확실히 불교계에서 책임 있는 성적 행동이라는 주제를 시급히 해결할 필요가 있다는 인식이 새롭게 일어났다.

---

[22] "Ethics in the Teacher-Student Relationship: The Responsibilities of Teachers and Students,"에서 제14대 달라이 라마 성하는 다음과 같이 말한다. "가르침을 명확하게 제시하면 다른 사람들이 이익을 얻습니다. 그러나 누군가 법을 전해야 하는데 그 사람의 행동이 해롭다면, 좋은 동기를 가지고 비판하는 것은 우리의 책임입니다. … 성, 권력, 돈, 술, 마약을 남용하고 제자들의 정당한 불만에 직면했을 때 자신의 행동을 바로잡지 않는 불교 교사는 공개적으로 실명을 거론해서 비판되어야 합니다." "Ethics in the Teacher-Student Relationship: The Responsibilities of Teachers and Students; From Notes Taken during the Meeting of H. H. the Dalai Lama and Western Buddhist Teachers in Dharamsala, 1993," Tibetan Buddhism in the West: Problems of Adoption and Cross-Cultural Confusion, 2020년 4월 8일 접속, https://info-buddhism.com. 참조.

[23] Bell, "Scandals in Emerging Western Buddhism"; Downing, *Shoes Outside the Door*; Andrea M. Winn, Buddhist Project Sunshine, 2018년 8월 14일 접속, http://andreamwinn.com; 그리고 많은 뉴스 기사.

충돌과 문화 변용, 문화와 관념

서양 불교 여성들의 경험과 관심사는 아시아 불교 여성들의 그것과는 상당히 다를 수 있다. 서양 여성들은 일반적으로 인간관계, 가정생활, 직장에서 불교의 가르침을 현실의 일상에 적용하는 데 관심이 많다. 그들은 현대 생활의 압도적인 복잡함에 대처하는 데 불교의 가르침이 도움이 된다고 생각하며 명상을 두려움, 스트레스, 혼란에 대처하는 도구로 활용한다. 일부 아시아 불교 여성은 염불 법회에 참여하고 일부는 자선 활동에 참여하며, 다른 일부는 명상 수련회에 참여한다. ([그림 14] 참조)

성평등, 환경, 정의 문제에 관심이 있는 사람들은 인종차별과 빈곤과 같은 사회 위기에 불교적 해결책을 적용하려고 노력한다. 어떤 이들은 불교의 가르침이 중독에서 회복할 수 있는 생명줄이라고 생각한다.[24] 많은 사람들이 다르마 수행에서 정신적인 풍요로움과 심지어 해방감을 발견한다. 그 목표는 초월적인 열반이 아니라 현재 순간에 주의를 기울임으로써 괴로운 감정을 차분하게 다스리고 일상의 복잡함에서 벗어날 수 있는 건강법이다. 비록 많은 서양 여성들이 불교에 대해 일시적인 관심만 가지고 있지만, 일부는 불교의 학문과 수행에 강하게 몰두하기도 한다.

많은 사람들이 교육을 잘 받고 창의적이며 미래 지향적인 사고를 가진다. 3년 이상의 장기적인 수련을 마친 사람도 있고, 번역가나

---

[24] 이용 가능한 자료는 Griffin, *One Breath at a Time*; Jacobs-Stewart, *Mindfulness and the 12 Steps*; Littlejohn, *12-Step Buddhist*에서 볼 수 있다.

【그림 14】 한국 불교 사찰에서 명상을 하는 재가 여성들. 사진: 김루나.

통역사가 된 사람도 있다. 어떤 이들은 아시아 승단에 합류하기 위해 사회적인 자유와 직업적인 성장을 포기하기로 결심하는 것이 다른 사람들에게는 설명할 수 없는 것일지라도 출가자가 되기로 결심한다.

현대 서구 문화에서 출가주의는 종종 제대로 이해되지 않고 심지어 폄하되기도 하지만, 전통적인 불교문화에서는 적어도 남성의 경우 학문의 탐구와 수행에 대한 출가자의 공헌을 높이 평가해 왔다. 실제로 사원은 교육을 받을 수 있는 유일한 통로였던 경우가 많았다. 성폭력에 대한 광범위한 폭로의 시대에 많은 사람들이 독신주의와 출가 생활의 가치에 의문을 제기하고 있지만, 역사적으로 볼 때 불교 사원은 자격을 갖춘 스승과 정신적 안내자의 원천이었다. 출가주의가 제공하는 깊이 있는 학문과 집중적인 수행의 지원이 없다면, 자격을 갖춘 교사를 교육하고 훈련할 수 있는 다른 평등주의적 환경이 서구에서 조성될 필요가 있을 것이다.

현대 문화권의 여성들은 불교를 접할 때 다른 특정 개념에 대해서도 의문을 제기한다. 예를 들어 불교 수행에 강하게 전념하고 있는데도 사랑이나 친밀한 관계를 경험할 수 있는지 의문을 가질 수 있다. 한 가지 불교적 답변은 용어의 의미를 살펴보는 것일 수 있다. 예를 들어 '사랑'이라는 단어가 성적 매력이나 애착을 의미한다면, 이는 불교 경전에 등장하는 보편적인 자애(팔리어: mettā, 산스크리트어: maitrī)와는 상당히 다른 것이다. 성적 매력은 매혹적이고 감각적으로 즐겁지만 일시적일 뿐이며, 궁극적으로 성취감을 느끼지 못하고 문제가 될 수 있다. 친구와 가족에 대한 애착은 이해할 수 있는 인간의 감정이지만, 필연적으로 이들과 헤어질 수밖에 없기 때문에 문제와 고통의 원인이 될 수 있다.

불교적 관점에서 볼 때, 사랑하는 사람에 대한 애착은 불교가 가르치는 보편적 사랑보다는 자기 관심사를 지속시키면서 다른 이들보다 일부 존재에 대한 편향을 드러낸다. 초기 대승 경전에서는 보살의 마음은 공평하며 이러한 종류의 분별을 하지 않기 때문에 "자신의 자녀에게는 과도한 애정을 쏟으면서 다른 존재에게는 그렇게 하지 않는 생각"에 대해 조언한다.[25]

서양에서 불교에 관심이 있는 여성은 일반적으로 남성과 비슷한 수준의 교육을 받아왔다. 그럼에도 불구하고 서구 국가에서는 성

---

[25] Nattier, *A Few Good Men*, 255.

불평등이 지속되고 있다. 서양 여성들은 불교 경전이나 가르침에서 성차별적 요소를 발견하면 가장 가까운 출구를 찾아 도망치기도 하고, 결점보다 장점이 더 클 수 있어서 한번 해볼 것을 결심하기도 한다. 결국 붓다는 제자들에게 희롱과 폭력에 분노로 반응하지 말고 중심을 잡고 침착하며 흔들리지 말라고 권고했다.[26] 불교적 방법은 피해 받은 것에 대해 해를 입히지 않는 것으로, 혐오에 대해서 자애로 대응하는 것인데, 이는 트라우마와 학대를 다루는 현대의 많은 방법과 대조를 이룬다. 성차별과 억압에 대한 관용은 바로잡는 대책이 아니며 다른 수단을 찾아야만 한다.

불교를 현대적으로 해석하는 일부 사람들은 전통에 반기를 들고 마음챙김과 자기 성찰만으로도 충분할 것이라는 희망으로 "믿음 없는 불교"[27]를 주장하기도 한다. 다른 사람들에게는 현재의 합리주의적 불교 각색이 불교의 가르침을 정확하게 표현한 것이 아니라 왜곡이기도 하다. 이러한 비평가들의 눈에 서양인들은 업, 무아(팔리어: anatta, 산스크리트어: anātman), 죽음과 같은 불교의 핵심 가르침을 무시하고 내면의 변화를 위한 어려운 작업을 기피하는 경향이 있다. 그들은 유서 깊은 지혜의 전통을 선택적으로 골라서 이를 아류 불교로 만든다. "불교를 비신화화"하고 전통의 유연성을 인정할 여지는 분명히 있지만, 붓다의 가르침이 인간 조건의 더 깊은 진리를 깨닫는 대신, 일종의 단지 기분을 좋게 하고 자기 개발 요법이 되어 하나의 환상을 다른

---

26 『맛지마 니까야(Majjima Nikāya)』 21과 28에서는 붓다가 신체적 공격을 받은 비구에게 마음챙김과 침착함으로 끈기 있게 대응하라고 조언한다.

27 Batchelor, *Buddhism without Beliefs*.

환상으로 대체할 수 있는 위험도 존재한다.[28]

한편, 많은 여성들이 불교 심리학에서 큰 가치를 발견하고, 인간 상황에 대한 자신만의 해석을 만들고, "내면의 악마"[29]와 용감하게 맞서 싸우며 앞으로 나가고 있다. 이들 중 많은 여성들은 학대, 유기, 방임 문제에 맞서기 위해 불교적 전략을 능숙하게 활용할 수 있음을 발견하고 있다. 영감의 강력한 원천 중 하나는 세월의 흐름 속에서 잃어버리거나 숨겨져 있던 불교 여성들의 이야기와 정신적 성취를 발견하는 것이다. 어쨌든 붓다가 처음 가르침을 전한 이래로 여성 출가자와 재가 여성의 고귀한 공헌과 고도의 성취에 대한 기록이 남아 있다.

또 다른 강력한 영감의 원천은 여성들이 수행 경험에 대한 자신의 이야기를 써서 다른 사람들을 격려하는 것이다. 오늘날 서구의 불교 여성들은 불교 여성의 역사를 되찾는 데 도움을 줄 뿐만 아니라 자신들만의 현대사를 창조하고 있다.

장애물을 기회로

어떤 의미에서 오늘날 서구에서 불교를 수행하는 여성들이 직면하는 장애물은 모든 사람들이 불교를 수행하려고 할 때, 관계 문제, 문화적 충돌, 상충되는 우선순위 등과 같이 산만함으로 가득한 일상생활의 혼란스러움 속에서 직면하는 것과 동일하다. 매달리고, 욕심 많고,

---

[28] Wallis, *Critique of Western Buddhism*; Wilson, "Mindfully Feminine?" 참조.
[29] Allione, *Feeding Your Demons*.

집착하고, 혐오, 무지, 혼란, 교만, 질투, 그리고 그 나머지 등 붓다께서 오래전에 고민하고 말씀하셨던 것과 같은 모든 정신적 고통은 아마 오늘날도 그때와 거의 비슷하다고 할 수 있을 것이다. 이러한 정신적 고통에 대한 붓다의 해독제인 보시와 윤리적 행동, 인내, 즐거운 노력, 마음챙김, 지혜, 자애, 연민 그리고 기타 건전한 마음 상태는 이전과 마찬가지로 오늘날에도 동일하게 적용된다.

6장 문화를 넘어선 여성 수계

비구승들이 전승한 불교 문헌에 따르면, 붓다는 기원전 5세기경에 여성이 승가에 들어오는 것을 허락하였다. 이 문헌에는 붓다의 해탈의 길에서 여성들이 겪은 고난과 기쁨에 대한 이야기가 보존되어 있으며, 어떤 사람은 해탈한 여승들, 즉 여성 아라한(arhatī)이라는 말로 묘사되어 있다. 출가 규율(율장) 및 관련 텍스트에서 발견되는 이 이야기들은 우리가 추적해 온 인도 불교의 철학, 수행 및 제도적 구조가 수 세기에 걸쳐 수용, 각색, 재구성되는 과정의 일환으로 중국, 한국, 티벳 및 기타 국가로 전해졌다.

이 장에서는 구족계를 받은 비구니의 고전 인도 율장 문헌과 출가 여성의 삶에 대한 현존하는 기록을 초기부터 현대에 이르기까지 불교 여승의 경험을 이해하기 위한 다양한 렌즈로서 살펴보고자 한다.[1]

---

[1] 아직까지 비구니 율장에 대한 포괄적인 연구는 없지만, 특정 전통에 대한 유용한 연구는 있다. 문헌 조사는 Heirman, "Vinaya." 참조, 비구와 비구니 계율의 비교는 Chung, "Buddhist View of Women." 참조, 그리고 비구니 계율의 한역과

불교 전통에서 여성 수계의 역사를 검토하고, 여성에게 수계의 기회가 중요한 이유를 살펴보며, 현재 여성들이 구족계의 기회를 갖지 못하는 전통에서의 변화의 전망을 성찰한다.

앞서 살펴본 바와 같이 오늘날 불교 사회에 존재하는 성 불균형은 사회적 관습뿐 아니라 초기 승가 문헌에 존재하는 성 불평등에 의해 강화되고 영속화되었다. 불교문화 속 여성에 대한 최근의 페미니스트 연구는 율장과 주석서를 통해 텍스트의 성 편향이 오늘날까지 수 세기에 걸쳐 여성에 대한 사회의 태도와 성별화된 기대에 어떻게 반영되었는지 종종 평가 분석하였다.

이러한 텍스트에 나타난 여성에 대한 태도와 가정은 유익한 것이나 잠재적으로 해로운 것이거나, 불교 기관에서 교육, 구족계, 리더십 기회 등의 여성의 기회 및 장애물과 연관된 것으로 보인다. 최근까지 불교에서 남성과 여성이 평등하다는 보편적인 주장은 해탈의 길에 대한 여성의 접근 제한을 모호하게 만들었다. 앞서 논의했듯이 평등에 대한 이론적 주장은 불교 사회에서 성 불평등을 감추기 위해 종종 활용된다. 불교 페미니스트 사상가들은 초기 텍스트와 그 이후의 해석에 대해 추가 연구를 하여, 깨달음에 평등한 접근을 약속한 길에 제한을 두는 것이 왜곡된 사고와 논리적 모순을 내포함을 드러낼 것이다.

문헌에서 붓다는 비구, 비구니, 재가 남성, 재가 여성으로 구성된 네 개의 기둥으로 이루어진 사회가 안정되고 조화롭다고 설명한다.[2]

티벳어 번역본에 대해서는 Tsomo, *Sisters in Solitude* 참조할 것.

2 Charles S. Prebish는 "Varying the Vinaya," 46-49에서 사부대중(cāturdi-

안타깝게도 오늘날 일부 불교 사회는 비구니가 없어서 네 기둥의 균형이 깨져 성 불평등을 초래하고 있다. 구족계를 희망하는 모든 여성에게 구족계 수계에 접근할 수 있도록 복원하려는 현대의 계획은 이러한 불균형을 바로잡는 데 관심을 두고 있다. 이러한 계획은 붓다의 평등주의적 사회 이상을 구현하기 위한 개혁 운동이자 불교 사회의 성 불평등을 해결하기 위한 혁명적 운동으로 이해할 수 있다. 붓다 자신이 비구니 승가를 창설한 공로가 있기 때문에, 활동가들은 사부대중을 회복하는 것이 붓다 자신의 의도를 실현하는 것이라고 본다.

우리가 살펴보았듯이 오늘날 미얀마, 캄보디아, 라오스, 네팔, 태국의 상좌부 전통에서 출가하기로 선택한 여성들은 일반적으로 8계를 받고, 구족계를 받을 수 없어 승가의 일원으로 인정받지 못한다. 그 결과 그들은 비구승에 비해 재가 공동체로부터 물질적, 도덕적 지원을 받지 못한다. 최근 몇 년 동안, 상좌부 여성들에게 특히 네팔과 스리랑카에서 수계의 기회가 열려서, 그곳 상좌부 여성들은 10계를 받고 사미니나 다사실마타(dasasilmātā)로 살거나, 비구니로서 구족계를 받는 것을 선택할 수 있다. 중국, 한국, 대만, 베트남의 대승불교 전통에서 여성은 사미니 10계를 받은 후, 나중에 구족계를 받는 것을 선택한다. 구족계를 받은 비구니는 승가의 일원으로 간주되며, 재가 신도 공동체로부터 동등하지는 않더러도 좋은 지원을 받는다.

---

sa-saṅgha) 혹은 "4부분의 승가" 그리고 그것의 다양한 해석에 대해 질문을 제기했다.

여성의 구족계를 둘러싼 논쟁

최근 여성의 구족계 수계는 전 세계 불교도들에게 뜨거운 이슈가 되었다. 여성도 승가에 참여하도록 허용해 달라는 마하파자파티의 주장과 그녀의 결연한 집념은 역사상 최초의 공개적인 페미니스트 옹호 사례 중 하나이며, 그녀의 사회 정의 의식을 입증하는 것이다. 붓다가 여성을 승가에 받아들이는 것을 주저했다는 보도는 사회 역사적 맥락을 고려하지 않는다면 당황스러워 보일 수 있다. 어찌되었든, 이 사건은 여성이 남성의 소유물로 널리 여겨지던 기원전 수백 년 전의 일이다. 보호받지 못하는 여성들이 직면할 수 있는 사회적 비난, 학대, 폭행의 위험에도 불구하고 붓다가 결국 마하파자파티의 요청을 받아들였다는 사실은 붓다의 공평한 마음과 연민의 증거로 간주될 수 있다.

그러나 우리가 배운 바와 같이, 붓다의 동의는 비구승들의 지배적인 지위를 보장하는 팔중법을 기꺼이 준수하려는 마하파자파티의 의지에 달려 있었다.[3] 앞에서 살펴보았듯이 불교학자 리즈 윌리엄스(Liz Williams)와 다른 학자들이 지적했던 것처럼, 이 이야기에는 일관성이 결여되어 있다.[4] 스리랑카의 학자 비구니 쿠수마 데벤드라(Kusuma Devendra)는 2000년에 출간된 한 편의 글에서 여성을 출가시키면 붓다의 가르침의 기간이 단축될 것이라는 전설과 규칙 사이에 모순과

---

[3] Schopen, "Suppression of Nuns."
[4] Williams, "A Whisper in the Silence"; Kusuma, "Inaccuracies in Buddhist Women's History"; Krey, "Some Remarks on the Status of Nuns." 참조.

충돌이 있다는 증거를 언급했다.[5]

기원전 5세기부터 시작된 초기 불교 출가자 규율에 관한 율장 문헌은 문자로 기록되기 전까지 수 세기 동안 비구들에 의해 구전으로 전해졌다. 이 텍스트의 대부분은 이후 팔리어와 산스크리트어에서 한문과 티벳어로 번역되었지만 유럽 언어로 번역된 것은 그것의 극히 일부에 불과하다. 율장 문헌은 출가자들과 그들이 실제적인 필요를 위해 의존했던 주변 공동체 간의 상호 작용을 이해하기 위한 자료가 풍부하다. 이 문헌은 출가 생활에서 여성의 이상적인 생활 방식을 남성과 동일한 용어로 설명하고 있으며, 비구니에 대한 규칙은 비구의 규칙과 매우 유사하지만 몇 가지 추가 사항이 있다. 위반의 경중에 따라 범주로 분류된 계율의 수는 율장의 계통에 따라서 비구의 경우 200여 개, 비구니의 경우 300여 개가 넘는다. 살인이나 성관계와 같은 첫 번째 범주의 규칙을 위반하면 추방의 사유가 된다.

비구 승가의 몇 년 후, 비구니 승가가 설립되었을 때, 비구니들은 일부 비구들의 비행으로 인해 붓다가 정했다고 하는 200개 이상의 계율 대부분을 계승했다. 비구니 승가가 시작된 후, 특정 비구니의 비행으로 인해 또는 폭행과 착취로부터 비구니를 보호하기 위해 약 80여 개의 계율이 추가 제정되었다. 예를 들어 성폭행과 성희롱으로부터 보호하기 위해 공표된 규칙에 의해 비구니는 혼자 길을 걷는 것이 허용되지 않는다. 비구니에 대한 추가 계율은 여성이 남성보다 미혹함이 더 많다는 것을 나타내는 것으로 종종 추정되곤 하지만, 실제로는

---

5 Kusuma, "Inaccuracies in Buddhist Women's History."

특정 비구의 비행을 근거로 만들어진 계율이 두 배 이상 더 많다. 예를 들어 한국의 불교학자 정인영(석담 스님)의 설명에 따르면, 비구니에게 추가된 승가에서 추방되는 "중대한 위반"의 네 가지 바라이죄(pārājika)는 남성의 성폭행으로부터 비구니를 보호하기 위한 안전장치인 것으로 보인다.[6]

전체적으로 비구니를 위해 특별히 추가한 계율은 비구를 위해 제정된 계율 수의 절반에도 미치지 못한다. 이는 동아시아 불교 사회에서 자주 인용되는 주장인 비구니가 비구보다 계율이 두 배나 많기 때문에 그들이 미혹함도 두 배 많을 것이라는 것을 반증한다.

독신의 경우

아마도 고려해야 할 첫 번째 질문은 올바른 정신의 여성이 왜 비구니가 되고 싶어 하는가일 것이다. 이제 세계 여러 지역의 여성들이 자신의 삶과 신체를 스스로 결정할 수 있는 자유를 얻었는데, 그들은 왜 그 자유를 포기하고자 하는 것일까? 붓다는 섹슈얼리티가 인간에게 미치는 힘과 파급력을 깨달았다. 붓다는 여성과 남성이 서로에게 느끼는 성적 매력을 솔직하게 인정했다. 그러나 붓다는 또한 섹슈얼리티가 감정적 얽힘과 집착의 잠재적 원천임을 인식했으며, 이 둘은 모두 궁극적으로 불만족과 고통을 유발한다. 성은 족쇄이며, 속박의 원천으로 묘사된다. 성적 욕망이 매우 기본적인 인간의 본능임에도

---

6 Chung, "Buddhist View of Women," 34-37.

불구하고, 인간의 본능이 반드시 건설적인 것은 아니다. 예를 들어 성욕은 번식에 유용하지만 갈등, 강박, 질투 및 기타 부정적인 감정의 원인이 될 수도 있다.

남성과 여성 모두 성적 유혹에 빠지기 쉽기 때문에 붓다는 독신을 권장하고 출가 승단에 들어온 여성과 남성의 상호 작용을 제한하는 규칙을 제정했다. 승단에 들어온 이후 비구니와 비구는 이성애나 동성애를 막론하고 모든 성행위를 삼간다. 붓다는 모든 이들이 접근 가능한 깨달음의 길을 가르쳤지만, 특히 독신 수행자인 승가를 청중으로 설법했다. "청정한 삶", 범행(梵行, brahmācarya)이라는 뜻의 독신주의는 불교 경전에서 고귀하게 여겨지며 정신적 성취를 촉진하는 세상에서의 존재 방식으로 간주된다.

"성 혁명" 이후의 세상에서 독신주의는 시대착오적이거나 무의미하고 억압적이며 심지어 더 나쁜 것처럼 보일 수 있으므로 이 주제에 대한 명확한 설명이 필요하다.[7] 붓다는 인간이 성적 욕망에 빠지기 쉽다는 것을 인식하고 욕망을 해탈에 방해가 되는 산만함과 장애물로 규정했다. 붓다는 갈등을 일으키는 미혹한 행동에서 벗어나 행복한 가정생활을 하는 방법에 대해 유용한 조언을 해주었다. 깨달음을 얻고자 하는 사람들에게는 마음을 변화시키기 위한 최고의 작업 기반으로 금욕적인 생활 방식을 추천했다. 오늘날에도 독신 수행의 심리적 토대를 고려하는 것은 적절하고 유용할 수 있다.

기원전 5세기 남아시아의 사회 환경에서 붓다가 남녀노소를 불문하

---

7 초기 불교 텍스트의 성별, 섹슈얼리티, 출가주의에 대한 심층 분석은 Cabezón, *Sexuality in Classical South Asian Buddhism* 참조.

고 가족을 떠나 해탈의 길을 따르라고 권고한 것에 대해 광범위한 비판을 받았다. 붓다는 남편들의 출가를 독려하여 여성을 과부로 만들고, 사회의 근간인 가정을 파괴했다는 혐의를 받았다. 삶의 마지막에 가까워져서 집을 버리고 정신적인 목표에 집중하도록 권장되는 남성을 제외하고, 이것은 오늘날에도 인도 사회에서 은둔의 이상과 가정생활 포기와 관련한 사회적 오명 사이의 역설을 두드러지게 한다. 여성도 인생의 중기와 말기에 정신적인 목표를 추구했지만, 일반적으로 가정에서 가족을 돌보며 지냈다. 붓다는 많은 사람들이 다른 관심사나 의무가 있어서 출가 생활에 적합하지 않기 때문에 모두에게 독신을 요구하지는 않았지만, 욕망과 집착을 끊는 데 매우 유용한 방법이라고 본 것은 확실하다.

붓다는 모든 존재가 행복해지기를 바라는 순수한 마음인 자애와 다툼, 실망으로 이어질 수밖에 없는 집착과 기대가 종종 섞여 있는 것을 사랑으로 오인한 감정적 얽힘을 면밀하게 구분했다. 고통에서 벗어나기 위해서는 욕망이 불만족과 절망의 원인이기 때문에 욕망을 제거해야만 한다. 욕망을 미화하면서 동시에 욕망으로부터 자유로워지기를 바라는 것은 현실적이지 않다. 욕망을 좇으면 또 다른 욕망이 생기고, 욕망에 탐닉함으로써 욕망을 없앨 수 있다고 생각하는 것은 망상이다. 이러한 이유로 붓다는 해탈에 진지하게 관심이 있는 사람들에게 독신의 삶을 처방하였다.

종교학자인 케이트 블랙스톤(Kate Blackstone)은 자신이 연구한 두 개의 대장경 문헌에서, 출가 생활의 유익함을 인정하지 못하는 사람은 "어리석다"라고 하는 구절을 발견했다.[8] 어떤 사람들은 금욕이 정통 상좌부 불교의 개념이라고 말할지 모르지만, 대승불교 전통에서도 금욕은 도道의 세 가지 원칙으로 알려진 깨달음의 기둥, 즉 금욕, 깨달음을 향한 이타적 열망(보리심), 그리고 공에 대한 직접적인 통찰력 중 하나이다.

사실 금욕은 세 가지 원칙 중 가장 기본적인 원칙이며 다른 두 원칙의 토대로 간주된다. 금욕, 특히 성적 욕망의 포기가 없다면, 윤회로부터의 해탈이라는 희망은 환상에 불과하다. 감각적 욕망은 궁극적으로 충족되지 않으며, 더 큰 욕망으로 이어질 뿐이다. 우리는 필연적으로 이별로 끝나는 낭만적 사랑이라는 개념으로 스스로를 괴롭힌다. 더 나쁜 것은 식상하고 지루하며 형식적인 관계에 우리 자신이 매몰되는 것을 발견하는 것이다. 이 거래는 우리가 성에 지불하는 대가이다. 성행위는 출산을 위해 필요하지만 생명을 위협할 수도 있다. 에이즈를 제쳐두고라도, 1분에 한 명씩 여성이 임신과 출산의 합병증으로 사망한다. 인간의 성적 경험에 대한 사려 깊고 현실적인 평가는 금욕에 대한 생각을 더 이해하기 쉽게 한다.

완전한 깨달음, 정등각(산스크리트어: samyaksaṃbodhi, 팔리어: sammāsaṃbodhi)을 얻는다는 것은 오늘날 보통 사람들에게는 너무 높고 먼 성취로 들릴 수 있으므로, 완전히 실용적이고 현실적인 차원에서 섹슈얼리티의 파생 결과를 고려하는 것이 좋을 수 있다. 예를 들어 성행위의 단점의 하나는 일반적으로 외모에 대한 큰 관심을 수반한다는 것이다. 이는 문화마다 다를 수 있지만, 아름다움과 매력

---

[8] Blackstone, *Women in the Footsteps of the Buddha*, 40.

의 개념은 모든 지역에서 친밀한 관계에 영향을 미친다. 미디어는 이러한 우려에 편승하여 여성에게 더 불균형적으로 많은 개인적, 사회적 기대와 좌절감을 불필요하게 조성한다. "전 세계 여성은 30억 명이고, 슈퍼모델은 고작 8명에 불과하다"는 유명한 포스터 문구처럼 말이다. 미디어는 성적으로 매력적인 여성의 이미지를 행복의 원형으로 끊임없이 방송하며, 종종 비현실적으로 마르고 인종적으로 편향되며 자기 민족 중심적 미의 기준을 모델로 삼는다.

이러한 비현실적인 기준에 따라 측정되는 행복 신화의 소비자들, 특히 젊은 여성들이 자신이 부족하다고 느낀다고 비난할 수는 없다. 붓다는 아무리 아름답고 바람직한 외모를 가진 생명체일지라도 그 몸은 항상 나빠져 가고 있음을 상기시켜 준다. 노화를 되돌리려는 허황된 꿈에 시간과 돈을 투자하는 것은 궁극적으로 피할 수 없는 것을 피하기 위해 허비하는 헛된 시도일 뿐이다. 인간이 불완전함과 무상함의 현실에 대해 더 현실적으로 인식할수록 우리는 육체적 외모에 대해 더 편안해질 것이며, 그 결과로 세상의 고통을 덜어주고 정신적 계발과 같은 더 의미 있는 추구에 더 많은 에너지를 쓰게 될 것이다.

깨달음은 어떤 장소가 아니라 욕망, 탐욕, 집착과 같은 감정에 대한 통찰을 포함하는 깊은 명료함의 상태이다 예를 들어 섹슈얼리티에 대한 깊은 이해는 그것을 억압하거나 반드시 피해야 한다는 것을 의미하지 않는다. 그러나 불교적 관점에서 성에 수반되는 감정을 이해하는 것은 인간이 많은 고통을 피하고 더 건강하고 행복한 관계를 형성하는 데 도움이 될 수 있다.

성적 욕망을 억제하는 법을 배우는 것의 정서적, 정신적 유익함 외에도 가부장적 사회의 여승들에게는 사회적, 개인적 이로움이 있다. 금욕적인 생활 방식을 유지함으로써 여승들은 자신의 성적 생식을 통제할 수 있으며 아내와 어머니의 역할을 강요받는 여성의 제약과 의무로부터 자유로워진다. 이전에 아내와 어머니였다면 출가자가 됨으로써 그러한 제약과 의무에서 벗어날 수 있다. 초기 불교 비구니들이 『테리가타』의 해탈의 노래에서 찬탄한 것처럼, 비구니는 학대를 일삼던 남편과 시댁 식구들을 모시는 것에서 벗어나게 되었다.

출산, 육아, 사회적 관계에서 해방된 비구니는 명상과 기타 사유적인 수행에 전념할 수 있는 자유 시간을 가졌다. 비구니들은 또한 가족을 넘어 다른 사람들을 위한 사회복지 활동에 더 많은 시간을 할애할 수 있다. 소년과 남성에게 교육 자원을 제공하는 사회에서 여성 출가자가 되는 것은 여성을 위한 지적 발전을 위한 몇 안 되는 길 중 하나이자 경전과 수행에 대한 깊은 지식을 얻을 수 있는 유일한 방법 중 하나일 수 있다. 오늘날과 같이 사회적 자유가 널리 퍼진 시대에는 자기가 오고가는 것을 스스로 통제할 수 있다는 소박한 즐거움에 감사하는 것도 좋을 수 있다.

상좌부 전통의 여성 수계

앞서 살펴본 바와 같이 비구니의 계보는 인도와 스리랑카에서 11세기경에 중단되었으며, 동남아시아의 다른 상좌부 전통에서는 확립되지 않았을 수도 있다. 이러한 전통에서 여승들은 비구승과 마찬가지로 해탈을 얻고 윤회하는 존재의 고통으로부터 자유로워지기를 열망한다. 이 전통에서는 자유를 향한 수행에 더 효과적인 생활 방식은 가정생활을 포기하는 것이라고 본다. 어떤 이에게는 출가 생활을 선택하는 것을 의미할 수도 있고, 어떤 이에게는 고독한 안거를 의미할 수도 있다. 어떤 경우든 여성은 특별한 도전에 직면한다.

전통적인 가부장적 문화에서 여성은 어릴 때부터 결혼하여 아이를 낳고 키울 것이라는 사회적 기대를 받으며 자라지만, 이 선택이 항상 행복이나 안정을 가져다주는 것은 아니다. 불교 사회의 많은 여성들이 이를 이해하지만, 일반적으로 남성들처럼 금욕적인 삶을 추구하도록 권장되지는 않는다. 비구니의 삶을 열망하는 여성들은 여성을 위한 사원이 적고, 자격을 갖춘 교사가 적고, 교육 기회가 적고, 도덕적, 물질적 지원이 적다는 사실을 알게 된다. 정신적인 삶을 살기 위해 인내하는 사람들은 결단력과 용기가 필요하다. 다양한 상좌부 전통에 속한 비구니의 상황을 조사하는 것은 그들의 공통점과 다양성을 이해하는 데 유용할 것이다.

불교 세계관, 특히 상좌부 전통에서 금욕은 큰 의미를 지니므로 상좌부 여성에게 금욕이 갖는 의미를 살펴보는 것이 중요하다. 한편, 장로 비구니의 노래인 『테리가타』에서 알 수 있듯이, 금욕은 건강하지 못한 관계에서 오는 고통과 불만족(팔리어: dukkha, 산스크리트어: duḥkha)을 깨닫고 대신에 해탈의 길에 초점을 맞추는 데서 비롯될 수 있다. 또한 성의 착취적인 측면과 인간을 성의 대상으로 상품화하는 것에 대한 의문으로 이어질 수도 있다. 가정생활을 뒤로하고 떠날 것을 결심하는 것은 특히 모성을 원하는 여성에게 가슴이 미어지는 일이면서 동시에 해방감을 주는 일이기도 하다.

출가 생활을 결혼과 출산에서 벗어나기 위한 이상적인 방법으로 여기는 여성들도 있다. 재가 생활을 선택하는 이들에게 금욕은 집착을 포기하고 고통에 대한 통찰을 통해 집착이 없는 순수한 사랑으로 대체하는 것을 의미할 수 있다.

앞서 살펴본 바와 같이 불교 사회에서 출가 여성의 지위는 일반적으로 출가 남성보다 낮으며, 비구니는 존경받을 수 있지만 지원은 제대로 받지 못한다. 재가 생활을 뒤로하고 금욕의 길을 택한 여성은 물질적 이익이나 높은 지위에 대한 욕구가 아니라 자신의 삶을 더 의미 있고 공덕이 되게 하고자 하는 소망이 동기가 된 것이 분명하다. 그러나 종교학자인 도널드 스웨어러(Donald Swearer)는 다음과 같이 지적한다.

> 동남아시아 사회에서 여성의 전통적인 역할은 가부장적 사회의 가치를 반영한다. 여성의 역할은 주로 남성과의 관계에서 남성에 의해 정의되었다. 이상적인 여성은 충성스러운 아내이자 헌신적인 어머니로 묘사되었다. 이러한 묘사를 불교의 출가승의 맥락에 대입하면, 여성은 승려가 될 아들을 낳는 어머니이자 승려에게 바치는 음식을 준비하는 주부로 여겨진다.[9]

그럼에도 불구하고 네팔, 스리랑카, 태국의 여승들이 보여주는

---

9 Swearer, *Buddhist World of Southeast Asia*, 191.

것처럼 상좌부 사회에서는 여성이 출가하여 살 수 있는 선택권이 존재한다.

네팔의 상좌부 여승들

상좌부 불교 전통은 붓다의 탄생지인 네팔에서 살아남아 오늘날 카트만두 계곡의 네와르(Newar)족 공동체 사이에서 대체로 여승들의 헌신적인 노력에 힘입어 번성하고 있다. 소녀들이 글을 배우는 것이 금지되고 라나(Rana) 왕조(1846~1951)에 의해 불교가 탄압받던 시대에 성장한 두 명의 뛰어난 젊은 여성은 대중의 비난과 수많은 장애를 무릅쓰고 여승이 되었다.[10]

담마차리 구루마(Dhammachari Guruma, 1898~1978)와 비구니 담마와티(Dhammawati, 1934년생)는 재가 생활을 포기하고 여성을 위한 출가 공동체를 설립하고 담마를 가르치며 가난한 이들을 위해 적극적으로 활동했다. 담마차리 구루마는 아나가리카(anagārikā)의 8가지 계율을 지키면서 자신의 일을 성취했다. 1950년, 14살의 나이에 출가한 비구니 담마와티는 버마로 건너가 케마라마(Khemarama) 여승교육 센터에서 율장, 경전, 아비담마를 공부하고 마침내 갈망하던 담마짜리야(법사) 학위를 취득했다. 1963년 카트만두 계곡으로 돌아와 많은 대중에게 불교를 가르치기 시작했고 상좌부 불교 여승 사원 다르마키르티 비하르(Dharmakirti Vihar)를 설립했다. 많은 저술의 작가인 그녀

---

10 Guruma, "Two Generations of Eminent Nepalese Nuns."

는 네와리어와 네팔어로 수십 권의 책을 출간했으며, 어린이와 성인 모두를 위한 불교학 프로그램을 개설했다.

담마와티 비구니는 네팔 비구 승가의 격렬한 반대에도 불구하고 1988년 시라이(Hsi Lai) 사원에서 열린 대규모 법회에서 비구니의 348가지 계율을 받기 위해 로스앤젤레스까지 가는 용기 있는 발걸음을 내디뎠다. 현재 그녀에게는 교육을 잘 받은 400여 명의 여승들을 포함해 수천 명의 제자가 있다.[11] 이 중 200명은 보드가야, 중국, 대만에서 수계를 받고 네팔로 돌아와 불교를 가르치고 수행하는 비구니들이다. 네팔 비구 승가의 반대에도 불구하고 이 용기 있는 비구니들은 여성도 해탈을 성취할 수 있다고 과감하게 선언하고 많은 추종자를 얻었다. 오늘날 네와르(Newar) 공동체의 상좌부 불교 정체성과 실천의 활기찬 모습 속에서 이들의 획기적인 노력을 볼 수 있다.

스리랑카의 상좌부 여승들

스리랑카에서 여승들은 제도적인 차별과 보수파 비구 승가의 공식적인 훼방과 방해에도 불구하고 조용하고 끈질기게 구족계를 받기 위한 노력을 계속해 왔다. 적어도 20세기 초부터 스리랑카의 여성들은 다사실마타(dasasilmātā)의 열 가지 계율을 지켜왔다. 그러나 다사실마타에게는 사미니의 지위가 부여되지 않아 승가의 구성원으로 인정되지 않는다. 그 이유는 승가의 문헌과 주석에 따르면 구족계 후보자인

---

[11] LeVine, "At the Cutting Edge," 13-29.

사미니는 비구니들로부터 훈련을 받고 수계를 받아야 하지만, 스리랑카에서는 11세기 무렵부터 수계해 줄 비구니가 없었기 때문이다.

1990년대 후반부터 스리랑카의 여승들이 자국 전통 밖의 비구니들에게 수계를 요청하면서 상황이 바뀌기 시작했다. 비구니 수계 계보를 복원하려는 움직임은 1987년 인도 보드가야에서 열린 제1회 사캬디타 국제불교여승회의에서 논의하면서 시작되었다. 1988년, 반대의 목소리에도 불구하고 스리랑카에서 온 다섯 명의 여승들이 독일인 여승 아야 케마(Ayya Khema, 1923~97) 및 다른 사람들과 함께 로스앤젤레스 시라이 사원에서 비구니 수계를 받았다.

이 행사는 국제적인 관심을 끌었지만 스리랑카 여승들은 고국으로 돌아갔을 때 비구니로 인정받지 못했다. 1996년에는 전직 생물학 교수이자 불교 평론가인 비구니 쿠수마 데벤드라(Kusuma Devendra)가 이끄는 10명의 스리랑카 여승 그룹이 인도 사르나트의 다멕 탑 근처에서 한국 비구와 비구니들로부터 비구니 수계를 받았다.([그림 15] 참조)

1998년에는 보드가야에서 국제 수계식이 열렸는데, 스리랑카 여승 32명이 참석했으며, 대부분이 사원의 주지들이었다.[12] 1999년부터 담불라(Dambulla)에서 이나말루웨 수망갈라(Inamaluwe Sumangala) 장로라는 저명한 비구가 집전한 수계식을 시작으로 스리랑카 자체에서도 비구니 수계식이 열렸다.

그러나 오늘날까지 스리랑카의 비구니들은 정부의 공식적인 인정

---

12 자세한 것은 Li, "Ordination, Women, and Sisterhood." 참조.

【그림 15】 1996년 인도 사르나트의 다멕 스투파(Dhamek Stupa) 근처에서 열린 스리랑카 비구니 수계식. 사진: 카르마 렉셰 쏘모(Karma Lekshe Tsomo).

이나 지원을 받지 못한다. 실제로 정부는 비구니 수계를 반대하는 일부 비구들의 압력 하에, 대신 다사실마타를 지원하고 있으며, 여권에 비구니 신분을 기재하는 등 다양한 분야에서 비구니의 발전을 실질적으로 막고 있는 것으로 보인다. 스리랑카의 모든 사람들이 비구니계의 부활을 공개적으로 지지하는 것은 아니며 일부에서는 여전히 강력하게 반대하고 있지만, 최근에는 반대하는 사람들이 소수에 그치고 있다. 일반 대중은 친근한 공덕의 장으로서의 가치에 더하여 비구니의 성실성, 유익함, 순수한 행실을 높이 평가하는 것 같다.[13]

---

13 Mrozik, "We Love Our Nuns."

태국의 상좌부 여승들

태국에는 약 2만 명의 상좌부 여승이 있는 것으로 알려져 있으며, 이들 대부분은 8계를 지키고 비구니 구족계를 준수하지만 비구니로서의 존경이나 지위를 부여받지 못하는 여성인 매치(mae chee)이다.[14] 방글라데시, 버마, 캄보디아, 라오스의 대부분 상좌부 여승들도 8계를 준수한다. 비구니가 오래전에 태국에 존재했을 것이라고 추측하는 사람들도 있는데, 예를 들면 치앙마이에는 수계 의식을 위한 공간을 구분하기 위해 그려진 경계선인 비구니 시마(sima)가 있는 것이다. 그러나 이것은 미래의 붓다가 와서 비구니 교단을 재건할 때를 위해 시마가 세워진 것이라고 믿는 사람들도 있다.

최근 수십 년 동안 스리랑카에서 수십 명의 태국 비구니 여승들이 비구니 수계를 받았으며, 태국에서 사미니 수계를 받는 여성도 점점 더 많아지고 있다. 전 탐마삿(Thammasat) 대학교 철학 교수인 비구니 담마난다(Dhammananda, 1944년생)는 2003년 스리랑카에서 비구니 수계를 받았으며, 그 이후 방콕 외곽에 있는 사원에서 매년 사미니를 수계하고 있다.

2014년에는 태국 남부의 송클라(Songkhla)에서 비구니 수계를 주관했는데, 비구들로만 구성된 태국 승가 최고회의로부터 즉각적인 비난을 받았다. 예전처럼 비구 사원의 한 구석에서 생활하는 대신, 오늘날에는 최소 100명의 사미니들이 전국에 있는 6개의 독립 여승 사원에서

---

14 매치로서의 삶에 대한 정보는 Cook, *Meditation in Modern Buddhism*, esp. chaps. 7 and 8; Falk, *Making Fields of Merit* 참조.

생활하고 있다. 매치와 사미니 외에도 중국계 태국인인 대승 비구니도 많이 있으며, 이들은 태국 내 중국 불교계의 적극적인 지지를 받고 있다.

많은 매치들이 일부 비구승보다 더 엄격하게 승단의 규율을 따르지만, 공식적으로는 머리를 깎은 재가 여성으로 간주된다. 이들에 대한 정부의 인정을 확보하려는 노력은 지금까지 성공하지 못했다. 이 여성들에게 구족계를 허용하지 않는 것에 대한 해명은 현재 비구니 수계의 상좌부 계보가 존재하지 않는다는 것이다. 이 신념은 대승 국가에 존재하는 비구니 수계의 계보와, 공식적으로 인정되지는 않았지만 현재 스리랑카와 태국에 존재하는 2,000명 이상의 비구니를 무시하는 것이다. 이러한 해명은 또한 여성의 구족계가 마하파자파티를 직접 수계하신 붓다에 의해 시작되었으며, 이에 반해 매치 수계는 전통적인 여성 수계의 범주가 아니라는 사실을 인식하지 못한 것이다.

그럼에도 불구하고 매치는 가족생활과 멀리 떨어져 있는 위치이며, 비구니의 지위에 내재된 제약에 얽매이지 않는 자신의 종교적 정체성에 만족하는 경향이 있다. 금욕을 포함한 8계를 엄격하게 준수하는 매치는 금전을 다룰 수 있으며, 이를 통해 지역사회 사람들과 자유롭게 여행하고 교류할 수 있다. 매치들은 건강상의 위기가 닥치거나 가족에게 위급한 일이 생기거나 자금이 부족할 경우 쉽게 재가자의 지위로 돌아갔다가 나중에 원할 경우 다시 수계할 수 있다. 오늘날 태국에서는 매치들이 불교 학습 프로그램을 이용할 수 있으며, 많은 매치들이 경전, 특히 아비담마 철학과 명상에 관한 텍스트를 읽기 위해 팔리어를 공부한다. 일부는 물질적 지원을 가족에게 의존하지만, 수행과 신심,

성실함, 지역사회에 대한 공헌으로 태국 불자 공동체에서 매치들은 점점 존경과 지지를 받고 있다.

태국의 대부분의 매치는 비구승의 사원 주변에서 생활하며, 비구들이 탁발(빈타밧, binthabat)을 마치고 돌아오면 일반적으로 받은 것을 여승들과 나누는데, 여승들은 이를 데우고 보충하여 비구들이 남긴 음식을 먹는다. 최근 몇 년 동안 성평등 인식이 높아진 것이 재가 공동체의 여승 지원에 주목할 만한 긍정적 영향을 미쳤다. 마하파자파티 여성 불교대학의 일원과 같은 몇몇 매치는 탁발을 하기도 한다. 보통 탁발에서 특히 가난한 동네에서는 찹쌀과 간단한 요리 등을 보시 받지만 평화로운 느낌과 만족감을 느낀다고 한다.

비구니가 되기 위해 수행 중인 비구니와 사미니들의 거주지인 40여 개의 독립적인 여승 공동체도 있다. 여승들은 교육을 통해 힘을 키우고 있으며, 교사로서 성장하는 데 필요한 전통적 지식과 현대적 지식을 모두 습득하고 있다. 태국 여승들은 신심 있는 재가 여성들과 협력하여 덕을 실천하고 공덕을 쌓기 위해 노력한다. 점점 더 많은 여승과 재가 여성들이 명상 수행을 추구하고 있으며, 가능하면 안거에도 참여하고 있다.[15] 태국 여승들은 불교 여성의 역사와 다른 나라 비구니의 존재에 대한 인식이 높아짐에 따라 비구 승가와 상호 유익한 관계를 유지하면서 비구 사원과는 독립된 여승 공동체를 설립하고 교육할 수 있는 역량을 갖추게 되었다.

오늘날 약 150명의 상좌부 비구니들이 태국 전역의 10개의 사원에서

---

15 재가 명상 수행자의 개인적인 설명에 대해서는 Nanayon, *Pure and Simple* 참조.

생활하며 수행하고 있다. 또한 대승 사원에서는 대부분 중국계인 100명 이상의 비구니들이 거주하며 수행을 하고 있다. 민주적 감수성을 가진 사람들은 여승을 위한 평등한 수계 기회 옹호가 당연하다고 생각할 수 있지만, 태국 여승들의 관점을 이해하는 것이 중요하다. 태국 여승들은 공식적으로 인정받는 비구니 수계를 받지 못하지만, 대부분은 스스로를 억압받는다고 생각하지 않는다. 오히려 태국 여승들은 가능한 한 열반을 추구하기 위해 정진할 수 있는 기회를 갖게 된 것을 행운으로 여긴다.[16] 상좌부 국가의 여성들은 탄생과 죽음 그리고 재생이 반복되는 수레바퀴인 윤회로부터의 해탈이 자신의 목표라고 자주 말하며, 이를 달성하기 위해 구족계를 받을 필요는 없다고 생각하는 사람들이 많다.

일부 여승과 비구승들은 더 높은 수계에 대한 열망을 세속적인 지위를 얻기 위한 잘못된 추구라고 생각하기도 한다. 많은 여승들은 해탈을 향한 꾸준한 길을 걷고 있다고 확신하며 수많은 상좌부 명상 과정과 센터를 최대한 활용하는 신심 있는 명상 수행자이다.

일부 여승들은 매우 존경받는 명상 교사가 되었다. 현재 고급 수준까지 팔리어 공부를 할 수 있는 태국 여승들의 교육 기회도 개선되고 있다.[17] 마하출라롱콘(Mahachulalongkorn) 대학교의 매치 크리차나

---

[16] 여섯 명의 뛰어난 태국 여승에 대한 상세한 민족지학과 텍스트 분석은 Seeger, *Gender and the Path to Awakening* 참조.

[17] 스티븐 콜린스(Steven Collins)와 저스틴 맥다니엘(Justin McDaniel)은 태국 매치 학자들과의 광범위한 인터뷰를 통해 팔리어 공부에서 9단계에 합격한 여승이 한 달에 1,700바트(56달러)의 급여를 받는 반면, 같은 수준의 비구승들은 한

락사촘(Kritsana Raksachom, 1964년생)과 같은 일부 여승들은 박사 학위를 취득하고 비구와 평신도 모두에게 수업을 가르치고 있다. 이러한 업적에는 더 높은 수계가 필요하지 않는데, 비구 승가의 권위 아래 있어야 하는 등 특정 제한이 있을 수는 있다. 아비담마 조티카(Jotika) 대학의 저명한 팔리어 학자인 수파판 나 방애항(Supaphan Na Bange-hang)은 매치 비무티야(Vimuttiya, 1949년생)로 알려진 여승이 되었는데, 비구니가 되는 것보다 매치로 사는 것이 더 자유롭기 때문에 선호한다고 말했다.

상좌부 전통에서 비구니에 대한 공식적인 허가가 없음에도 불구하고 인도, 인도네시아, 스리랑카 등지에서 상좌부 여승들이 조용히 구족계 수계를 지속하고 있다. 태국 여성들의 구족계를 가장 강력하게 옹호하는 사람은 방콕의 전 철학 교수인 비구니 담마난다(Dhamma-nanda)로, 그녀는 태국 비구들의 비구니 수계 반대에 끊임없이 도전하고 있다.[18]

2003년 스리랑카에서 구족계를 받은 이후, 보수적인 비구승들의 지속적인 반대에도 불구하고 여성의 평등한 종교적 권리를 위해 성실하게 캠페인을 벌여왔다. 2014년 11월, 태국 남부 송클라에서 열린

달에 3,000바트(100달러)의 급여를 받는다는 사실을 알게 되었다. Collins and McDaniel, "Buddhist 'Nuns,'" 1388. 국가고시 자격을 갖춘 여승들에게까지 확대되는 이러한 불평등은 태국 사회에 만연한 가부장적 규범과 성 편향이 지속되고 있음을 반영한다.

18 비구니 담마난다(Chatsumarn Kabilsingh)는 "Bhikkhunī Ta Tao."에서 자신의 출가의 길을 열어 주신 어머니의 이야기를 들려준다.

상좌부 비구니 수계식에서 8명의 태국 여승들이 우파삼빠다(upasampadā)라는 구족계를 받았다.

스리랑카 아마라푸라(Amarapura)의 마하나야카(Mahanayaka)인 마힌다밤사 마하테로(Mahindavamsa Mahathero)가 수석 비구 전계사를, 비구니 담마난다가 수석 비구니 전계사를 맡았다. 새로 수계한 비구니들은 태국 남부의 코요(Koh Yoh)섬 출신으로, 그곳에서 흰옷을 입은 8계 여승인 매치로 시작하여 2014년 송클라에서 구족계를 받은 비구니 담마디파(Dhammadipa) 밑에서 수련을 받았다.

태국 여성의 구족계를 지지하는 사람들로부터 널리 찬사를 받았던 이 수계는 태국 최고 승가회의로부터 비판을 받았다. 원로회의 대변인은 이 수계가 태국 상좌부 불교의 안보를 위태롭게 했다며, 1928년에 공포된 법에 따라 앞으로 태국에서 수계를 하고자 하는 외국 비구승은 반드시 이 회의의 허가를 받아야 한다고 밝혔다.

이에 대해 국가개혁회의 위원 3명은 원로회의 성명이 종교의 자유에 대한 인권을 침해하는 것이라고 발표했으며, 이에 대한 논쟁이 계속되고 있다. 비구니는 태국에서 공식적으로 인정되지 않지만, 수많은 비구승들이 스캔들에 휘말린 상황에서 이들이 높은 수준의 도덕적 행동을 유지한다는 점에서 독실한 태국 불교도들의 지지를 얻고 있다.

여성 수계에 대한 논쟁은 아시아에서부터 서구에 위치한 사원으로 확산되었다. 일부 서양의 원로 상좌부 비구들은 아시아에서 그들의 뿌리 혈통의 주장을 옹호하면서, 그 혈통은 수 세기 전에 소멸되어 찾을 수 없기 때문에 상좌부 전통에서는 비구니 수계가 불가능하다고 주장했다. 그러나 이러한 비구들 중 일부는 캘리포니아 북부에 있는 중국 대승 사원, 만불성성萬佛聖城에서 열린 비구니 수계식에서 전계사를 맡기도 했다.

또한 어떤 상좌부 비구들은 다른 방식으로 전통을 강력하게 고수하면서, 율장에 근거가 없는 새로운 범주의 여성 출가 수계를 도입하기도 했다. 예를 들어 1990년에 아잔 수메도(Ajahn Sumedho, 1934년생), 아잔 파냐사로(Ajahn Paññasaro), 그리고 영국의 원로회의는 1983년 영국 치터스트(Chithurst) 불교 사원에서 아잔 수메도가 처음 확립한 10계 여승 범주인 계율 수호자라는 뜻의 실라다라(siladhara)에 관해 다섯 가지 선언을 발표했다. 이 선언은 해당 공동체의 실라다라들에게 비구의 우위를 받아들이고 앞으로 비구니 수계를 받지 않기로 동의하는 것을 요구했다. 말할 필요도 없이 모든 여승들이 이 조건에 동의한 것은 아니다. 현 상태를 옹호하는 사람들은 이 상황을 평등과 여성의 권리에 대한 새로운 세속적 요구와 대립하는 신성한 고대 전통 사이의 긴장으로 보고 있다.

다른 사람들은 그것을 약 2,500년 동안 지배해 온 유력한 남성 위계 구조의 축소로 보고, 여성들을 종속과 봉사의 위치에 맡김과 동시에 미래에 더 나은(남성) 환생의 희망을 유지한다. 하지만 이제 성차별적 규범은 도전받고 있다. 호주에서 처음으로 수계를 받은 상좌부 비구니 집단은 큰 파장을 일으켰다. 2009년 10월, 퍼스의 보디냐나(Bodhinyana) 사원과 담마사라(Dhammasara) 여승 사원의 승단이 합동하여 국제 비구니 승가가 개최한 이 네 명의 비구니 수계식은 호주에서 열린 최초의 상좌부 비구니 수계였다.(【그림 16】 참조) 이 수계로 촉발된 국제적인 폭풍은 수계 자체의 정당성보다는 수석

【그림 16】 호주 퍼스(Perth)의 보디냐나(Bodhinyana) 사원과 담마사라(Dhammasara) 여승 사원의 승단에서 2009년도에 열린 국제 비구니 수계식. 사진: 애니 마리 키팅(Annie Marie Keating).

비구 전계사를 맡았던 아잔 브람(Ajahn Brahm, 1951년생)이라는 저명한 영국계 호주인 승려가 이후에 태국 북부의 왓 파퐁(Wat Pah Pong)에 있는 그의 교단에서 해임된 사실에서 촉발되었다. 아잔 브람은 퍼스에서의 수계 훨씬 전에 태국의 상가라자(Sangharaja) 대행[Somdej Phra Pootajam]에게 태국 밖에서 비구니 수계하는 것을 상담했을 때, "태국 승가법은 태국 밖에서는 적용되지 않는다"는 답변을 세 번이나 들었다. 따라서 그는 비구니 정족수에 의해 제대로 시행된 수계 의식을 확인하는 데 있어 자신의 역할이 합법적이라고 생각했다. 일부 고위 비구들은 동의하지 않았다. 아잔 브람이 네 명의 여승은 비구니가 아니라는 주장을 철회하지 않자, 보디냐나 사원을 왓 파퐁의 한 분파로 등록한 것을 취소하여 사실상 파문하였다.[19] 이 시련의 결과로 소셜 미디어에 올라온 수천 개의 메시지는 거의 만장일치로 아잔 브람과 새로 수계한 비구니들을 지지했다.

동아시아의 비구니 수계

지금까지 살펴본 바와 같이, 오늘날 비구니 수계의 계보가 없기 때문에 여성이 구족계를 받을 수 없다는 주장은 중국, 홍콩, 말레이시아, 한국, 싱가포르, 대만, 베트남 등에서 지속적이고 번성하는 비구니 계보가 존재한다는 사실과 상충된다. 오늘날 전 세계 비구니의 총 인원을 계산하는 것은 불가능하지만, 중국 비구니를 고려하면 8만 명을 넘을 수 있다. 이 비구니들은 5세기 초에 한역된 법장부 『율장』의 348개 비구니계를 준수한다.

상좌부 신자들 사이에는 동아시아의 출가 승단이 대승 계통의 율장을 따른다는 오해가 널리 퍼져 있다. 이러한 오해에 대응하기 위해 법장부 계보가 현재 테라와다(Theravāda) 상좌부로 알려진 스타비라와다(Sthaviravāda) 상좌부 계통의 한 지파인 화지부(化地部, Mahīśāsaka)에서 유래했다는 사실을 아는 것이 유용하다.[20] 다양한

---

19 그 사건에 대한 아잔 브람(Ajahn Brahm)의 설명은 온라인에서 볼 수 있다. "Ajahn Brahm on Why He Was Excommunicated," Sujato's Blog, November 7, 2009, https://sujato.word press.com.

20 Heirman, "The Discipline in Four Parts," 11. 법장부는 붓다의 가까운 제자였던 마우드갈랴야나(Maudgalyāyana)의 추종자에서 그 이름이 유래한 것으로 알려져 있다.(12)

율장 학파 간의 차이는 비교적 미미하다.

중국의 초기 여승들은 비구니 율장 문헌이 아직 전해지거나 번역되지 않았기 때문에 불법의 전래 초기에 출가 공동체에 정착하였으나 그들이 지켜야 할 규칙의 혜택을 받지 못했다.[21] 인도 비구니가 중국을 방문한 적이 있거나 중국 비구니가 인도를 여행했다는 결정적인 증거는 없다. 4세기 중엽 정검淨檢과 네 명의 동료가 중국 최초로 계를 받은 여승이 되었을 때, 수계 의식은 최근에 입수한 비구니 율장 문헌에 따라 시행되었지만 당시 중국에는 비구니가 없었기 때문에 비구들이 단독으로 주도했다.

4개의 다른 율장 학파의 문헌이 한문으로 사용될 수 있게 된 것은 오직 5세기 동안의 일인데, 이때 스리랑카에서 비구니 수계라고 하는 이 특별한 목적을 위해 여행한 비구니 테사라(Tesarā)와 용기 있는 비구니 그룹에 의해 최초로 공식적으로 인정된 비구니 수계식(bikṣuī upasampada)이 시행되었다. 안타깝게도 이 역사적인 사건을 기록한 『비구니전』에는 이 비구니들이 어떤 율장 학파를 따랐는지에 대한 언급이 없다. 이후 율장의 대가인 도선(道宣, 596~667)의 영향으로 중국 불교 당국은 중국 전역의 모든 사원에 법장부 계통의 『율장』을 채택하기로 결정했다.[22]

오늘날 대부분의 동아시아 국가에서는 비구니 수계식이 성대하게

---

21 중국의 불교 수계에 대한 역사적 배경은 Heirman, "Vinaya"; Heirman, "Chinese Nuns."에서 논의되고 있다.
22 앤 헤이어먼(Ann Heirman)은 중국의 율장의 초기 역사를 자신의 논문 "Can We Trace the Early Dharmaguptakas?"에서 논의했다.

열리고 있으며, 엄격한 출가자 교육과 계율에 대한 충분한 지식을 전달하기 위해 한두 달 동안 진행되는 경우가 종종 있다. 도시에 있든 시골에 있든 비구니 사원은 일반적으로 독립적이고 자급자족으로 운영된다. 각 사원에서는 염불, 채식 요리, 상담, 서예, 꽃꽂이 등 사원을 운영하는 데 필요한 실용적인 기술뿐만 아니라 법, 사원 규율, 의식, 명상을 교육한다. 매일 아침 이른 시간, 한국에서는 새벽 3시, 대만에서는 새벽 4시에 열리는 예불을 시작으로 비구니들은 하루 종일 많은 임무를 여법하게 수행하면서 종종 매우 즐겁게 지낸다.

출가 생활에 관심이 있는 젊은 여성은 일반적으로 몇 년 동안 재가 여성으로 사원에서 봉사하면서 지식과 기술을 익히고 점차 세속의 책임에서 벗어난다. 그러고 나서 스승에게 삭발하고 사미니계를 수계해 줄 것을 요청한다.

몇 년 동안 사미니계를 잘 지키고 나면, 사미니는 스승에게 비구니 계율을 받을 수 있도록 요청하는데, 종종 다른 사원의 여승들과 함께 성대한 의식을 통해 수계를 받기도 한다. 수계 후 대부분의 비구니는 대학 또는 사원에 있는 불교 대학에서 계속해서 불법을 공부한다. 일부 사원에서는 수습 비구니인 식차마나(śikṣamāṇā)로 비구니 수계 전 2년의 중간 단계를 준수하기도 한다. 동아시아 국가에서는 재가 여성의 5계, 사미니의 10계, 수습 비구니의 6가지 계율, 최종적으로 비구니 구족계 348가지 계율을 차례로 받을 수 있으며, 계율을 받기를 원하고 순수하게 지키겠다는 결의를 보이는 여성이라면 누구나 계율을 받을 수 있다.

수계식은 정기적으로 열리며, 자격을 갖춘 비구니 스승들이 수많은 학생과 신도들의 멘토 역할을 하고, 비구니들은 성장 단계에 따라 불교 교육을 쉽게 받을 수 있으며, 재가 공동체는 물질적 지원을 아낌없이 제공한다. 규율은 엄격하다. 비구니들에게 철저한 훈련과 성실함, 결단력의 높은 기준이 요구된다. 재가 여성은 종종 비구니와 함께 생활하고 일하며 수행하는데, 때로는 가족에 대한 책임을 다한 후에 출가를 하기도 한다.

동아시아의 불교 사원은 가족처럼 구성되어 있으며, 심지어 친족 관계의 용어를 사용하여 상호 관계를 지정하고 상호 돌봄, 기대, 노력, 기쁨, 때때로 실망과 같은 가족과 유사한 유형을 많이 보여준다. 전반적으로 이들 사원은 정신적인 삶에 관심이 있는 여성들에게 환영받는 피난처를 제공한다.

티벳 전통의 여성 수계

8세기에서 10세기 사이에 『근본설일체유부(Mūlasarvāstivāda) 율장』 계통의 여성 승가 규율의 산스크리트어 문헌이 티벳에 전해져 티벳어로 번역되었다. 그러나 높은 히말라야 산맥을 가로지르는 여행의 어려움과 위험 때문에 근본설일체유부 전통에서 비구니 수계를 시행하는 데 필요한 12명의 비구니 정족수는 티벳에 도달하지 못한 것으로 보인다. 티벳 역사 초기의 여성에 관한 자료는 거의 남아 있지 않으며, 인도에서 티벳으로 여행을 시도한 인도 비구니에 대한 기록도 남아 있지 않다. 불교가 산악지대를 넘어 북쪽으로 전파되면서 티벳 문화권의 매우 다른 기후, 지리, 사회 규범에 따라 출가의 규율이 조정되었다.

불교의 가르침이 점차 티벳에 뿌리내리면서 정신적인 삶을 열망하는 여성들이 소규모 수행 공동체에 정착하거나 집에서 여승처럼 수행하기 시작했다. 티벳에서 여성 수계의 역사는 불분명하지만 오늘날 티벳 전통에서 대부분의 여승들은 사미니계를 받고 사미승과 동일한 계율을 준수하며 승가의 일원으로 간주된다.[23] 비구니 구족계의 계보가 없기 때문에 승단의 기관은 압도적으로 남성 위주가 되었다. 여성 사원은 종종 외딴 지역에 위치하여 남성 사원과 느슨하게 연계되어 있었지만 생존 가능 수준에서 스스로 살아남아야 했다. 티벳 여성들은 결혼을 강요받지는 않았지만 출가 생활을 하도록 강력히 권장 받지도 않았다.

여성 출가 공동체에 대한 지원이 많지 않았기 때문에 일부 여성은 가족의 집에 머물면서 여승의 삶을 살았고, "아주머니"라는 뜻의 "아니(ani)"라는 호칭으로 불렸다. 그럼에도 불구하고 수 세기에 걸쳐 재가자와 출가자 모두 뛰어난 여성 종교인들이 등장하여 티벳 종교 역사에 중요한 공헌을 했다.

---

[23] 사미와 사미니의 10계는 다음과 같은 행동을 삼가는 것이다. 1. 살인(고의로 사람을 죽이는 것), 2. 주어지지 않은 것을 취하는 것(사회의 법에 위배되는 가치 있는 것을 훔치는 것), 3. 성관계(이성애자 또는 동성애자 접촉을 포함하여 의도적으로 성관계에 참여하고 성적 쾌락을 경험하는 행위), 4. 거짓말(특히 자신의 정신적 성취에 대한 거짓말), 5. 중독성 약물(알코올 및 기호용 약물 포함), 6. 노래, 춤, 음악 연주, 7. 신체를 아름답게 꾸미기 위해 향수, 장신구 또는 화장품을 사용하는 행위, 8. 높거나 고급스러운 침대나 의자에 앉는 행위, 9. 정오 이후에 식사하는 것, 10. 금, 은 또는 귀중품(돈 포함)을 만지는 행위. 티벳 전통에서는 사미의 10가지 계율이 36가지로 확장된다.

최근 논의에서 티벳의 비구니 계보를 확립하는 것에 대한 지지가 커지고 있는 것으로 보인다. 『근본설일체유부 율장』에 따르면, 비구니 수계식에서 비구니 계율을 수여하기 위해서는 10명의 비구 정족수와 12명의 비구니 정족수가 필요하다.[24] 수계 적합성을 확인하기 위해 특정 질문에 답한 후, 후보자들은 먼저 비구니들이 지켜보는 가운데 계율을 받은 후 비구들에게 가서 확인을 받는다. 현재 비구니 계통을 티벳에 도입하기 위해 고려되고 있는 세 가지 잠재적 해결책 중 첫 번째 가능성은 비구니들의 입회 없이 티벳 비구들만으로 비구니 계율을 받는 것이다.

비구들만으로 비구니 계율을 집행하는 것은 엄밀하게는 이례적인 일이다. 비록 감독 비구가 그렇게 함으로써 약간의 위반이 초래될지라도, 비구니 수계는 유효할 것이다. 한국, 대만, 베트남에서는 큰 논란 없이 자주 비구들이 단독으로 비구니를 수계하는 경우가 있다. 이것은 석가모니 붓다가 인도 최초의 비구니 수계자로서 마하프라자파티를 수계할 때 직접 사용한 절차이다. 두 번째 가능성은 여승들이 현재 중국, 한국, 대만, 베트남에서 따르고 있는 법장부 계통의 계율을 받은 비구니들로부터 수계를 받는 것이다.

세 번째 해결책은 법장부 계통에서 수계를 받은 비구니들이 근본설일체유부 계통에서 수계를 받은 티벳 비구들과 함께 수계를 수여하는 결합 방식이다. 제14대 달라이 라마 성하와 원로 비구들의 지지가 있다면 어떤 해결책이든 정당화될 수 있다.

---

24 티벳인들이 수행하는 『근본설일체유부(Mūlasarvāstivāda) 율장』 계통에서는 열두 명의 비구니가 필요하다.

반대자들은 두 가지 이유로 이러한 수계의 타당성에 의문을 제기한다. 첫째는 수계를 수여하기 위해 끊어지지 않은 비구니 계보가 존재해야 한다는 주장, 둘째는 비구니 수계 절차의 타당성이다. 첫 번째 반대에 답하기 위해 동아시아의 현존하는 비구니 계보가 석가모니 붓다 당시부터 오늘날까지 끊어지지 않은 계보로 전승되어 왔는지 조사하려는 시도가 있었다. 승단의 계보에 대한 기록은 일반적으로 남성 율사의 이름만 기록되어 있기 때문에, 이것은 어렵고 어쩌면 헛된 작업일 수 있다. 두 번째 반대에 답하기 위해 여러 연구에서는 중국 법장부와 티벳 근본설일체유부 전통의 비구니 계율과 비구니 수계 절차를 비교하였는데, 두 전통이 거의 동일하다는 사실을 발견했다.[25]

티벳 전통에서 비구니 수계를 제정하기 위한 가능한 옵션에 대한 논의는 1980년대부터 계속되어 왔다. 티벳 전통에서 사미니계를 받은 많은 서양 여성들이 중국, 한국, 베트남 전통에서 비구니로서의 구족계를 받도록 허가되었다. 그렇게 수계한 여승들은 제14대 달라이 라마 성하로부터 티벳 전통에 따라 수행을 하는 비구니로 공개적으로 인가받았다. 2012년 티벳 불교의 네 가지 학파를 대표하는 10명의 학승들이 티벳 중앙정부의 종교문화부 초청을 받아 인도 다람살라에 모여 티벳 전통에서 비구니 계보 확립의 목표를 달성할 수 있는 가능한 방법을 검토했다. 이 연구위원회는 근본설일체유부 전통을 따르는 여승들에게 구족계를 허용할 수 있는 방법을 모색하는 임무를 맡았지

---

25 예를 들면 Chung, "Buddhist View of Women"; Tsomo, *Sisters in Solitude* 참조.

만, 지금까지 그들의 권고는 결론에 이르지 못했다.

티벳 망명 정부는 아직 이러한 해결책을 공식적으로 승인하지 않았지만, 제14대 달라이 라마 성하는 티벳에 비구니 계보가 확립되기를 바라는 개인적인 소망을 표명하였고, 티벳 전통의 여승들이 다른 나라의 계보에서 비구니 수계를 받도록 축원하였으며, 그렇게 한 사람들의 수계를 공개적으로 인가하였다. 그러나 그는 여전히 일방적인 결정이 아니라 원로 승가회의에서 결정해야 한다고 주장하고 있다. 이 문제를 해결하기 위해 그는 모든 주요 불교 전통의 대표자들과 함께 불교 승가법의 세부 사항을 검토하고 이 문제에 대한 합의를 위해 노력하고자 국제회의를 요청했다.

2007년 독일 함부르크 대학에서 열린 회의에서[26] 비구니 수계가 곧 이루어질 것이라는 기대가 높았지만, 지금까지 이에 대한 공식적인 발표는 없다. 2015년에 17대 걀왕 카르마빠인 오겐 트린리 도르제 (Ogyen Trinley Dorje, 1985년생)는 티벳 전통에서 수행 중인 여승을 위한 수계 절차를 시작하겠다고 발표했다. 2017년 보드가야에서 대만 비구니들이 29명의 여승을 대상으로 사미니 수계를 거행했고 식차마나 수계로 이어져서, 종국에는 카르마빠의 후원 하에 비구니 수계가 이어질 예정이었지만 이 프로젝트는 아직 실현되지 못했다.

---

[26] 이 회의에서 발표된 많은 논문들은 Mohr and Tsedroen, *Dignity and Discipline*에서 볼 수 있다.

느린 발걸음

불교 여성 수계에 대한 논쟁은 새로운 것이 아니다. 해탈을 성취할 수 있는 여성의 능력은 의심할 여지가 없으며, 『테리가타』에서 증명된 것처럼 붓다 당시 많은 여성들이 해탈을 성취했고 오늘날에도 여성이 해탈을 성취하는 것은 이론적으로 가능하다. 그러나 붓다 석가모니가 여성을 승단에 받아들이는 것을 주저했다는 보고와 경전의 모순은 많은 중요한 의문을 제기한다. 붓다는 다른 곳에서는 안정된 사회가 남성 신도, 여성 신도, 비구, 비구니의 네 부분으로 구성된다고 선언했는데, 여성을 승가에 허락하기 전에 왜 강력한 권고를 요구하였을까? 왜 붓다는 마하파자파티에게 팔중법(gurudharmas)을 지키도록 요구하여 그 이후로 여성에 대한 태도에 영향을 준 여성 종속 유형을 확립했을까? 규칙의 출처는 불분명하지만 그 안에 내재된 성 불평등 구조는 2천 년 이상 비구니와 비구 사이의 불평등을 지속하게 하였다.

수계 의식을 포함한 출가의 정체성은 이러한 불평등한 성별 기반 위에 구축되어 있으며, 이는 불교 사회의 재가와 출가 여성들 모두에게 파급효과를 미친다. 불교 전통의 여승들 사이에서도 비구니 수계에 대한 의견은 여전히 분분하다. 반대하는 사람들은 중국, 한국, 대만, 베트남 전통에서 구족계를 받은 비구니의 수가 충분히 많음에도 불구하고 특정 전통에서는 구족계를 받은 비구니의 필수 정족수가 충족되지 않아서 비구니 구족계를 부여할 수 없다고 주장한다.

어떤 이들은 지위가 높게 평가되지 않더라도 비구 승가로부터 독립적인 출가자 지위에 만족한다. 여성에 대한 구족계를 지지하는 사람들은 붓다 석가모니가 비구와 비구니의 완전한 정족수 없이 비구니 수계를 시작하여, 비구만으로 비구니 수계의 선례를 세웠음을 근거로 수계가 진행될 수 있다고 주장한다. 수계 논쟁을 지켜본 많은 관찰자들이 지적했듯이, 현대의 비구승들은 비구를 위한 율장의 복잡한 문제에 대해서는 큰 관심을 보이지 않지만, 비구니 구족계와 같은 문제에는 지나치게 신경을 쓸 수 있다.

예를 들어 율장 문헌은 사미니가 비구니로부터 훈련을 받고 수계를 받는 과정을 매우 구체적으로 설명하고 있지만, 티벳의 비구니 수계 비판가 중에는 비구가 여성에게 사미니 수계하는 관행을 반대하는 경우가 거의 없다. 일부 비판가들은 비구니 율장의 법적 복잡성에 대한 최근의 논쟁이 비구니 수계를 무기한 연기하기 위한 지연작전이 아닌지 공개적으로 문제 제기하기도 했다.[27]

한편, 티벳 전통의 여승들에게 불교 철학의 게셰마(geshema) 학위를 수여한 것은 여성이 자신의 전통의 최고 목표를 달성할 수 있는 잠재력을 보여준 훌륭한 예이다. 2016년 12월에 20명의 티벳 및 히말라야 여승들이 티벳 역사상 처음으로 이 최고 학위를 수여받았다. 불교 논리학, 심리학, 철학 등 매우 까다로운 체계적 학습 프로그램의 정점에 도달할 수 있도록 여성에게 동등한 기회를 제공한 것은 큰

---

27 독일의 인도학 및 티벳학 학자인 옌스 우베 하트만(Jens-Uwe Hartmann)은 "때때로 나는 법적인 문제는 구실일 뿐이며, 이러한 전통에 큰 변화를 도입하는 것에 대한 보다 일반적이고 합리적이지 않은 거부감을 숨기는 것이 아닌가 하는 의문이 들기도 합니다."라고 말했다. Hartmann, "The Vinaya between History and Modernity," 24.

돌파구였다. 여성이 학문적 성취에서 양성평등을 달성한 이 사례는 티벳 여성을 위해 역사적인 선례를 남겼을 뿐만 아니라 모든 전통의 여성들이 최고의 목표를 달성할 수 있는 능력이 있음을 입증한 것이기도 하다. 이제 이 중요한 목표를 달성했으니 다음 목표인 여성의 구족계 접근을 달성하기 위한 단계가 남아 있다.

종교의 자유와 성평등이 인권이라면 여성도 남성과 동일한 종교적 자유와 기회를 가져야 하는 것은 당연한 이치이다. 요점은 모든 여성이 비구니가 되어야 한다는 것이 아니라, 불교에 차별이 없다고 주장하기 전에 여성이 더 높은 수계와 여러 종교적 기회에 동등하게 접근할 수 있어야 한다는 것이다. 그러나 현재 모든 불교 여성이 비구니 구족계에 접근할 수 있는 것은 아니며, 많은 여성은 사미니로서 수계 받을 권리조차 갖지 못하고 있다. 불교에서 여성이 지도자 역할을 수행할 수 있는 공평한 기회를 얻는 것은 사회 정의의 문제이며, 또한 불교가 주장하는 지혜와 자비에 대한 척도이기도 하다.

7장 풀뿌리 혁명: 불교 여성과 사회 운동

"사회 참여 불교"는 동굴이나 사원에서 벗어나 거리로 나가 정신적 수행을 하는 새로운 접근 방식을 뜻하는 유행어가 되었다. 불교 수행은 더 이상 깨달음이나 내면의 변화를 위한 고독한 명상의 추구로만 여겨지지 않는다. 새로운 사회 참여적 접근 방식은 불교의 가르침을 현대 사회 문제에 적용하고 더 광범위한 변화를 일으키기 위한 의도적인 노력이다. 일반적으로 출가 여성들은 해탈 성취에 관심이 있기 때문에 출가하는 것이지 사회 활동을 하고 싶어서는 아니지만, 점점 더 많은 여승들이 사회의 고통을 실질적으로 해결하기 위한 현대의 노력에 동참하고 있다.

고통과 불만족인 두카(duḥkha)에 대한 붓다의 핵심 가르침은 오늘날 인류가 직면하고 있는 세계적인 빈곤, 부패, 군국주의, 환경 파괴, 감금, 경제적, 성적 착취, 자연재해, 전염병, 수많은 비인간적인 불행에서 분명하게 드러나고 있다. 많은 사람들에게 타인의 고통에 대한 자애로움을 기르는 것은 윤리적 명령이 되었다. 명상 좌복을 넘어 우리 주변의 거리와 이웃에서 고통받는 사람들에게까지 자애로움을 확장하는 것은 정신적 수행의 자연스럽고 필수적인 귀결로 여겨진다.

불교의 이러한 명백한 행동주의 접근 방식에는 지지자뿐만 아니라 비판자들도 있다. 사회 운동은 깨달음을 얻는 것과 어떤 관련이 있을까? 무료 급식소나 노숙자 쉼터에서 일하면서 완전한 깨달음을 얻을 수 있을까? 그렇다면 붓다는 왜 일부러 명상을 하였을까? 오늘 배고픈 사람들을 먹일 수 있었다고 해도 내일 다시 또 배고프지 않은가? 세상의 먼지에 얽매이는 사람은 결국 그것에 오염되지 않는가? 정신적 수련과 사회 운동, 세상을 초월하는 자와 세상을 구원하는 자 사이의 이러한 긴장은 단순히 불교의 딜레마가 아니라 많은 종교 전통에서 계속되는 관심사이다. 이 윤리적 딜레마는 정신적 발전과 사회 참여를 양극으로 놓고 있어 금방 해결될 것 같지 않다.

오늘날 일부 불교도들은 명상과 사회 참여 사이의 선택은 인위적인 이분법이라고 주장한다. 이들에게 사회 참여는 옹호할 수 있는 것뿐만 아니라 불교적 이상에 의해 시급히 요구되고 활성화되어야 하는 것이다. 궁극적으로 이러한 역학 관계의 균형을 맞추는 방법은 개별 수행자의 선택에 맡겨져 있다. 이 장에서는 불교의 이상이 사회 영역에서 어떻게 표현될 수 있는지, 그리고 불교 여성들이 어떤 역할을 수행해왔는지 이해하기 위해 다양한 맥락에서 불교의 사회 참여 역사를 살펴보고자 한다.

선한 존재인가, 선한 일을 하는 것인가?

현대 불교의 사회 참여는 승려이자 교육자, 정치 활동가, 그리고 중국 불교의 혁신적인 개혁가였던 태허(太虛, 1890~1947)에게서 그 기원을 찾는 경우가 많다. 사회에서 불교적 가치를 구현하고 인간 영역에서 정토를 창조하려는 태허의 사상은 베트남의 시인이자 승려인 틱낫한(Thich Nhat Hanh, 1926년생)과 다시 국제적으로 불교에 큰 영향을 미친 다른 현대 불교 스승들의 업적에 큰 영향을 미쳤다.

이와 동시에 불교도들은 초기부터 적극적으로 사회에 참여했다고 주장할 수 있다. 사원 센터인 비하라(vihāras)는 종종 해당 지역의 학교, 진료소, 고아원, 양로원, 문화 센터, 커뮤니티 센터, 그리고 상담소 등으로 기능했다. 해로움을 피하고 중생의 고통을 덜어주라는 붓다의 가르침은 단순히 이론적인 것에 그친 적이 없다. 불교 명상과 기타 수행은 수행자가 비폭력, 보시, 자애, 지혜에 대한 가르침을 일상생활에서 실천할 수 있도록 준비시키는 것으로 이해할 수 있다.

마우리아 왕조의 아쇼카 왕(기원전 268~239년)이 전설적인 예이다. 인도 북부와 그 너머까지 제국을 광활하게 확장한 그는 어느 날 잠에서 깨어나 자신의 군대가 저지른 학살을 보고 군사 정복으로 인한 고통에 대해 깊은 후회를 느꼈다. 이후 그는 모범적인 불교 통치자가 되어 도로, 우물, 진료소, 휴게소, 나무 농장, 그리고 동물의 인도적 치료를 위한 동물 병원 등 공공복지 프로젝트를 시작했다. 역사적으로 중국, 일본, 한국, 베트남 및 기타 국가의 불교 통치자들은 국민을 위해 불교적 가치를 구현하려는 노력으로 찬사를 받아왔다.

수 세기 동안 여성과 남성 불자들은 전 세계 지역사회에서 보시, 자애, 연민이라는 불교적 가치를 구현하기 위해 성실하게 실천해 왔다. 오늘날 새로운 점은 식량 배급부터 동물 해방, 교도소 교정, 재난 구호, 평화 운동, 중독 치료, 재활용 노력, 호스피스 프로그램 등에 이르기까지 불교 사회복지 활동의 다양성과 가시성이 높아졌다는 것이다. 쓰나미 재난 구호부터 혁신 교육, 모유 수유 장려에 이르기까지 다양한 프로그램을 통해 이러한 자선 단체의 막대한 혜택은 널리 알려져 있다.[1] 불교 사회복지 활동의 약점은 종종 자선 활동에만 국한된다는 것이다.

다나(dāna) 즉 보시가 사람들의 즉각적인 고통을 덜어주는 데 도움이 되는 것은 분명하지만, 많은 불자들은 자선 활동과 사회 정의 노력, 즉 소외된 사람들의 고통을 덜어주는 것과 그들의 고통에 책임이 있는 불공정한 사회, 경제, 정치 구조를 변화시키기 위한 노력 간의 차이를 인식하지 못하거나 혼동하고 있다.

일부 불교도들은 사회 운동이 정치적으로 될 수 있고, 정치는 어떻게든 불교 우선주의와 분리되거나 충돌할 수 있다고 믿으며 의식적으로 멀리한다. 그러나 오늘날 일부 불교도, 특히 서구 국가의 불교도들은 자선 기부만으로는 빈곤, 착취, 차별, 폭력의 불의가 지속되는 불공정한 사회, 경제, 정치 구조를 바꿀 수 없음을 인식하였다. 예를 들어 억압적인 정부 하에서 불교도들이 사회 정의 문제에 적극적이고 비판적으로 참여하지 않는 것은 반대 의사를 표현하면 보복, 투옥, 고문

---

[1] 예를 들면 Starkey and Tomalin, "Gender, Buddhism and Education"; Crookston et al., "Buddhist Nuns on the Move." 참조.

또는 처형에 직면할 수 있기 때문에 이해할 수 있는 일이다.

2007년 미얀마에서 재가자뿐만 아니라 비구와 여승들도 참여한 샤프론(Saffron) 혁명과 중화인민공화국에서 권력에 진실을 말하려는 티벳인들의 노력에서 알 수 있듯이, 억압적인 정권 하에서 사회적 우려를 표명하는 것은 가장 큰 고통인 양심의 침묵을 포함하여 이러한 모든 끔찍한 결과를 초래할 수 있다. 방글라데시, 인도네시아, 말레이시아, 러시아, 싱가포르 등 불교도가 종교적 소수인 다른 국가에서도 사회 운동에 참여하고 정치적 문제에 대해 자신의 생각을 말하는 것의 위험은 더 작을지 몰라도 여전히 표현의 자유가 억압되어 있다고 할 수 있다.

이러한 상황에서 불교의 명상 수행은 허용되는 몇 안 되는 표현 수단 중 하나이다. 예를 들어 미얀마와 점령된 티벳에서는 정치적 억압으로 인해 불교의 정체성과 종교 수행에 대한 관심이 눈에 띄게 증가했다. 최근 미얀마, 스리랑카, 태국에서 발생한 민족주의적, 종교 간 폭력 사건은 불교의 비폭력 서사에 심각한 도전이 되고 있다.[2] 이러한 모든 사회적 불의를 시정하고 예방하기 위해 불교의 이상을 어떻게 동원하고 실행할 수 있는가 하는 시급한 질문이 제기된다.

불교와 젠더 정의

불교 여성들은 사회 공익에 큰 기여를 해왔다. 첫째, 출산과 육아는

---

2 Walton and Hayward, *Contesting Buddhist Narratives*; Grant, *Buddhism and Ethnic Conflict*; Jerryson, *Buddhist Fury*.

정당하고 칭찬받을 만한 사회 참여의 한 형태이며, 인류의 복지를 위해 필수적인 일이라는 점을 강하게 주장할 수 있다. 둘째, 가치 있는 사회적 대의를 지지하기 위해 목소리를 높인 많은 용기 있는 불교 여성들을 지적할 수 있다.

앞서 살펴본 바와 같이 마하파자파티는 최초의 불교 페미니스트 운동가로, 기원전 6세기 인도 북부에서 500명의 여성 행렬을 이끌고 여성의 출가 권리를 옹호하여 인도와 전 세계의 수많은 여성들에게 해방의 문을 열었다. 사회 정의에 대한 그녀의 공헌의 유산은 오늘날까지 역사 전반에 걸친 불교 여성들의 많은 가치 있는 활동에서 볼 수 있다.

예를 들어 일본 에도시대(1603~1868년)에 군마群馬현 만덕사萬德寺의 여승들과 거주 재가자들은 이혼하려는 여성들에게 쉼터와 조정 상담을 제공했다.[3] 이 "이혼 사원"은 아미타불의 이름을 염송하는 수행을 통해 안식처와 정신적 위안을 제공하는 것 외에도 지역사회에 의료 서비스, 상담 및 기타 사회 서비스를 제공했다. 이러한 많은 사례에서 추론해 볼 때, 불교에서 사회 활동은 붓다의 가르침과 중생의 고통을 덜어주라는 명령의 훌륭한 적용으로 인정된다고 할 수 있다.

불교의 핵심 가치인 자애, 연민, 평온은 명상 수행과 적극적인 사회 변혁을 위한 지침으로 작용한다. 이러한 가치에 부여된 중요성은 붓다의 가르침의 자연스러운 표현으로서 사회적, 정치적 행동을 승인하는 것처럼 보인다. 초기에는 건전한 정신 상태를 기르고 몸과 말,

---

3 Wright, "Spiritual Piety."

마음의 모든 불건전한 행동을 피하는 데 중점을 둔다. 전통적인 이해와 같이, 사람은 모든 정신적 더러움을 정화하고 모든 덕을 쌓기 위해 수행한다. 그 과정에서 자기를 소중히 여기고 자기를 파악하는 태도는 제한된 인식에서 보편적인 인식으로, 자기중심적인 관심에서 모든 생명체의 안녕에 대한 관심으로 변화한다. 불교의 정신 계발 수행은 더 나은 활동가가 되고, 분노하고 고집스럽게 되는 경향을 줄일 수 있다. 자애와 연민이 가득한 활동은 비폭력적이고 궁극적으로 더 효과적일 가능성이 높다.

최근 수십 년 동안 점점 더 많은 불교 여성들이 적극적인 연민의 모범으로 공개적으로 인정받고 있다. 태국에서는 매치 쿠닝 카니타(Khunying Kanitha, 1920~2002)가 최초의 여성 쉼터와 최초로 에이즈에 감염된 여성과 어린이를 위한 집을 열었다.[4] 대만에서는 비구니 소혜(昭慧, 1965년생)가 사회 정의, 인권, 동물권을 위한 캠페인을 벌였다. 베트남의 외딴 빈곤 마을에서는 여승들이 식량 안보, 홍수 구호, 그리고 장애인을 위한 자비의 돌봄을 위해 일한다. 태국의 매치 산사니 사티라수타(Sansanee Sathirasuta)는 방콕의 사티라 담마스탄(Sathira Dhammasthan) 센터를 통해 에이즈에 걸린 여성들과 함께 일하며 그들의 자녀를 교육하고 있다.

인도에서는 호주 출신의 여승 아야 예셰 보디찌타(Ayya Yeshe Bodhicitta, 1978년생)가 보디찌타(Bodhicitta) 재단을 통해 인도 빈민촌 거주자, 특히 여성과 아동의 고통을 덜어주기 위해 활동한다. 불교

---

4 Tsomo, "Khunying Kanitha."

여성들에게 지식, 지혜, 자원에 대한 접근성뿐만 아니라 형평성과 대표성을 높이는 것은 깨달음의 사회라고 하는 이상 실현을 위해 효과적으로 일할 수 있도록 하는 중요한 진전이었다.

미국에서는 여성이 사회 운동의 최전선에 서는 경우가 종종 있다.[5] 환경 운동가인 조안나 메시(Joanna Macy, 1929년생)는 극복할 수 없을 것 같은 사회적, 생태적 위기에서 비롯된 절망에 대처하는 협력적 방법을 제시한다. 수잔 문(Susan Moon, 1942년생)은 불교 평화 단체의 저널인 「터닝 휠(Turning Wheel)」을 수년 동안 편집한 작가이다. 폴라 그린(Paula Green, 1937년생)은 카루나(Karuna) 평화구축 센터를 설립하여 평화 훈련과 대화를 통해 평화 운동가들의 글로벌 네트워크를 구축했다.

불교 평화 단체의 전 대표인 젠주 어슬린 마누엘(Zenju Earthlyn Manuel, 1952년생)은 노숙자 및 기타 형태의 사회적 역기능에 대한 불교적 접근법을 저술하고 적용하였다.[6] 멜로디 에르마차일드 차비스(Melody Ermachild Chavis, 1943년생)는 특히 사형제도에 대한 반대 운동을 전개하는 등 법적 수단을 통해 사회 정의를 증진하고 있다.[7]

북미 전역의 불교 사원에서 대만 비구니들은 새로운 사회적, 경제적 현실에 적응하기 위해 고군분투하는 이민자 공동체의 어려움을 돕기 위해 헌신하고 있다.[8] 은둔 명상가라는 고정관념의 이미지를 깨고

---

5 Moon, "Activist Women in American Buddhism."
6 예를 들면 Manuel, *Way of Tenderness*; Manuel, *Sanctuary* 참조.
7 Chavis, *Altars in the Street*; Chavis, Meena, *Heroine of Afghanistan*.
8 Tsomo, "Socially Engaged Buddhist Nuns."

오늘날 불교 여성들은 사회적 공익을 위한 다양한 프로젝트에 적극적으로 참여하고 있다. 그들의 불교 수행은 그들을 지탱시켜 주는 것이며, 사회 변화를 위해 전심전력으로 자비심으로 효과적으로 일할 수 있게 해준다.

교육 수준이 높은 국가에서는 여성들이 사회복지 활동에 점점 더 적극적으로 참여하고 있다. 자선 활동은 다양한 형태를 가지며, 보통 풀뿌리 수준에서 시작하여 때로는 거대한 기관으로 성장하기도 한다. 대표적인 예로, 대만의 비구니 증엄(證嚴, 1937년생)은 주부들에게 매주 식료품 구입비에서 한 푼씩 기부하여 대만의 자선 사업과 병원을 지원하도록 독려하여 세계의 주목을 받았다. 1966년, 증엄 비구니는 자제공덕회慈濟功德會 재단을 설립하여, 대만에서 가장 큰 자선 기관이자 세계에서 가장 큰 자선 기관의 하나가 되었으며, 68개국에서 천만 명 이상의 회원과 프로그램을 운영하고 있다.[9] 자제공덕회 재단은 호놀룰루 시내에 있는 무료 진료소를 비롯하여 전 세계 구호 활동, 재활용 프로그램, 무료 진료소 운영으로 유명하다.

이 외에도 불교 국제구호(Buddhist Global Relief), 로터스 봉사회(Lotus Outreach), 비폭력 평화물결(Nonviolent Peaceforce), 잠양(Jamyang) 재단, 자비의 손(Compassionate Hands) 재단 등 오늘날 자국 내 및 전 세계에서 활동하는 수많은 불교 자선 단체가 있다.

교육 수준이 낮은 국가에서는 여성이 사회적으로나 경제적으로 불리한 위치에 있다. 문맹과 교육 기회 부족은 여전히 많은 시골

---

[9] Huang, *Charisma and Compassion*; Huang and Weller, "Merit and Mothering."

불교 공동체에서 흔하며, 이는 빈곤, 성매매, 착취로 이어지기 때문에 최근 수십 년 동안 교육에서 성별 격차를 해소하는 것이 여성에게 중요한 사회 정의 문제였다.

불교는 초기부터 교육을 매우 강조해 왔는데, 붓다는 다양한 배경을 가진 여성과 남성으로 구성된 많은 대중에게 해탈의 길을 가르쳤다. 붓다의 격려에 힘입어 남녀 제자들은 붓다의 가르침을 배웠고, 그 가르침을 국내외 대중들에게 전파하였다. 그러나 불교가 제도화되면서 교육 구조는 확실히 가부장적이게 되었고, 학자와 교사는 거의 대부분 남성들이었다.

최근 몇 년 동안 불교학자, 수행자, 활동가들은 보다 평등한 시스템을 만들기 위해 교육 개혁을 추진했다. 1987년 인도 보드가야에서 열린 제1회 사캬디타 국제불교여성연합에서 불교 사회 여성의 종속적 지위가 마침내 대중의 관심을 받게 되었고, 여성 발전의 열쇠로 교육의 중요성이 크게 인식되었다. 이 역사적인 모임에서 교육, 특히 불교 교육에서의 성평등이 칭송되었다. 더 많고 더 나은 교육은 여성의 개인적, 정신적 성장뿐만 아니라 불교문화를 보존하고 모든 생명체를 이롭게 하기 위해서도 필수적인 것으로 여겨졌다.

그 첫 모임 이후 소녀와 여성, 재가와 출가자의 기회를 개선하려는 움직임은 히마찰 프라데시(Himachal Pradesh)의 양첸 최링(Yangchen Chöling) 사원과 같은 많은 새로운 교육 프로젝트를 탄생시켰고, 이는 사회와 여성 스스로의 마음속에 여성의 잠재력에 대한 인식을 완전히 변화시켰다.([그림 17] 참조)[10]

사캬디타는 민족, 전통, 언어, 사회 경제적 지위의 경계를 넘어 불교 여성들을 하나로 묶는 초국가적 운동이다. 갈등, 환경 파괴, 성 불평등 및 기타 병폐를 지속시키는 사회 구조의 변화를 교육하고, 권한을 부여하고, 옹호하기 위해 학계, 사회 참여, 운동, 명상, 예술을 통합한다. 이 운동은 특히 여성과 아동을 위한 사회적 행동 네트워크를 연결하는 데 도움이 되었다. 특히 성매매와 같은 분야에서 아직 해결해야 할 과제가 많이 남아 있지만, 사회 변혁 활동에 대한 풀뿌리 접근 방식은 광범위하고 해방적인 효과를 가져오고 있다. 지금까지 거의 주목받지 못했던 불교 여성들의 정신적 업적에 주목함으로써 많은 국가의 여성들이 더 많은 사회 참여를 할 수 있게 되었다.

【그림 17】 인도 히마찰 프라데시(Himachal Pradesh) 스피티(Spiti)에 있는 양첸 쵀링(Yangchen Chöling) 사원에서 불교 경전을 암송하는 어린 사미니들.
사진: 올리비에 아담(Olivier Adam).

---

10 불교 여성을 위한 교육 기회 개선이 가져온 변화의 효과는, Chung, "Crossing Over the Gender Boundary"; LeVine, "Dharma Education for Women"; Tsomo, "Change in Consciousness."에 담겨 있다.

다국적 자매애: 불교를 변화시키는 여성들

수 세기에 걸쳐 가부장적 지배를 겪은 불교 여성들이 사회 정의에 대한 인식의 주요 초점이 성평등에 맞춰져 있는 것은 당연한 일이다. 전 세계 불교계에서는 남성과 여성에게 기대되는 행동을 규정하는 사회적으로 만들어진 성 고정관념에 대해 수년 동안 이의를 제기하지 않고 논쟁을 벌이지 않았다. 남성은 독단적이고 지배적이어야 하고 여성은 온화하고 순응적이어야 한다는 기대는 여성과 남성이 특정한 생물학적 차이에도 불구하고 모두 정신 수행, 건전한 행동, 정신적 해탈의 능력이 있다는 불교의 원칙에 근거하여 부드러움과 독립적인 사고라는 불교의 이상과 함께 작용해 왔다. 두 개인이 완전히 똑같을 수는 없다는 것이 인정됨에도 불구하고, 동물을 포함한 모든 중생은 비록 성취하는 데 많은 생애가 걸리더라도 결국 고통에서 해방될 수 있는 잠재력을 가지고 있다. 이 잠재력을 실현할 수 있는 가장 행운의 상태는 바로 인간이다.

이러한 맥락에서 불교 페미니스트의 관점에서 보면, 여성의 정신적 해방을 방해하는 장애물은 부당하며 또 불건전하다. 이러한 이유로 사캬디타가 주도한 현대 불교 여성 운동은 불교 공동체의 사회적, 제도적 불의에 대한 인식을 높이기 위해 노력해 왔으며, 특히 불교 여성이 교육과 수계에서 직면하는 불평등에 주목을 끌어왔다. 전통적으로 여성은 현생에서든 내생에서든 윤회하는 존재(삼사라)에서 해탈할 수 있다고 인정되어 왔지만, 그럼에도 여성은 사회적, 생물학적 장애에 직면해 있다고 주장되기도 한다.

여전히 대부분의 불교 전통에서 여성은 붓다의 32상 중 하나인 "남성의 표식", 다른 말로 하면 남성 성기가 없기 때문에, 완벽하게 깨달은 존재인 삼먁삼붓다(samyaksaṃbuddha)의 상태에 도달할 수 없다고 본다. 경전 몇 줄과 지금까지 알려진 모든 붓다가 남성이었다는 사실만이 여성의 깨달음을 가로막는 유일한 걸림돌인 것 같다. 역설이게도 붓다 석가모니 자신이 여성의 해탈을 성취할 수 있는 동등한 능력을 확인했음에도 불구하고, 붓다의 남성적 정체성이라는 신체적 표식이 수천 년 동안 성차별을 정당화하는 데 사용되어 왔다.

동시에 붓다는 법을 가르칠 수 있는 재가 남성, 여성, 출가 남성, 여성이 있을 때까지 입적하지 않겠다고 한 것이 인용된다. 붓다는 또한 여성에 대한 가르침도 강조하였고, 여성을 폭행과 착취로부터 보호하기 위한 계율을 공표하였다. 붓다의 평등주의적 확언과 새로 창건한 종교 공동체에 여성을 포함시키기 위해 많은 노력을 기울였다는 사실에 비추어 볼 때, 붓다는 남성과 마찬가지로 여성에게도 동일한 잠재력이 있음을 인정한 것이 분명하다. 이러한 정신적 평등에 대한 긍정에도 불구하고 불교 여성들이 자신의 불우한 사회적, 제도적 지위를 인식하고 설명하며, 보다 균형 잡힌 젠더의 비전을 표현하기 시작한 것은 불과 지난 수십 년 동안의 일이다.

지난 수십 년 동안 전 세계적으로 사회 해방 이데올로기, 여성학 연구, 새로운 커뮤니케이션 네트워크의 융합으로 인해 젠더 의식이 눈에 띄게 발전했다. 불교계에서도 여성은 교육과 정보에 대한 접근성, 그리고 세속과 종교 영역에서 자신의 내재적 가치와 잠재력을 확인할 수 있는 기회가 높아졌다. 사캬디타 회의, 출판물, 소셜 미디어

채널 등 불교 여성의 역사와 공헌에 대해 토론하고 배울 수 있는 새로운 포럼이 만들어졌다.

재가 여성이든 출가 여성이든, 또는 전통적인 범주를 넘어서는 역할을 수행하기로 선택하든, 불교 여성들은 지식을 넓히고 비판적으로 사고하며 창의적으로 자신을 표현하고 리더십 기회를 받아들이는 데 있어 그 어느 때보다 더 많은 확인과 격려를 받고 있다. 출가 생활을 선택한 여성에게는 여승의 지위를 얻을 수 있는 기회가 더 많아졌다. 재가 생활을 선택한 사람들에게도 수행 기회가 더 많아졌다. 여성들은 점점 더 교사로 눈에 띄고 있으며, 세상의 문제를 해결하기 위해 불교적 해결책을 적용할 수 있는 기술을 습득하고 있다.

불교에서 여성 인권을 위한 풀뿌리 혁명은 높은 지위에 있는 남성 동맹자들의 지지를 받고 있다. 가장 눈에 띄는 인물 중 한 명은 티벳 승가 세계의 보수 세력의 반대에도 불구하고 신생 불교 여성 운동을 지지해 온 제14대 달라이 라마 성하이다. 1989년 노벨 평화상 수상자는 보드가야에서 열린 첫 사캬디타 회의에서 연설하고 티벳 망명지의 많은 여승 사원을 방문하고, 수계 받은 승가 회원의 공식 승복인 노란 승복을 여승들이 입을 수 있게 장려하고 여승들이 대 기도법회에 참석하는 것을 환영하고, 여성의 구족계 문제를 검토하기 위한 위원회를 설립하고 오프라 윈프리와 같은 영향력 있는 여성 유명인들과의 대화에 참여하는 것을 포함하여, 수많은 방식으로 가부장적 전통을 단절시켰다.

14대 달라이 라마는 자신을 페미니스트라고 밝히면서 여러 언론 인터뷰에서 차기 달라이 라마가 여성이 될 가능성을 언급했다.[11] 일부 관찰자들은 달라이 라마가 여성을 "더 자비롭고 더 배려심 많은 사람"으로 특징화하는 것에 의문을 제기하지만, 달라이 라마는 티벳 여승들이 역사상 처음으로 게셰 학위를 취득할 수 있도록 하는 것과 같은 많은 혁신으로 여성 인권에 대한 지원을 뒷받침하고 있다. 그는 여성이 지도자로서 큰 잠재력을 가지고 있다고 거듭 강조하고, 여성의 교육과 적극적인 사회 참여를 강력히 장려하여 티벳 전통에서 여성이 지도자 직책을 맡을 수 있는 길을 열어주었다.

불교 여성과 사회 정의: 깨달음의 교차로

불교 여성들은 전통의 시작부터 현대에 이르기까지 사회 변화의 적극적인 주체였다. 비록 그들의 노력에 대한 주목은 거의 받지 못했지만, 사회적 공익을 위한 그들의 활동은 자애와 연민의 자연스러운 확장이라 할 수 있다. 수 세기에 걸친 불교 여성들의 꾸준하고 유익한 공헌은 그들이 단순히 남성의 수동적 지지자라는 생각을 불식시킨다. 그들은 가족을 돌보기 위해 열심히 일하고 그들의 공헌이 항상 인정받는 것은 아님에도 불구하고, 사원과 빈곤층을 포함하여 지역사회를 위한 프로젝트에 기꺼이 참여하며 자신의 것보다 타인의 복지를 우선시한다.

전통적인 불교 사회에서 여성이 내릴 수 있는 가장 급진적인 결정 중 하나는 결혼과 가족에서 벗어나서 여승이 되는 것이다. 재가 사회의

---

11 예를 들면 McGregor, "Next Dalai Lama." 참조.

반응은 항상 호의적이지는 않았는데, 여성 출가자는 가정생활과 출산을 거부함으로써 그들이 사회적, 정신적 독립을 더 중요하게 여긴다는 신호를 보내기 때문이다. 사회학자 모니카 린드버그 포크(Monica Lindberg Falk)는 다음과 같이 말했다.

> 태국 남성에게 수계와 승려의 삶은 그들의 남성적 정체성을 실현하는 방법이다. … 태국 여성에게 여성의 정체성은 독신으로 실현되지 않는다. 반대로 여성은 결혼과 모성을 통해 세속적 영역과 확고하게 묶인 성숙과 여성 정체성을 달성한다. 여성이 여성의 재생산 정체성을 거부하고 종교적 정체성을 취하여 가정생활을 포기하고 매치가 되기로 결정하면 성별에 대한 사회적 규범을 위반하는 것이 된다.[12]

여성 출가의 감소로 인해 여성이 사회적, 경제적으로 자립하기 위한 대안이 거의 없다. 성매매에 종사하는 것은 여성을 착취하는 것으로 악명이 높기 때문에 실행 가능한 대안이 되기 어렵다. 따라서 소녀와 여성을 위한 교육과 출가 생활에 대한 태도를 바꾸는 것이 타당한 사회 정의의 관심사이다. 그러기 위해서는 여성의 잠재력을 평가 절하하는 문화 코드를 깨뜨리고 성별에 따라 위계적으로 구조화된 사회 환경을 해결하는 방법을 배워야 한다. 어떤 이들은 이러한 구조를 완전히 해체할 것을 권장한다.

1987년부터 샤카디타에 소속된 불교 여성들은 2년마다 전 세계에서

---

[12] Falk, *Making Fields of Merit*, 34.

모여 불교 여성의 지위에 대해 논의해 왔다. 지금까지 모든 회의는 불교 여성의 99%가 살고 있는 아시아에서 개최되었다. 이는 불교 페미니즘 운동이 서구의 계획이며, 여성 인권 "아젠다"라고 반대파가 낙인찍어 온 주장을 뒤집는 패러다임의 전환을 보여준다. 이 회의의 리더십 팀은 주로 아시아 여성이지만 남성과 서양 여성도 중요한 역할을 해왔다. 21세기는 미얀마, 인도네시아, 네팔, 대만, 중국, 티벳 등 멀리 떨어진 국가의 불교 여성들에게 엄청난 변화와 도전의 시기이다.

이러한 변화와 도전에 대한 조사는 아시아 불교문화에서 여성의 경험을 이해하는 배경을 제공할 뿐만 아니라 아시아 불교 사회 전반을 휩쓸고 있는 변화의 척도가 될 것이다. 이 탐구를 이끄는 질문은 불교가 여성을 해방시키는지 그렇다면 어떤 방식인지, 혹은 어떤 방식으로 억압적인지 등이다.

불교 사회에서 여성을 위한 현대적 변화는 민주주의와 페미니즘과 같은 서구 이데올로기의 영향을 어느 정도 받았으며, 어느 정도가 업, 연민, 지혜, 보시와 같은 전통적인 불교 개념과 가치에 의해 형성된 것일까? 불교 윤리가 윤리적 행동에 대해서는 명확한 기준을 제공하지만, 사회의 혜택을 받지 못한 부문을 보호하거나 착취에 도전하고 착취가 발생할 수 있는 구조적 불평등을 해결하는 데는 충분하지 않음이 입증되었다.

특히 불교의 윤리적인 이상들은, 그 자체로는 가치있지만, 세계의 불교 여성들의 이익을 보호하는 데 있어서 충분하지 않음이 밝혀졌는데, 많은 불교 여성들이 적절한 교육, 건강관리 또는 학대와 착취에 대한 보호 없이 가난, 문맹, 그리고 억압 속에 살고 있기 때문이다.

여성들은 남성 중심적이고 남성에게 집중되어 있는 관점에서 쓰여진 불교사의 많은 부분에서 보이지 않게 되었다. 역사적으로, 여성은 불교의 제도적 구조 속에서 적절하게 대표되지 않았다. 우리가 불교를 페미니스트 렌즈, 즉 젠더, 여성, 페미니즘, 그리고 정의로 고려할 때, 우리가 만드는 모든 범주의 구분들은 대부분의 여성들, 특히 개발도상국의 불교 여성들이 창조하는 데 있어서 거의 또는 전혀 역할을 하지 못했던 것들이다. 게다가 불교의 제도적 구조가 여성의 경험에 대한 언급 없이 2,500년 동안 만들어지고 운영되고 지배되었다면 여성에게 얼마나 적절한 것이겠는가?

적극적인 목소리를 가정해 보면, 여성을 통제하고 종속적인 위치로 강등시키는 고정관념, 예를 들면 "여성은 나쁜 업을 가진다"라고 하는 어디에서나 들을 수 있는 말과 팔중법과 같은 종교적 제한을 여성들이 어떻게 도전할 수 있을까? 이 질문들은 그들의 사회적 위치와 교육 및 인식에 따라 여성에게 다른 의미를 가진다.

마하마야 왕비는 미래에 붓다가 될 아들을 낳고 불과 7일 후에 세상을 떠난 모성 희생의 전형이다. 마하프라자파티는 젊은 왕자를 양육하면서 이타적인 헌신의, 그리고 승가에 들어갈 수 있게 허가를 밀어붙인 첫 번째 여성이 되면서 용기 있는 리더십의 표본이 되었다. 야쇼다라는 라훌라를 낳는 데 있어 완벽한 부부 동반자의 모범을 보여주었는데, 그 아들은 왕자의 남자다움과 그의 금욕의 깊이를 증명하였다. 수자타는 붓다가 깨달음을 얻기 전 고행주의 영적 탐구의 바닥에 다가갈 때 음식을 제공한 전형적인 보호자로 등장한다.

붓다의 깨달음 이후 수많은 여성들이 그의 제자가 되었고 해방을 이루고 스스로 스승이 됨으로써 붓다의 가르침의 효과를 증명했다. 종합하면 붓다의 정신적 경력에 있어서 중요한 고비에 극적으로 등장한 강력한 여성들은 여성의 깨달음 가능성을 분명하고 지속적으로 일깨워 준다. 그러나 심지어 붓다의 일생 동안에도 힘 있는 여성은 어떤 사람들에게 도전이 되는 것처럼 보였다. 시간이 지나면서 여성들은 남성이 쓴 역사에서 사실상 보이지 않게 되었다. 글을 읽고 쓸 줄 아는 능력에 접근하지 못한 채 여성들의 목소리는 작아지거나 사라졌다.

그러므로 오늘날 불교 여성들에게 그 첫 번째 필수 단계가 여전히 교육이다. 가난하고 문맹일 때 사람들이 구조적 변화를 주장할 수 있다고 기대하는 것은 비현실적이다. 소녀들이 더 많은 교육을 받을수록 자신감이 더 많이 생긴다. 그들이 성인으로 성장하면서 더 눈에 보이는 역할을 맡기 시작한다. 즉 네팔에서는 초등학교와 중등학교를 운영하고[13], 방글라데시의 사원과 초등학교에서 가르치고, 태국과 인도 히말라야에서는 불교 연구소를 조직한다. 몇몇은 고등교육 기관을 설립했다. 1986년 비구니 석효운(釋曉雲, 1913~2004)은 대만의 첫 불교 대학인 화범華梵 대학을 설립했다.[14] 비구니 담마와티 (Dhammawati, 1934년생)는 네팔의 카트만두 계곡에서 불교 교육의 선구자였고 수백 명의 재가 여성과 여승들을 교사로 훈련시켰다.[15]

---

13 LeVine and Gellner, *Rebuilding Buddhism*, esp. 76-98.
14 Tsomo, "Illustrating the Way."
15 LeVine and Gellner, *Rebuilding Buddhism*, 76-98.

신시아 마웅(Cynthia Maung, 1959년생)은 1989년부터 태국-버마 국경의 매솟(Mae Sot) 클리닉에서 버마 난민들과 고아를 위한 자선 활동으로 많은 상을 받은 카렌(Karen)족 의사이다. 베트남 여승들은 베트남의 많은 외딴 빈민 마을에서 홍수 구호, 건강관리, 장애 서비스 및 노인 돌봄을 시작했고 이를 감독한다.

불교 여성들은 또한 부당한 사회적, 정치적 구조를 바로잡으려는 의도로 정치와 환경 운동에도 적극적이었다. 사회 정의 운동가들의 예로는 중국의 지배에 대항한 티벳 저항 운동의 유명한 지도자였던 아니 파첸(Ani Pachen, 1933~2002)이 있다.[16] 아웅산 수치(Aung San Suu Kyi, 1945년생)는 미얀마의 민주주의와 정의를 위한 운동을 이끌었으며[17], 비구니 지율 스님(1957년생)은 한국의 새로운 고속철도에 의한 도룡농 서식지 파괴에 항의하기 위해 100일 동안 단식을 했다. 그리고 대만의 비구니 소혜昭慧는 도박, 핵 확산, 미얀마의 정치적 억압, 여승들에게 부적절한 언어의 사용, 그리고 승가에서 여성의 종속 등에 대한 항의를 조직했다.[18] 비록 불교 기관에는 이와 같이 성평등에 대한 거침없는 아시아 지지자들이 거의 없지만 그럼에도 변화의 조짐은 상서롭다.

---

16 Pachen and Donnelley, *Sorrow Mountain*.
17 Lintner, *Aung San Suu Kyi*.
18 DeVido, *Taiwan's Buddhist Nuns*, 102-10.

사회 정의, 포용, 그리고 진정성

불교의 사회 정의를 위한 한 가지 선택은 전체 시스템을 전복시키기 위해 의식적으로 노력하는 것이다. 페미니스트 이론과 식민지 이론이 분명히 밝히듯이 억압받는 자들이 침묵을 지킬 때 지배는 성공한다. 시민 불복종 지지자들이 증명할 수 있듯이 급진적인 사회와 정치 변화 과정은 위험을 수반하며, 많은 불교도들은 불공정에 대해 침묵을 지킨다. 많은 이들이 "페미니스트"라는 용어조차 기피하면서, 가부장적 경제 권력과 그에 부역하는 언론의 논리에 스스로 편승하게 된다. 타인을 소외시키고 배제하며 지배하려는 비방과 왜곡, 주변화의 방식은 이제 더 이상 낯설지 않다.

종교 지형에서 그들의 종속적인 지위를 굳이 언급하지 않더라도, 많은 불교 여성들은 여성이 공정한 위치를 가질 수 있는 새로운 불교 구조를 만들기 위해, 조용히 기성 제도에 대해 독립적으로 그리고 모든 권위를 피해 가면서 일하고 있다. 우리가 논의한 바와 같이, 비록 붓다 자신이 여성을 위한 진보적인 길을 만들었지만, 불교 전통은 여전히 그 안에서 발전하는 사회의 가부장적 구조를 반영하며 불교 텍스트 자체도 가부장적인 해석을 하기 쉽다.

그럼에도 불구하고, 비록 불교 여성들이 여전히 많은 문제에 직면하고 있지만 그들은 1987년의 첫 번째 사캬디타 회의 이래로 사회 변화의 주체로서 훨씬 더 적극적이고 가시적이 되었다. 현재의 궤적을 고려할 때, 그들이 앞으로 몇 년 동안 점점 더 강력한 힘이 될 것임에는 의심의 여지가 없다. 불교 페미니스트 운동은 비폭력적이기 때문에 효과적이었고, 제도적인 성차별에 도전하기 위해 사용되는 방편(upāya)은 대립적이지 않아서 그러므로 권력에 덜 위협적으로 인식되어 왔다.

불교의 관점에서 볼 때, 미래는 우리가 지금 만들어내는 행동의 결과일 것이기 때문에, 우리는 우리의 집단적인 미래를 진지하게 고려할 필요가 있다. 붓다가 가르친 것처럼 탐욕, 미움, 무지, 그리고 다른 파괴적인 감정들을 우리 마음에서 정화시키는 것이 우리의 미래를 향상시키는 가장 좋은 방법이다. 진실한 정신 계발로 바르게 살면서 미래의 방향을 바꾸는 것은 가능한 일이다. 오늘날 인류에게 그것은 희망적인데, 왜냐면 대안이 지구 파괴이기 때문이다.

지금 시스템 분석가들은 우리의 아름다운 행성에 가능한 최악의 결과를 예측하고, 탐진치가 걷잡을 수 없이 맹위를 떨치는 것처럼 보이는 때일지라도, 불교는 선의를 가진 사람들과 인류 전체가 우리의 행동을 바꾸기로 선택함으로써 우리의 집단적인 미래를 바꾸는 것이 여전히 가능하다고 가르친다.

모든 지혜의 전통은 자신의 이익을 제쳐두고 대신 모든 생명체를 보호하고 돌보기 위해 행동하는 유익함을 가르친다. 모든 생명체에 대한 이러한 연민의 관심은 "나 자신"과 "나의 종족"에 대한 관심에서 벗어나 모든 생명체의 고통과 안녕에 대한 진정한 관심으로 대체할 것을 요구한다. 업의 법칙은 개인뿐만 아니라 모든 지각 있는 존재들에게 공동으로 기능한다. 조건적인 발생이라는 불교 원리에 따르면, 건전하고 불건전한 생각, 말, 행위는 상호 의존적으로 발생하므로 따라서 모든 삶에 상호 연관된 결과를 가져온다.

행동의 결과에 대한 이러한 강조는 불교도들이 세상의 불의를 바꾸기 위해 행동하지 않는 것의 결과는 무엇인가와 같은 질문들과 씨름하게 만든다. 보통 우리가 만들지 않는 행동은 결과를 가지지 않을 것이다. 파종되지 않은 씨앗은 식물로 자라지 않는다. 반면 세상이 수백만의 지각 있는 존재들, 특히 소녀와 여성들에게 상상할 수 없는 불행으로 가득 찬 시대에, 그들의 고통을 덜어주기 위해 아무 것도 하지 않는 업보는 무엇일까? 유니세프(UNICEF)는 전 세계에 10억 명의 어린이들이 고통받고 있다고 보고했다. 이 어린이들의 고통은 여성에게 불균형적으로 영향을 미친다. 보다 활동적인 입장을 취하는 불교도들은 이러한 부정을 바로잡기 위해 아무것도 하지 않고 가만히 있는 것을 정당화할 수 없다고 믿는다.

자애와 연민은 불교 전통의 특징이기 때문에, 많은 여성들은 불교 신자로서 세상의 불행을 덜어주도록 돕는 사회 정의를 위해 일할 의무가 있다고 강하게 느낀다. 팔리어 삼장의 『칼라마(Kālāma)경』에서, 붓다는 비판적인 자기 성찰로 그의 가르침을 조사하는 진리 추구자들에게 조언한다. 경전에서는 소문, 전통, 풍문, 경전, 추측, 추론, 외모, 선입견, 수용할 수 있는 것 또는 존경받는 수행자가 언급한 것 등에 의존하지 말고 스스로 생각하라는 좋은 조언이 제시된다. 이 견해에 따르면, 인간은 개인적으로 무엇이 건전하고 건전하지 않으며, 칭찬할 만하거나 비난할 만하며, 현명하거나 현명하지 못하고, 행복이나 슬픔에 도움이 되는지를 평가하고 그에 따라 행동할 책임이 있다.[19]

불평등의 2,500년이 지난 지금, 불교 여성들이 변화를 위해 적극적으로 활동할 수 있는 여건이 무르익고 있다. 참여 불교 플랫폼이 서구의 산물이며 외부 활동가들이 불교도에게 강요하고 있는 인권 "아젠다"라고 보는 선입견이 있을 수 있다. 내가 보기에 이러한 정서는 부당하고 무지한 것이다. 비록 붓다가 현대적인 용어의 의미로 사회 운동가는 아니었을지 모르지만, 포용의 이상은 단순히 현대 서구에서 만들어진 것이 아니다. 석가모니 붓다 자신은 사회 정의의 선구자였고, 그의 공동체를 여성과 모든 배경의 카스트 사람들에게 개방했다.

그의 양어머니 마하프라자파티는 확실히 사회 정의 운동가였으며, 불교 문헌에서 확인된 바와 같이 여성이 승가의 완전한 참여자가 될 권리에 대한 시위를 주도했다. 사회적으로 참여 불교도들은 정의를 위해 일하면서 새로운 것을 시작하는 것이 아니다. 이러한 원칙들은 이미 붓다의 평등주의적 메시지에 담겨 있다. 우리는 행동을 요구하는 시대에 살고 있다. 매일 언론은 주요한 만행과 스캔들을 보도한다. 무의미한 갈등과 위험한 독소가 아이들의 삶을 위협하고 있다면, 그것은 불교도들이 걱정해야 할 일이다. 물론 불의에 항의하기 위해 적극적인 역할을 하는 것은 위험의 감수가 있다. 한 사람의 사회 정의 운동은 당국, 동료들, 그리고 잠재적인 고용주들에게 알려질 수 있다. 우리는 심지어 체포되거나, 강간, 고문을 당할 수도 있다. 하지만 이것은 우리가 기꺼이 감수해야 할 위험이다. 사실 지각 있는 존재들의 고통을 생각하는 것은 우리가 사회 정의를 위해 목소리를 내고 일하도록 영감을 주면서 우리의 사회적 양심을 자극하는 데

---

19 Narada, *The Buddha and His Teachings*, 284-85.

도움이 될 수 있다.

　연민심을 가진 불교도들에게 있어 안주하는 것은 선택 사항이 아니다. 사회 정의와 지속 가능한 세계 평화에 대한 불교도들의 통찰을 논의하기 위해 자유롭게 모이는 것은 주요 이슈와 우리의 문제 있는 세상을 변화시킬 방법에 대해 공개적으로 말하기 위해 현명하게 사용될 특권이다. 문제의 핵심은 지속 가능한 세계 평화가 인간, 동물, 환경의 기본적인 필요가 보호되는 정의 사회에서만 가능하다는 것이다. 불교도들은 사회 정의를 구현하는 데 필요한 필수적인 일을 지지해야 할 의무가 있다. 연민과 자애의 핵심 원리에서 활동하는 불교도들은 정의롭고 지속 가능한 평화의 본보기가 될 수 있다.

　불교 여성들은 그 모든 형태로 사회 정의의 대의를 위해 활기차게 결집해 왔고 불교 수행을 사원을 넘어 거리로 가져가는 데 주요 역할을 해왔다. 여성들에게 그들이 옳다고 알고 있는 것을 할 수 있도록 도구와 격려를 제공하는 것이 과제이다.

결론

현대 사회에서 불교가 활성화되고 있고 비불교권 사회로 전파되는 중에 가장 흥미로운 현상은 국제적으로 활동하는 여성 운동이 나타나고 있는 점이다.[1] 불교와 페미니즘의 결합은 철학적 분석을 위한 비옥한 기반이며 또한 매우 큰 사회적 관련성을 가지고 있다. 비판적인 학문과 문화 간 교류의 초점으로서, 모든 전통의 불교도들은 현재 현대 세계의 성별에 대한 최근의 연구와 새로운 태도에 비추어 성별에 대한 오래된 가정을 재평가하고 있다.

특히 성별, 권위, 그리고 여성에 대한 폭력 간의 관계에 대한 현재의 인식의 각성은 불교 사회와 기관에서의 성평등에 관한 질문을 불러일으켰으며, 이는 학문적인 관심과 성찰을 받을 가치가 있다. 초국가적 페미니스트 담론과 후기 구조주의 이론의 요소는 현대 불교 페미니스트 운동을 이해하는 데 유용할 수 있다.[2]

---

[1] Tsomo, "Global Exchange."

[2] 예를 들면 Jayawardena, *Feminism and Nationalism in the Third World*; Grewal,

이 책의 장들은 현대 불교 여성들의 삶과 상호 작용을 역사적 연속성의 유산이자 새로운 초국가적 인식의 각성으로서 살펴보았다. 여성과 남성의 현대 학자들의 한 세대가 현대 기술과 통신의 모든 기술과 자원을 활용하여 불교 여성들을 인류학, 역사, 문학, 심리학, 사회학, 그리고 종교학의 관점에서 집중적으로 연구하기 시작했다.

많은 사람들은 불교에서의 성 위계와 차별이 붓다의 가르침이나 현대의 민주주의 가치 모두와 양립할 수 없는 가부장적 사회 질서의 잔재라고 결론짓는다. 붓다는 성별, 카스트, 민족성, 문화, 그리고 다른 요소들의 구별을 초월하는 인간 조건의 본질에 대한 근본적 통찰을 설명했다.

초기 불교 문헌은 붓다가 사회적 지위가 낮은 사람들과 여성들을 승가에 들어오도록 허락함으로써 카스트와 성 차별에 도전했음을 증명한다. 붓다는 경계와 관습에 저항하는 자립과 자기 변혁의 교리를 가르쳤다. 남아시아 연구 학자 가일 옴베트(Gail Omvedt)는 불교가 카스트 위계의 대안을 대표한다고 설득력 있게 주장한다.[3] 그리고 많은 사람들은 그것이 또한 젠더 위계의 대안이라고 믿는다.

아시아의 불교 페미니즘: 인식의 교차점

1987년 보드가야에서 열린 제1차 사캬디타 회의 이후 나타난 초국가적 불교 여성 운동은 설립자들의 꿈과 기대를 훨씬 뛰어넘었다. 한 무리의

Transnational America 참조.

3 Omvedt, *Buddhism in India* 참조.

친구들이 배제와 성 편견에 관한 그들의 경험의 기록을 비교하면서 시작된 것이 꾸준히 성장하여 오늘날 전 세계 수백만 여성의 관심사, 열망 및 성취를 대표하는 단체인 샤카디타 국제불교여성협회의 창설로 이어졌다. 주류 불교 단체들의 부족한 지원과 적은 자금으로, 매우 다양한 불교 단체와 전통의 여성들이 힘을 합쳐 최근까지도 불가능하다고 여겨졌던 목표를 성취하도록 서로를 격려해 왔다. 꾸준한 학술 출판물의 흐름을 통해 시베리아에서 네팔, 인도네시아에 이르기까지 불교 사회의 여성들의 역사가 밝혀졌다. 이 출판물들은 차례로 전 세계의 다양한 사회의 불교 여성의 삶을 기록하는 민족지학적 연구에 영감을 주었다.

비록 일부 불교 국가에서 출가 여성의 수는 비구승의 수에 비해 상당히 낮지만, 높은 비율의 연구가 수계 문제에 초점을 맞추는 것은 그것이 그 사회에서 여성의 지위를 전반적으로 보여주는 척도의 역할을 하기 때문이다. 성 불평등에 주목하는 것은 특히 교육과 관련하여 여성에게 변화를 일으켰지만, 재가자와 출가자 모두 여성 수행자에 대한 지지와 존중의 측면에서도 변화를 만들었다. 불교 회의에 여성의 참여가 증가하고 개선된 통신 기술을 통해 전달된 영감은 여성이 그들의 공동체에서 변화를 시행하도록 동기를 부여했다.

티벳의 여승들이 이전에는 비구만 이용할 수 있었던 학문의 학위를 받는 것과 같은 다른 불교 공동체의 획기적인 사건들은 모든 불교도들에게 여성이 최고의 성취도를 달성할 수 있다는 신호를 보낸다. 동시에 특히 여성을 위한 구족계 논쟁 속에서, 비아시아 여성들은 그들의 "여권 아젠다" 때문에 아시아계 여승들이 더 높은 지위를 얻도록 설득하려 했다는 비난을 받는다. 이 비판은 페미니즘이 서양의 고안이며 불행한 아시아 여성들을 그들의 의지에 반하여 페미니스트 사고방식으로 조종하기 위한 계략이라고 가정하는 것 같다.

이러한 "페미니스트 관점의 비판"[4]은 아마도 토착민 목소리의 장려를 목표로 하지만, 아시아인의 목소리가 대화에서 소외되었음을 또한 암시하는 것 같다. 그러나 그때 사실 아시아 여성들은 처음부터 2년마다 열리는 샤카디타 국제불교여성회의 참가자의 대부분을 차지했다. 이 비판은 아시아 여성들이 성 불평등을 인식하지 못했거나 스스로 억압에 저항하지 못했음을 암시하는데, 사실 마하프라자파티가 주도한 여성 해방 운동과 『테리가타』에 기록된 깨달음의 노래에서 가부장제에 대한 저항의 징후는 불교의 초기부터 분명했다.

오늘날 풍부하고 복잡한 다문화적 페미니즘 대화는 서구 교육을 받은 아시아 여성들, 아시아 교육을 받은 서구 여성들, 승려, 비구니, 재가 여성과 남성, 페미니스트와 그 외 다양한 관점을 포함하는 다양한 시각의 집합이다.[5] 불교 여성의 역사와 급성장하는 불교 페미니즘

---

[4] 이 용어는 쳉(Cheng)의 저서, *Buddhist Nuns in Taiwan and Sri Lanka*에서 따온 것이다. 쳉의 분석은 식민지 이후 스리랑카의 불교 여성에 대해 우리가 이해할 수 있도록 많은 귀중한 공헌을 했지만, 20세기 스리랑카 여승들의 열악한 환경에 대한 인식을 제고하고 1996년 이후 스리랑카에서 비구니 승가의 재건을 가능하게 했던 다른 나라 비구니 수계 계보의 존재를 알리는 데 있어 아야 케마(Ayya Khema)와 같은 서구 여성들의 주요 공헌을 무시하는 경향이 있다.

[5] 최근 몇 년 동안 국제 불교학자들과 수행자의 저서를 편집한 여러 편집본이 출판되었는데, 여기에는 내가 편집한 책도 포함되어 있다. *Contemporary Buddhist Women, Compassion and Social Justice, Buddhism at the Grassroots,*

운동에 대한 면밀한 읽기는 많은 아이러니를 드러낸다.

아시아 여성들이 사회 운동과 대중의 관심을 꺼린다고 오해하지만, 대만의 비구니 석소혜釋昭慧는 매우 대중적인 사회 운동가로 동물권, 여권, 핵 비확산, 여승에 대한 경어, 그리고 다른 많은 고귀한 대의를 지지하는 시위를 조직했다.[6] 2001년 전국적으로 방송된 기자회견에서 그녀는 붓다에 의해 규정되지 않은 팔중법을 거부했고, 2012년에는 대만에서 열린 최초의 동성 불교 결혼식을 주재하기도 했다.[7] 한국의 비구니 지율 스님은 천성산에 멸종 위기에 처한 도롱뇽의 서식지를 손상시킬 수 있는 고속철도 터널 건설을 계획한 정부에 항의하기 위해 2005년도 백일 동안 지속된 단식을 여러 차례 시행했다.

불교 비구니 계보의 원조인 마하프라자파티와 비구니 계보를 인도에서 스리랑카로 가져간 아쇼카 왕의 딸 상가미타는 현대 페미니스트 운동보다 2,000년 이상 앞선 페미니스트였다. 5세기에 스리랑카에서 중국으로 비구니 원정을 이끈 비구니 데바사라(Devasārā)는 초국가적 규모 불교 페미니즘 운동의 또 다른 주요 사례이다.

일본에서 최초로 수계를 받은 불교 출가자는 6세기에 한국에서 수계를 받고 바다 건너 일본으로 간 세 명의 비구니들이었다.[8] 일본의

Eminent Buddhist Women, Buddhist Women in a Global Multicultural Community, Out of the Shadows, Buddhist Women and Social Justice, Bridging Worlds, Innovative Buddhist Women, Buddhist Women across Cultures, Buddhism through American Women's Eyes, 그리고 *Sakyadhita*.

6 Chao Hwei Shih의 작품은 DeVido, *Taiwan's Buddhist Nuns*, 101-16에서 묘사되었다.

7 Lee and Han, "Mothers and Moral Activists," 67-72.

여승들은 스스로 수 세기 동안 출가 여성을 위한 길을 만들었다. 동아시아 종교학자 로리 믹스(Lori Meeks)가 기록한 것처럼, 일본의 귀족 출신 여승들은 여성 승가를 지원하는 것의 타당성과 가치를 인정한 낮은 신분 출신의 비구승들과 연대를 형성했다.[9]

이 여성들은 모두 "여성의 권리"라는 단어가 아직 나오지도 않은 역사적 시기에 반체제적이고 해방적인 여성에 의한, 여성을 위한 운동을 시작했던, 불교 전통의 매우 중요한 전달자였다. 그러나 대단한 용기와 결단력으로 행동한 이 혁신가들은 주류 역사뿐만 아니라 페미니스트 연대기와 여성사 책에서도 누락되어 있다.

최근에야 학자들이 조용히, 그리고 알려지지 않은 채로 여성과 사회에 거대한 변화를 일으킨 많은 뛰어난 불교 여성의 사례를 발굴하는 보람 있는 작업을 시작했다. 이러한 특별한 여성들을 기념하는 것뿐만 아니라 페미니즘은 서구 사회의 창조물이고 불교 페미니즘은 서구의 부과물이라는 가정에 도전하는 것도 중요하다.

불교 사회에서 비구니 승가의 존재 여부가 여성의 지위와 얼마나 관련이 있는지를 확인하기 위해서는 추가적인 사회학적 연구가 필요하지만, 현재 인도, 네팔, 태국, 스리랑카를 포함하여 이전에는 비구니 승가가 없었던 국가들에서 여성의 구족계를 확립하기 위한 조용하고 꾸준한 노력이 문제를 진전시키고 있다. 이러한 노력 속에서 고위층 비구승들의 지지는 불교 사회의 변화를 위한 강력한 힘이 될 수 있으며, 때로는 반대자들의 수동적이거나 혹은 지나치게 적대적인 태도를

---

[8] Tsomo, "History of Japanese Nuns."

[9] Meeks, *Hokkeji and the Reemergence of Female Monastic Orders*.

상쇄하고 극복할 수 있다는 것이 명백해졌다.

2009년 카리스마 넘치는 호주 승려 아잔 브람이 태국 상좌부 승가의 숲 전통의 비난을 무릅쓰고 호주에서 네 명의 비구니를 수계한 사례처럼, 불교계 일각에서 일어난 사건은 다른 전통에도 점점 더 많은 반응을 불러일으킨다. 그로 인한 그의 종파에서의 축출은 그 종파 내 서구 승려들에 의해 촉발되었는데, 이는 그와 여승들을 위한 국제적인 지지 물결을 불러일으켰고, 여성의 구족계를 위한 국제적인 지지를 더욱 촉진시켰다.

2010년, 티벳에서 인도로 망명한 카르마 카규 전통의 17번째 혈통 보유자인 걀왕 카르마파(Gyalwang Karmapa), 오겐 트린리 도르제(Ogyen Trinley Dorje)는 티벳 전통의 보수적 라마들에 의해 이 문제가 발목 잡혔음에도 불구하고 비구니 수계를 강력하고 공개적으로 지지하는 목소리를 냈다. 저명한 불교 정기 간행물에 따르면, "17대 걀왕 카르마파는 티벳 불교 전통에서 여성을 비구니로 수계하는 전례 없는 시행을 선언함으로써 보드가야의 국제적 청중들을 놀라게 했다"고 한다.[10]

비구니 수계 계보 복원을 지지하는 데 있어서 비구 수행자들만 눈에 많이 띄는 것이 아니라 학계에서도 마찬가지이다. 예를 들어 독일인 학자이자 상좌부 비구승인 아날라요(Anālayo)는 상좌부의 관점에서 비구니 문제에 대해 신중하게 연구된 글을 많이 썼다.[11]

---

10 Damcho, "I Will Do It," 49-50.
11 아날라요(Anālayo)의 대표적인 논문은 다음과 같다. "Mahāpajāpatī's Going Forth"; "Attitudes towards Nuns"; "Women's Renunciation in Early Buddhism."

2013년 "비구니 수계의 합법성"이라는 제목의 연구에서 그는 1998년 보드가야에서 있었던 역사적인 비구니 수계식 동안 이어진 절차가 율장에 따른 합법적이며 따라서 결과적으로 상좌부 비구니 승가가 부활하는 것이 유효하다고 결론 내렸다.[12] 그 수계식의 134명 비구니 중 다수가 인도와 스리랑카 출신이며 상좌부 전통에 속했다.[13]

비구니 승가의 부활을 지지하는 그런 비구승들과 학자들의 노력은 수계 문제를 "서구 식민지화의 합성" 또는 "단순한 여권 아젠다"로 묘사하려는 잘못된 정보 노력에도 불구하고 여성 평등의 관념이 서구의 독특한 생각이 아니라는 것을 보여준다. 이 비구승들이 보수적인 불교 전통과 연계되어 있다는 사실은 그들의 지지를 더욱 강력하게 만든다.

초국가적 불교 이상으로서의 성평등

불교의 세계적 전파에서 가장 중요한 변화 중 하나는 평등주의 경향이다. 세속 세계에서의 사회적 평등 이상에 영향을 받아, 아시아와 서구의 불교 센터에서는 점점 더 전통적인 위계 구조와 가부장적인 조직 모델에 의문을 제기하고 있다. 실제로 많은 사람들이 더 넓은

그의 저술의 많은 부분은 함부르크 대학의 웹페이지 https://www.buddhismuskunde.uni-hamburg.de/en/personen/analayo.html.에서 무료로 다운로드 받을 수 있다.

12 Anālayo, "Legality of Bhikkhunī Ordination."
13 Li, "Ordination, Women, and Sisterhood."

선거구에 더 공평한 목소리와 대표성을 부여하기 위해 더 민주적인 구조와 공유된 의사 결정의 절차를 구현하기 시작했다.

만약 불교의 승가가 민주적인 통치의 가장 초기 사례였다는 것이 사실이라면, 더 공평한 대표를 향한 움직임은 혁신이 아니라, 율장에서 제시된 공동 관리라는 초기 불교의 이상을 회복하는 것이 될 것이다. 비구와 비구니『바라제목차(Prātimokṣa)』에서 자주 반복되는 하나의 공식은 승가의 조직 모델이 합의였다는 것을 보여준다. "승가가 모였는가? 승가가 모였다. 승가가 화합되었는가? 승가가 화합되었다."[14] 보름마다 이 공식을 포함한『바라제목차』를 불교계 전역의 사원에서 비구와 비구니들 모두가 일상적으로 암송한다. 율장의 규정은 집회의 모든 사람이 목소리를 낼 수 있는 기회를 허용했다. 집회의 모든 사람이 동의할 경우, 그들은 침묵을 유지함으로써 동의를 전달했다.

공동 관리와 보다 공평한 의사 결정과 책임을 지향하는 세계적 추세는 아시아와 서방의 불교계와 제도에 영향을 미치고 있는 것으로 보인다. 더 평등한 이 모델의 증거는 불교 수행, 학문, 그리고 지도력에서 여성과 재가자의 역할을 더 높이 평가하는 데 있다. 대부분의 국제 불교 조직의 리더십은 여전히 거의 남성 독점적이지만, 재가 신도 선출직 임원은 특별한 일이 아니다.

재가 불교도들은 점점 더 그들 자신을 다슈히 출가 승가의 후원자로만 보면서, 다음 생에 더 좋은 윤회를 하기 위해 물질적인 재산을 기부하는 것이 아니라, 출가 생활 방식을 선택하는 사람들과 동등한

---

14 Tsomo, *Sisters in Solitude*, 26-27.

입장에서 가르침을 받고 그 가르침을 수행할 가치가 있는 불교 수행자로 간주한다. 그들의 가족과 미래의 삶을 보호하고 번영하기 위해 단순히 의례를 부탁하는 것이 아니라, 재가 신도 불자들은 그들 자신이 충분히 출가자와 동등하게 명상을 하고 불교 문헌을 공부할 수 있다고 여기기 시작했다.

또한 여성들은 보다 가시적인 지도자의 역할과 책임을 맡고 있다. 젊은 세대의 여승들은 자신을 더 이상 단순히 만트라 낭송자와 비구승의 지지자로 보지 않고, 다음 생에 남성으로의 탄생을 바라는 희망으로 사원 기관을 지원하고자 그들의 에너지를 쓰는 것이 아니라, 텍스트를 연구하고 승려들과 동등한 입장에서 가르침을 실천할 가치가 있는 수행자로 본다. 단순히 구석진 곳이나 사원에 인접한 곳에 거주하기보다는 여성의 주도 하에 자율적으로 기능하는 사원과 수행 센터를 설립하는 여승들이 늘고 있다. 점점 더 많은 불교도들은 그들이 재가 신도이든 출가 수계를 받았든 간에 그리고 그들의 성별이나 성적 성향에 상관없이 진지하게 법을 수행하는 사람이 존경받을 만한 가치가 있다고 확신한다.

여성에 대한 새로운 태도는 아마도 현대 불교 수행에서, 특히 서구 수행자들 사이에서 평등주의로 향하는 경향의 가장 눈에 띄는 측면일 것이다. 이러한 경향은 여성의 수행을 중시하고 불교 사찰과 조직에서 여성의 전면적인 참여를 환영하는 것으로 나타난다. 인간의 존엄성과 평등이라는 새로운 세계적 윤리는 가르침과 리더십을 포함하여 불교 기관에서 여성에게 더 가시적인 역할을 부여하는 길을 열고 있다. 이것은 페마 쬐돈(Pema Chödrön), 텐진 빠모(Tenzin Palmo), 샤론 살츠버그(Sharon Salzberg), 칸드로 린포체(Khandro Rinpoche), 실비아 부어스타인(Sylvia Boorstein), 툽텐 쵀돈(Thubten Chodron), 조안 핼리팩스(Joan Halifax), 그리고 츌트림 알리온(Tsultrim Allione)과 같은 여성이 남성과 동등하게 지도자, 작가, 그리고 교사로 인정받게 된 서구 불교 센터에서 특히 분명하다.[15]

완전한 성평등은 전통적인 관점에서는 이상적인 것으로 보일 수 있지만 21세기에 성평등을 기대하는 것은 비현실적인 것이 아니다. 오늘날, 기회에 대한 접근성이 높아지면서, 여성은 많은 분야에서 남성을 능가하기 시작했다.[16] 보도에 따르면, 미국에서 입학하는 대학생의 3분의 2가 여성이고 의대생과 법대생의 52%가 여성이라고 한다. 이러한 통계는 입학 정책이 성별을 가리고 남녀 학생이 동등하게 교육에 접근할 수 있다면, 매우 의욕적인 여성들이 우수할 것임을 나타낸다. 여성들이 동등한 접근과 격려를 받는다면 불교 사회와 불교학의 분야에서도 같은 경향이 나타날 수 있다. 동등한 기회가 주어지면, 여성들은 세계 각국의 불교를 보존하고 활성화하는 데 동등하게 기여할 수 있다.

예를 들어 캄보디아, 중국, 라오스, 몽골, 러시아, 티벳, 베트남

---

15 리타 M. 그로스는 *A Garland of Feminist Reflections: Forty Years of Religious Exploration*에서 진전 과정에서의 어려움에 대한 자신의 관찰을 공유했다. Caplow and Moon, *Hidden Lamp*에서는 100명의 여성들이 다양한 관점에서 공안과 불교 수행의 길에서 영감을 준 이야기를 공유한다.

16 예를 들면 교육의 경향에 대해서는 DiPrete and Buchmann, *Rise of Women* 참조.

등에서 지난 수십 년 동안 전쟁과 사회적 격변으로 목숨을 잃은 수백만 명의 불교도들을 생각해 보면, 불교 여성의 잠재적 기여를 무시할 수 없다. 점차적으로 불교도들은 여성의 동등한 종교적 권리가 유엔 인권 선언(1948)에 명시된 보편적인 가치라는 것을 인식하고 있다.[17] 불교의 학습 기관과 불교 승단의 수행에서 여성을 배제하는 것은 불교 전통을 상징하는 연민의 원칙과 해탈을 위한 동등한 기회에 위배되는 것이다.

불교 인권적 관점에서 성차별과 인간의 고통은 인과를 통해 밀접하게 연관된다. 불교에 대한 관심이 고조되면서 이제는 특별한 스포트라이트가 여성 불교, 특히 여승들을 비추고 있다. 〈허핑턴 포스트(*Huffington Post*)〉와 같은 언론 매체들은 "당신이 알아야 할 10명의 티벳 불교 여성들", "불교에서 말하는 F 단어: '붓다의 딸들' 어떻게 불교 여성이 평등을 이룰 수 있는지에 대해 토론하다", "스라바스티(Sravasti) 사원: 영국 불교 여승이 이룬 꿈" 같은 제목으로 불교 여성에 대한 기사를 많이 발표했다.[18]

불교 여승에 대한 많은 비디오들도 등장했다. 「어메이 산의 불교 여승들(*The Buddhist Nun of Emei Mountain*)」(1995)[19], 「축원: 티벳의

---

17 United Nations, "Universal Declaration of Human Rights," 2018년 9월 17일 접속, www.un.org.

18 Haas, "10 Tibetan Buddhist Women You Need to Know"; Haas, "The F Word in Buddhism"; Simmons, "Sravasti Abbey: A Dream Fulfilled for U.S. Buddhist Nuns" 등.

19 Bibo Liang, *The Buddhist Nun of Emei Mountain*(Chengdu TV, 1995), https://www.youtube.com.에서 볼 수 있다.

촉니 낭첸 여승들(*Blessings: The Tsoknyi Nangchen Nuns of Tibet*)」 (2009)[20], 「붓다의 그림자 속에서(*In the Shadow of Buddha*)」(2010)[21], 그리고 「어머니 셀라: 화가 겸 불교 여승(*Mother Sela: Artist and Buddhist Nun*)」(2012)[22] 등이다. 요기니 프로젝트는 금강승 전통의 여성 수행자들의 프로필을 제공하는 웹사이트와 페이스북 페이지를 지원한다.[23] 불교 여성과 비구니의 구족계를 지원하는 초국적 노력이 꾸준히 성장하고 있으며, 이는 전 세계 커뮤니티에서 불교 여성들의 열망을 정당화해 주고 있다.

현대 불교 여성 운동에서 계급, 성별, 교육 및 특권은 의미 있는 방식으로 결합된다. 여성들이 교육, 특히 불교 교육에 더 많이 접근함에 따라, 그들은 사회적, 심리적, 그리고 정신적인 발전을 상당히 이루고 있다. 그 좋은 예가 태국의 마하프라자파티 불교대학인데, 그곳은 바로 20년 전에 고등교육을 받았던 여승들이 이제 새로운 세대의 여승과 재가 여성을 위한 교육 프로그램을 가르치고 운영할 자격을 얻었다.[24] 그러나 경제적, 사회적, 정치적 환경이 크게 다르

---

20 Victress Hitchcock, dir., *Blessings: The Tsoknyi Nangchen Nuns of Tibet*(Chariot Productions, 2009).

21 Heather Kessinger, dir., *In the Shadow of Buddha*(Heather Kessinger, 2010).

22 Svetlana Darsalia, dir., *Mother Sela: Artist and Buddhist Nun*(Darsalia and Three Point Landing Production, 2012), https://www.youtube.com.에서 볼 수 있다.

23 Yogini Project, 2018년 9월 18일 접속, http://theyoginiproject.org; Yogini Project, 2018년 9월 18일 액세스, https://www.facebook.com.

24 이 대학의 역사와 태국 여승 교육에 대한 다른 발전은 Falk, *Making Fields*

기 때문에 이러한 발전이 모든 불교 여성에게 동등하게 적용되지는 않는다.

일반적으로 불교 여승들의 상태를 평가할 때, 교육, 수계, 그리고 재가 신도의 지원 사이에는 직접적인 상관관계가 있는 것으로 보인다. 전반적으로 한국, 대만 및 베트남에서 구족계를 받을 수 있는 여승들은 자신의 잘못도 없이 오직 8계만을 지키는 국가의 여승보다 더 나은 교육과 재가 신도 공동체의 더 나은 지원을 받는다. 민족지학적 연구와 나의 관찰에 따르면, 불교 비구승들은 일반적으로 무료 교육을 받을 수 있고 구족계를 받도록 권장되는 반면, 많은 나라의 여승들은 같은 수준의 격려와 지원을 받을 수 없다.[25]

미얀마나 네팔의 매우 빈곤한 마을 젊은 여성이 팔리거나 속아서 성노예가 된 삶의 방식과 관점은 한국이나 미국의 교육받은 직장 여성의 편안하고 세련된 삶의 방식이나 관점과는 비교할 수가 없다. 그러한 다른 배경을 가진 여성들 사이의 연결과 이해를 만드는 것이 바로 현재의 초국가적인 불교 여성 운동의 목적이다. 샤캬디타 회의와 같은 모임에서 다른 불교문화 여승들 사이의 상호 작용은 창조적인 생각을 불러일으켰고, 우정을 키웠으며 전 세계 여성들 사이의 연대를 만들었다.([그림 18] 참조)

---

of Merit, 특히 193-227에 기록되어 있다.

25 전 세계 불교 여성에 대한 민족지학적 연구의 예는 Arai, *Women Living Zen*; Bartholomeusz, *Women under the B Tree*; Gutschow, *Being a Buddhist Nun*; LeVine, "Dharma Education for Women," 137-54; Tsomo, "Lao Buddhist Women." 참조.

【그림 18】 2008년 서울 중앙승가대학교에서 개최된 제8회 샤카디타 국제불교여성대회를 계기로 교류하는 사미니 여승들. 사진: 마이크 바버(Mike Barber).

이 운동의 독특한 점은 그것이 다양한 문화에 있는 통찰력을 가진 여성들을 연결하고 모든 불교 여성들, 그들의 가족, 그리고 그들의 사회에 어떻게 이익을 줄 것인지에 대한 대화를 만들어낸다는 것이다. 국제적, 국가적, 그리고 지역적인 불교 여성 네트워크는 회의를 개최하고, 프로젝트에 대해 협력하고 책과 기사를 출판하고, 사회 운동, 성 윤리, 그리고 어린이를 위한 불교와 같은 다양한 주제에 대해 의견을 교환했다. 역사는 반복된다고 하는데, 실제로 초국가적으로 불교 여승의 지위를 향상시키기 위한 현재의 운동은 붓다 당시의 여승들이 승가에 포함되기 위해 고군분투했던 행동을 반영하는 것 같다.

8~9세기 티벳의 예세 쵸겔(Yeshe Tsogyal)[26]과 17~18세기 네팔의

오르갼 최키(Orgyan Chökyi)[27]와 같은 여러 시대에 걸친 출가와 재가 여성 수행자들의 이야기는 이들이 사회적 기대를 무시하고 법을 따르기로 결심했을 때 직면했던 어려움을 기록한다. 비록 역사의 흐름이 이제 바뀌는 것처럼 보이지만, 상좌부와 티벳 전통의 여승들은 여전히 사회의 특정 부분, 특히 남성 승가 사회의 일부로부터 수 세기 전 인도의 여승들이 경험했던 것과 비슷한 저항에 직면하고 있다.

그들의 작품과 글에서 표현된 오늘날 여승들의 헌신과 열정은 초기 비구니들의 그것과 비슷하게 보인다. 〈승가에서의 여성의 역할에 대한 국제회의: 비구니 율장과 수계 계보〉가 2007년 함부르크 대학에서 열렸는데, 비구니 율장의 학자들과 현재 불교 승단에서 수행하고 있는 여승의 강연이 모두 포함되어 현대 불교 여승 사회의 활기를 보여주었다.[28] 불교 여성의 실종된 역사를 발견하려는 현재의 노력은 분명히 초기부터 현재까지 출가 여성과 재가 여성 수행자들이 사용한 저항의 삶과 전략 사이에 더 많은 유사점을 드러낼 것이다.

기원전 5세기에 여성을 출가 교단에 받아들여 남녀를 평등하게 가르치고 여성 해방을 옹호한 붓다의 예는 불교 여성들에게 강력한 동기 부여의 힘이 된다. 비록, 우리가 보았듯이, 석가모니 붓다는 마하프라자파티가 승가에 들어오는 것을 허락하기 전에 망설였다고

---

[26] Changchub and Nyingpo, *Lady of the Lotus-Born*.

[27] 셰퍼(Schaeffer)는 "Autobiography of a Medieval Hermitess"; *Himalayan Hermitess*에서 자신의 이야기를 들려준다.

[28] 이 회의에서 발표된 논문 선집은 Mohr and Tsedroen, *Dignity and Discipline*로 출간되었다.

하지만, 공평함에 관한 붓다의 진보적인 사고는 분명히 그 시기 인도 사회에서 시대를 훨씬 앞서 나간 것이었다. 안타깝게도 많은 불자들은 기본적인 문해력이 부족하여 불교 문헌에 영감을 주고 자신의 깨달음에 대한 잠재력을 일깨워줄 수 있는 문헌을 접하지 못해 불교 문헌에 나타난 여성 깨달음의 긍정적인 이미지를 알지 못한다. 여성 롤 모델의 부재가 여성 수행자들에게 미치는 심각한 영향은 과소평가할 수 없다.

여성들이 동등한 교육 기회를 갖는 경제 선진국에서, 불교 여성들은 이제 많은 분야에서 지도자가 되고 있다. 예를 들어 대만은 불교 여성의 발전에 특히 좋은 환경임이 밝혀졌다. 1966년, 비구니 증엄證嚴은 세계에서 가장 큰 비영리 단체라고 일컬어지는 자제공덕회慈濟功德會를 설립했다. 1990년, 비구니 석효운釋曉雲은 대만의 첫 불교 대학인 화범華梵 대학을 설립했다. 2000년, 페미니스트이자 불자이고 민주주의 운동가인 안네트 류(Annette Liub, 1944년생)가 이 나라의 부통령으로 선출되어 2008년까지 재임하였다.

그러나 많은 불교 사회에서, 특히 종교와 정부 영역에서 여성들은 여전히 뒤쳐지고 있다. 이러한 사회에서 여성은 교육적, 경제적으로 불리할 뿐만 아니라 자신의 능력에 대한 자신감이 부족하여 자신의 목소리를 내고 자신의 발전을 위해 옹호하는 데 어려움을 겪는 경우가 많다. 명백한 억압만큼이나 자기 비하적인 태도 때문에 많은 여성들이 자신의 발전과 공동체 발전의 잠재력을 저해하는 상황을 견뎌낸다. 따라서 가부장적 태도를 변화시키는 것은 남성 못지않게 여성에게도 중요하다.[29]

이타심과 연민, 힘과 무력함 등의 개념을 불교와 페미니즘의 관점에서 살펴보는 문화 간 대화는 상호 이해를 위한 풍부한 기회를 제공한다. 이 주제들은 작가 미카엘라 하스(Michaela Haas)가 『다키니 파워(Dakini Power)』에서 편찬한 여성들의 생애 이야기와 불교학자 앤 캐롤린 클라인(Anne Carolyn Klein)의 『위대한 축복의 여왕을 만나다: 불교도, 여성주의자, 그리고 자아의 예술』[30]의 철학적 분석에서 다루어졌다.

최근 수십 년간 여성 사회 운동의 성공을 바탕으로 불교 여성들은 여성의 개인적, 사회적 변화를 위한 엄청난 잠재력을 가로막는 모든 장애물을 파악하고 제거하기 위해 노력하고 있다. 사회적 평등에 대한 붓다 자신의 정통적이지 않은 입장에 의해 검증된 새로운 세대는 불교 기관의 급진적 변화와 불교 텍스트의 재검토를 시작으로 불교 사회에서 성평등을 위해 일할 동기를 부여받았다.

불교의 성별 구조

앞서 본 바와 같이 붓다의 해탈의 가르침이 이론적으로는 여성과 남성에게 동일하게 적용될 수 있지만, 불교 경전에는 성차별의 증거가 많이 있다. 초기 문헌에 나오는 한 가지 예는 여성이 완전한 깨달음을 얻은 붓다가 될 수 없다는 개념이다.[31] 여성 보살이 일부 대승 문헌에는

---

29 이러한 변화의 씨앗은 Tsomo, "Change in Consciousness."에서 설명한 바와 같이 이미 심어져 있다.
30 Haas, *Dakini Power*; Klein, *Meeting the Great Bliss Queen*.
31 이 주제에 대한 상좌부와 대승의 견해의 유용한 분석은 Appleton, "In the

등장하기는 하지만, 완전한 깨달음을 얻은 붓다는 남성이다. 붓다에게 귀속되는 위대한 사람, 즉 마하푸루샤(mahāpuruṣa)의 32개 주요 표상들 중 하나는 명백하게 남성의 성기이다.[32] 한편으로는 붓다의 가르침이 여성과 남성을 동등하게 해탈시키는 것으로 간주되고, 다른 한편으로는 궁극적인 성취인 붓다의 완전한 깨달음이 여성에게는, 적어도 여성의 몸으로는 도달할 수 없는 것이다.

이 격차에 대한 의문스러운 점이 두 가지가 있다. 첫째, 의식과 관련된 깨달음의 상태가 성별화된 용어로 설명되어야 하는 것이 이상하다. 왜냐하면 의식의 상태는 생식기를 가지고 있지 않기 때문이다. 둘째, 여성이 붓다의 궁극적 깨달음을 얻을 수 없다는 주장이 보살의 경지와 같은 수행의 길에서 깨달음의 다른 경지에 도달하는 데 있어서도 여성이 장애가 있음을 암시하는 것으로 확대 해석된 것을 이해하기 어렵다. 여성이 붓다의 궁극적인 목표를 달성하는 데 다소 장애가 있다는 가정은 의심할 여지없이 여성의 지적이고 정신적인 능력에 대한 태도에 영향을 미쳤다.

불교 가부장제에 대한 페미니즘의 주요 비판은 만약 여성이 붓다가 될 가능성이 없다면, 여성은 그 길의 궁극적인 목표를 성취할 동등한 잠재력을 가지고 있다고 말할 수 없다는 것이다. 초기 불교 문헌의 구원론과 1세대 여성 수행자들의 정신적 성취에서 볼 수 있듯이, 여성이 대부분의 상좌부 불교도의 목표인 아라한으로서 윤회에서 해탈할 수 있음은 분명하다.

Footsteps of the Buddha?" 참조.
[32] Powers, *Bull of a Man*, 13-15.

이것은 또한 『테리가타』에 나오는 해탈한 여성들의 시 구절에서도 증명된다.[33] 하지만 후기 불교 문헌 구원론에서의 목표는 완전한 깨달음을 얻은 붓다가 되는 것이며, 여성들은 그들의 성, 즉 "남성의 표식"이 없기 때문에 이것을 할 수 없다고 하였다. 여성이 붓다가 될 수 없다는 주장은 여성이 어쨌든 본질적으로 불충분하고, 고통으로부터 중생을 해탈시키는 데 가장 유익하다고 여겨지는 궁극적으로 완전한 상태에 도달할 수 없다는 신호를 보낸다.

여성이 인간의 완전함을 성취할 수 없다는 생각은 여성이 남성보다 열등하다는 것을 암시하고, 여성으로 태어나는 것이 나쁜 업의 결과이며, 그리고 "여성의 생각"이 "남성의 생각"보다 다소 덜 건전하다는 등의 광범위한 억측을 낳는다. 이러한 논쟁은 결국 불교 사회에서 성 불평등이 지속되는 데 분명히 기여하고 있다. 여성의 동등한 잠재력을 지속적으로 찬탄하면서 동시에 사회와 종교 제도에 그들의 동등한 참여를 방해하는 것은 모순적이다.

이론적 평등과 사회적 불평등의 차이를 근원적으로 규명하기 위해서 철학적 관점과 사회학적 관점에서 성 정체성의 개념을 살펴볼 필요가 있다. 인간의 완벽함이 남성의 모습으로만 나타난다면, 왜 남성이라는 것이 중요하거나 특별한지 이해하기 위해 불교적 관점에

---

[33] 『테리가타(Therīgāthā)』에는 붓다 당시의 뛰어난 불교 여성 70명의 이름이 기록되어 있다. 즉 케마(Khemā)는 위대한 지혜로, 우팔라바나(Uppalavaṇṇā)와 파타짜라(Paṭācārā)는 모범적인 출가 규율로, 담마딘나(Dhammadinnā)는 담마를 가르치는 기술로, 난다(Nandā)는 신심으로, 소나(Soṇā)는 열정적인 정진으로 칭송받았다. 이 모든 여성들은 비구니와 여성 아라한(arhatī)으로 묘사되었다.

서 남성 혹은 여성이 무엇을 의미하는지 조사해야 한다. 『테리 아파다나(Therī-apadāna)』[34]와 같은 초기 불교 문헌에는 해탈을 이룬 마하파자파티, 케마(Khemā), 담마딘나(Dhammadinnā)와 같은 강하고 덕망 있는 여성들의 모습이 가득한데, 어떻게 남성 중심적인 전통이 된 것일까?

불교학 학자인 존 파워스(John Powers)는 그의 획기적인 책인 『황소 같은 남자(A Bull of a Man)』에서 붓다의 호소력이 대체로 육체적인 것이었다고 주장한다.[35] 궁극적인 인간은 미덕뿐만 아니라 강력하고 아름다운 남성의 체격을 특징으로 한다. 육체적인 매력이 구도의 수행자로 하여금 산만하게 하고 탈선시킬 수 있는 망상과 욕망의 원천이 된다는 점에서 육체적인 아름다움에 대한 강조는 놀라운 일이다. 육체적 끌림에서 자연적으로 발생하는 성적 욕망은 금욕과 해탈의 성취를 가로막는 주요 장애물로 간주되기 때문에 성별 차이와 신체적 아름다움이 강조되기보다 경시될 것으로 예상할 수 있다. 붓다가 특별히 정력과 남성미로 존경을 받았다는 사실은 불교의 성별 분석에 난제를 던져준다.

인간의 완성을 성취하는 불교의 프로젝트는 평범한 존재들의 착각에 빠진 의식의 상태들을 각성된 인식, 또는 깨달음으로 바꾸는 것이다. 인간들은 그들의 평범한 깨어 있지 않은 상태에서 불만, 좌절, 그리고 다수의 문제들을 발생시키는 탐욕, 증오, 무지, 욕망, 분노,

---

34 Walters, "*Apadāna: Therī-apadāna.*"
35 Powers는 *A Bull of a Man*에서 이 주장을 뒷받침하는 상당한 문헌적 근거를 제시한다.

애착, 자부심, 질투, 그리고 혼란과 같은 파괴적인 감정들에 시달린다. 불교 철학 체계의 공통된 전제는 지각 있는 존재, 즉 의식이나 인식 및 고통을 느낄 수 있는 능력을 가진 존재가 파괴적인 감정을 제거하고 사물의 실체에 대한 통찰을 얻고 이러한 방해로부터 벗어남으로써 해탈을 이룰 수 있다는 것이다.

문헌 어디에도 이 목표가 성별에 따라 명시되어 있지 않다. 아라한이 달성한 해탈된 의식의 상태가 여성과 남성에게 차이가 없다면 완전한 깨달음의 붓다의 의식이 달라야 한다고 가정할 이유가 없다. 그리고 깨달은 붓다의 의식이 여성과 남성에게 차이가 없다면, 붓다의 육체가 반드시 남성이어야 하거나 완전한 붓다의 상태가 남성에게 한정되어야 할 이유는 없다. 반대로 연민과 지혜의 구현으로서 완전한 깨달음의 붓다는 그러한 구별을 넘어서서 모든 성별 편향으로부터 자유로워야 한다.

무지가 모든 파괴적 감정의 근본 원인이라는 전제에 근거하여, 깨달음을 성취하기 위해서는 사물의 참된 본질, 특히 사람의 참된 본성과 의식의 본질을 이해해야 한다. 사람의 육체적 본질은 성적 정체성의 요소를 가지고 있지만, "알고 인지하는 것"으로 정의되는 의식은 성 개념과 관계가 없다. 불교 철학파는 정신과 물질은 두 가지 다른 범주이고, 성별 구별은 육체적, 또는 물질적이고, 그리고 무상한 것이라는 점에 동의한다.

모든 고통의 근본 원인은 무지, 즉 자아의 진정한 본질에 대한 무지이고, 자아는 사람을 구성하는 집합체에 대한 관습적인 명칭이며, 궁극적으로 독립적인 존재가 아니다. 젠더 정체성은 개인의 사회적, 문화적 환경으로부터 받은 신호에 기초하여 학습되거나 구성되는 반면, 인간은 성별에 따른 특성을 가지고 태어난다.

여성의 생물학적 특성을 가지고 태어난 사람은 사회가 여자아이에게 기대하는 대로 행동하면 보상을 받고, 남성의 생물학적 특성을 가지고 태어난 사람은 사회가 남자아이에게 기대하는 대로 행동하면 보상을 받는다. 그러므로 젠더 정체성과 젠더 행동은 문화마다 다르고 시간이 지남에 따라 변화하는 사회적 구성물이지 개인에게 내재된 특성이 아니다. 모든 복합적인 현상과 마찬가지로 젠더 정체성은 일시적이며 다른 일시적 현상을 파악하는 것과 같이 젠더 정체성에 집착하는 것은 불만과 고통의 원인이 될 수 있다. 문화, 성별, 계급 및 기타 조건부 요인이나 행동에 기반한 비영구적 정체성은 시간이 지남에 따라 변화하는 개인 정체성의 본질적 요소가 아니다.

불교적 관점에서 보면 성 정체성은 전생의 성향에 의해서도 영향을 받는다. 한 생애에 남성으로 태어난 사람은 전생에 여러 번 여성으로 태어났을 수 있으며, 이러한 전생 친밀감은 현재 그 사람의 자기 이해와 성 정체성 구성에 영향을 미칠 수 있다. 비록 관습적인 정체성과 상황들이 인간의 개인적인 발전에 확실히 영향을 미치지만, 그것들은 고정되어 있지 않고 해탈이나 깨달음을 성취할 수 있는 사람의 잠재력을 판단하는 데 사용될 수는 없다. 붓다가 여성들을 승가에 허락했다는 것과 이 많은 여성들이 아라한이 되었다는 사실은 성별에 대한 본질주의적 관념을 거스르는 것이다.

성평등을 향한 초국가적 경로

전통에 따르면, 석가모니 붓다는 여성이 해탈을 포함하여 불교 수행의 결실을 이룰 수 있는 능력이 충분하다고 선언했다. 여성의 출가 허락에 대한 고전적인 이야기에서 아난다가 여성이 도의 결과를 얻을 수 있느냐고 물었을 때, 붓다는 주저하지 않고 그렇다는 것을 확인했다. 그러나 수년에 걸쳐 해탈과 깨달음에 대한 여성의 동등한 잠재력에 대한 붓다의 긍정은 종종 무시되어 왔다. 불교 역사를 통틀어, 남성은 불교 제도, 교육, 의례 기능, 그리고 심지어 명상 수행을 지배했고 여성에게는 보조적인 역할을 맡겼다. 하지만 1987년 이래로 성평등이라는 새로운 세계적인 윤리를 반영하면서, 불교 세계에서 남성 지배의 유형이 서서히 변화하기 시작했다.

불교 여성에 대한 수많은 회의와 세미나, 특히 샤카디타에 의해 조직된 국제회의는 불교 사회에 지속되는 가부장적 현상에 대해 논의하고 도전하고 그것을 어떻게 변형시킬 것인지 전략을 세울 수 있는 포럼을 제공했다. 이러한 논의와 전략은 광범위한 파급 효과를 가져왔는데, 새로운 학교, 불교학 연구소, 수행 센터, 번역팀, 어린이 센터, 연구 프로젝트, 여성 쉼터, 그리고 출가 교육 프로그램의 설립을 자극했다. 네팔과 스리랑카의 비구니 승가 부활과 같은 현대 불교 여성 운동의 결과로 발생한 일부 변화는 전혀 예기치 못한 역사적 사건이었다.[36]

---

[36] 스리랑카의 비구니 수계 부활에 대해서는 Mrozik, "A Robed Revolution," 참조. 네팔에서는 LeVine and Gellner, *Rebuilding Buddhism*, 171-206 참조.

여성의 완전하고 평등한 불교 참여에 대한 광범위한 반대에도 불구하고, 모든 인간을 동등하게 존중하는 새로운 글로벌 문화에 합당한 성에 관한 규범적 전통의 근본적인 재고가 시작되고 있다. 성 불평등의 해로운 영향에 대한 진지한 재평가와 비판적 성찰이 없다면, 불교는 현대 사회에서 구시대의 유물로 전락할 위험이 있다. 불교의 평등주의적 이상이 사상의 영역을 넘어 사회적 현실로 나아가기 위해서는 불교 기관의 성별 관계와 불교의 사회적 관계를 보다 광범위하게 재구성해야 할 것이다.

전통을 재고한다는 것은 불교 전통에 대한 초기의 이상적이고 평등주의적인 비전으로 돌아가는 것을 의미할 수도 있지만, 이러한 비전을 구현하려면 전통과 현대에 균형 잡힌 비중을 두는 초국가적인 노력, 즉 사회 모든 계층의 여성과 남성, 특히 억압받고 소외된 사람들의 목소리를 존중하는 데서 나오는 새로운 해방의 비전을 필요로 한다.

불교 여성 운동의 가장 두드러진 결과 중 하나는 상호 지적 관심사, 우정, 그리고 사회 변혁에 대한 공동의 헌신을 통해 연결된 새로운 세대의 학자와 수행자들에 의해 불교 여성의 연구가 급증한 것이다. 많은 학문 분야에서 정보를 공유하고 협력하면서, 학자들은 다양한 국가와 전통에서 불교 여승과 재가 여성의 역할을 조사하는 프로젝트를 시작했고, 현장에 있는 수행자들의 관점을 진지하게 받아들였다.

이 모든 학자들은 I. B. 호너의 선구적인 업적에 빚을 졌는데, 호너는 1930년에 『원시 불교의 여성들: 재가 여성과 비구니(*Women under Primitive Buddhism: Laywomen and Almswomen*)』를 출판했고,

더 최근에는 1993년에 『가부장제 이후의 불교: 불교의 페미니스트 역사, 분석 및 재구성(*Buddhism after Patriarchy: A Feminist History, Analysis, and Reconstruction of Buddhism*)』을 출판한 리타 M. 그로스 (Rita M. Gross)에게 빚을 졌다.

신세대 연구자들의 업적은 여승에 대한 학문적인 이해를 바꾸어 놓았다. 즉 크리스티나 보닛-아코스타(Cristina Bonnet-Acosta)와 히로코 카와나미(Hiroko Kawanami)가 버마에 대해 썼고[37], 베아타 그란트(Beata Grant)와 위안 위안(Yuan Yuan)이 중국에 대해서[38], 그리고 폴라 아라이(Paula Arai)와 로리 믹스(Lori Meeks)가 일본[39], 그리고 조은수와 박진영이 한국[40], 사라 르바인(Sarah LeVine)과 조안느 왓킨스(Joanne Watkins)가 네팔[41], 수산느 므로직(Susanne Mrozik)과 니르말라 S. 살가도(Nirmala S. Salgado)가 스리랑카[42], 엘리스 드비도(Elise DeVido)와 유첸리(Yu-Chen Li)가 대만[43], 비구니 담마난다(Dhamma-

---

[37] Bonnet-Acosta, "Brave Daughters of the Buddha"; Kawanami, *Renunciation and Empowerment of Buddhist Nuns*.

[38] Grant, *Eminent Nuns*; Yuan, "Chinese Buddhist Nuns."

[39] Arai, *Women Living Zen*; Meeks, *Hokkeji and the Reemergence of Female Monastic Orders*.

[40] Cho, *Korean Buddhist Nuns and Laywomen*; Park, *Women and Buddhist Philosophy*.

[41] LeVine and Gellner, *Rebuilding Buddhism*; LeVine, "Dharma Education for Women"; Watkins, *Spirited Women*.

[42] Mrozik, "We Love Our Nuns"; Mrozik, "A Robed Revolution"; Salgado, *Buddhist Nuns and Gendered Practice*.

[43] DeVido, *Taiwan's Buddhist Nuns*; Yu-Chen Li, "Bhikṣuṇī Hiuwen."

nanda)와 모니카 린드버그 포크(Monica Lindberg Falk)가 태국[44], 자넷 갸쵸(Janet Gyatso), 한나 하브네비크(Hanna Havnevik), 샤를린 마크리(Charlene Makley)가 티벳[45], 킴 굿쵸우(Kim Gutschow)가 잔스카르(Zangskar)에 대해 썼고[46] 그 밖에 많은 사람들이 있다.

이 모든 학자들은 여성과 관련된 문제에 연구를 집중함으로써 불교학 분야를 극적으로 변화시켰고 세계 종교에서 페미니스트 연구의 초국가적인 성격에 크게 기여했다. 이 책의 출가 여성 수행자에 대한 관심은 우리에게 가정생활을 하는 여성의 삶이나 재가도 비구니도 아닌 정체성의 여성들에 대해 배울 것이 여전히 많다는 것을 알려준다. 이러한 새로운 불교 페미니즘의 학문적 노력의 여러 측면은 독특하다. 그 하나는 이 분야가 학문적인 측면에만 국한된 것이 아니라 실제적인 사회 운동에 대한 설명과 함께 실용적이고 개인적이며 정서적인 차원을 통합하고 있다는 점이다.

여성과 불교 분야의 현대 학자들은 전통적인 학문에 헌신하는 사람들, 학문적 공식과 범주화에 대한 혁신적인 대안을 모색하는 사람들, 그리고 불교에 대한 학문적 접근을 피하는 사람들에 대해 진정한 존경심을 표한다.

이 연구의 흥미로운 측면은 여성과 관련된 특정 이슈를 바탕으로 비교 관점에서 논의함으로써 불교 전통 간의 연관성을 발견하는 것이다. 이 접근법의 초기 원동력은 현존하는 비구니 수계 계보의 타당성을

---

[44] Dhammananda, "Bhikkhunī Ta Tao"; Falk, *Making Fields of Merit*.
[45] Gyatso and Havnevik, *Women in Tibet*; Makley, *Violence of Liberation*.
[46] Gutschow, *Being a Buddhist Nun*.

어떻게 하면 효과적이고 적절한 방식으로 문서화하여 다양한 전통을 가진 불교도들에게 제시할 수 있을까 하는 현실적인 문제에서 비롯되었다.

이러한 계보에 대한 사례를 만들기 위해서는 율장 전통을 연결하고, 천여 년 전에 역사적으로나 철학적으로 서로 다른 불교 전통의 출가자들이 가지고 있던 출가 수계에 대한 선입견과 바라제목차 계율에 대한 다양한 해석을 정리하는 작업이 수반되어야 했다. 첫 번째 시도 중 하나는 현존하는 비구니 율장 문헌의 번역과 비교 연구였다.[47]

다른 시도는 원래 율장에 규정되어 있지 않지만 동아시아 불교 전통에서 전통적으로 실천되어 온 채식주의와 같은 질문에 초점을 맞춘 문화 간 대화였다. 전통적으로 율장에 규정되어 있었지만 대부분의 일본 불교 종파에서는 더 이상 요구되지 않는 독신주의에 초점을 맞춘 시도도 있었다. 이러한 시도들은 문화 간 인식을 위한 귀중한 연습이었을 뿐만 아니라 지속적인 문화 간, 학제 간 연구 프로젝트를 창출했다.[48]

1987년, 최초의 국제불교여성회의가 보드가야에서 열렸을 때, 상좌부, 대승, 금강승 수행자들은 서로의 신앙과 수행에 대해 많은 오해를 가지고 있었다. 이러한 오해를 확인하고 명확히 하는 작업은

---

[47] 예를 들면 Heirman, *Rules for Nuns*; Hüsken, "Stock of Bowls"; Kabilsingh, *Comparative Study*; Tsomo, *Sisters in Solitude* 참조.

[48] 대표적인 예는, Chung, "Buddhist View of Women"; Prebish, *Buddhist Monastic Discipline*; Tsomo, *Sisters in Solitude*; Tsomo, "Buddhist Ethics in Japan and Tibet." 193에서 볼 수 있다.

샤카디타에 의해 시작된 불교 여성 운동의 중심적인 성과였다. 다양한 전통에서 수행하는 불교도들은 또한 그들의 공통성과 자기 사원과 전통에서 여성의 불리한 지위와 같은 공통된 관심사를 인식하게 되었다.

에큐메니칼 대화와 연대, 그리고 불교의 세계적 전파에서 사회 정의에 대한 관심을 촉진하는 것은 이 운동의 많은 성과 중 하나이다. 현재 불교의 젠더에 대한 심층적인 페미니즘 분석이 진행 중이지만, 개발도상국 여성을 위한 불교 연구 기관과 특정 전통의 여승에 대한 구족계 수계는 아직 이루어지지 않고 있다.

그러나 지금까지 불교 페미니즘 운동이 일으킨 추진력은 불교 여성의 미래에 좋은 징조이다. 아시아와 비아시아 불교 여성 모두의 독특한 성별 현실에 대한 보다 철저한 분석은 많은 페미니즘 저술에서 분명히 나타나는 유럽 중심적 편향을 수정하는 데 큰 도움이 될 것이며, 성별 정체성과 성별 관계를 평가하는 새로운 패러다임에 영감을 줄 것이다.

'여성'이라는 범주는 단일한 것이 아니며, '아시아 여성'이라는 범주도 마찬가지이다. 사실 여성은 하나의 범주가 아니라 다른 생명체와 마찬가지로 자신의 잠재력을 최대한 실현하고자 열망하는 살아 숨쉬고 느끼는 존재이다. 각 불교문화, 지역, 사회적 환경은 여성의 경험에 대한 이해에 기여할 수 있는 무언가를 가지고 있다. 이러한 주제에 대한 초국가적 대화가 확대되면 여성과 젠더 연구, 불교학은 물론 인류 역사 분야가 더욱 풍성해질 것이다.

감사의 글

제가 만난 모든 불교 여성과 역사 속의 모든 여성이 어떤 식으로든 이 책에 기여했습니다. 불교 여성들의 이야기는 기쁨과 비극, 평범하고 빛나는 우리 모두의 경험에서 비롯된 집단적 이야기입니다.

시간, 지혜, 환대, 지도를 아끼지 않은 수많은 친구와 멘토들에게 진심으로 감사를 표합니다. 여러분의 공헌이 없었다면 인류의 발전은 더뎠을 것입니다. 저를 가르치고, 교정하고, 격려해 주신 모든 분들의 무한한 연민에 깊이 감사드립니다.

정보를 수집하고, 역사적인 사건을 목격하고, 이 페이지에 기록된 경이로운 사람들을 만날 수 있게 해준 수많은 해외여행 보조금과 교수 연구 보조금을 제공한 샌디에이고(San Diego) 대학교에 깊은 감사를 표합니다.

마찬가지로 방글라데시, 인도네시아, 네팔, 스리랑카의 불교 여성들과 함께 생활하고 그들로부터 배울 수 있게 해준 여러 번의 풀브라이트(Fulbright) 상에도 감사드립니다. 이 책의 편집을 도와준 친구 마거릿 코벌리(Margaret Coberly)와 레베카 팩스턴(Rebecca Paxton)의 엄청난 친절과 헌신, 이타심, 인내심에 겸손히 감사를 표합니다.

저의 애정과 감사를 말로 전하기에 부족합니다. 이 모든 노력의 공덕이 모든 생명체에게 평화와 행복, 해방을 가져다주기를 기원합니다.

토론주제

서문: 세계 불교의 여성들을 연구하는 이유

불교의 여러 전통과 여성에 대해 공부하는 것이 왜 중요한가? 불교 내의 다양한 전통들은 어떻게 "해탈"과 "붓다의 완전한 깨달음"을 다르게 정의하는가? 이 목표들은 성별의 관점에서 정의되는가? 만일 그렇다면, 이것은 어떤 방식으로 여성에게 영향을 주는가? 성별은 깨달음과 관련이 있는가? 왜 그런가, 아니면 왜 그렇지 않은가?

1장: 초기 인도 불교에서의 여성

붓다가 여성들을 승가에 받아들이는 것을 망설였다고 전해지는 이유는 무엇인가? 붓다는 왜 결국 동의했을까? 주요 여성 인물은 누구이며, 그들은 어떤 역할을 하는가?

다양한 불교 전통의 문헌에서 여성이 묘사되는 방식에는 어떤 것들이 있는가?

이 문헌에서 공통적으로 보이는 여성 표현의 유형은 무엇이며, 과거와 오늘날 불교 여성들의 삶에서 그것은 어떻게 나타나고 있는가?

여성이 역사적으로 불교 기관에서 배제되어 왔기 때문에 주로 명상 수행에 집중하게 되었다고 생각하는가, 아니면 여성들이 자연적으로 명상 수행에 더 관심이 많다고 생각하는가?

비구 아날라요(Anālayo)의 비구니 승가 설립의 다양한 서사에 대한 분석과 붓다가 비구니들에게 팔중법(gurudharmas)을 준수하도록 요구했다는 보고에서 무엇을 알 수 있는가?

성별에 대한 개념이 불교 여성의 실천, 참여, 성취에 어떤 영향을 미치는가?

불교 경전에서 젠더 유동성의 개념은 어떻게 이해되고 표현되는가?

2장: 남아시아와 동남아시아의 불교 여성

남아시아와 동남아시아 사회 불교 여성의 수행에 대한 몇 가지 특징과 공통된 주제는 무엇인가?

여성들은 그들이 수행하는 특정한 불교 전통에서 어떤 방식으로 무시되거나 종속되는가? 여성들은 어떤 면에서 스스로를 행운이라고 생각하는가?

남아시아 및 동남아시아 불교 사회에서 여성들이 직면한 주요 도전 과제는 무엇인가?

스리랑카의 불교 여성들을 위한 조건은 어떻게 바뀌었나?

어떤 요소들이 이러한 변화를 설명하는 데 도움을 줄 수 있는가?

어떤 장애물이 남아 있는가?

3장: 동아시아의 불교 여성

중국에서 여성의 구족계는 어떻게 발전했었나?

동아시아 불교 여성들의 경험에 대한 통합적인 특징은 무엇인가?

중국, 일본, 한국, 그리고 대만 여성들의 경험은 어떤 방식으로 구별되는가?

어떤 사회적, 문화적 요소들이 이러한 차이를 설명하는 데 도움이 될까?

4장: 내륙 아시아의 불교 여성

금강승 불교 전통에서 깨달은 여성 이미지의 기능은 무엇인가?

깨달은 여성 인물의 이상화된 이미지가 불교 사회의 젠더 편향이라는 사회 현실과 어떻게 조화될 수 있을까?

티벳과 몽골의 불교 여성들의 삶과 부탄, 인도, 히말라야의 불교 여성들의 삶을 구분 짓는 역사적, 정치적 발전은 무엇인가?

러시아의 불교 공화국에서 여성의 지위는 어떠한가?

5장: 서구의 불교 여성

서구 여성들은 불교의 세계적 전파와 변형에 어떻게 참여하고 기여하고 있는가?

서구 여성들은 어떻게 아시아 사회의 여성들과 다르게 불교를 해석하고 실천하고 있을까?

불교에서 여성의 종속적 지위에 대한 현재의 우려를 식민주의적 프로젝트, "여성 인권 아젠다" 또는 "서구의 강요"로 해석할 수 있을까? 왜 그러하며 혹은 왜 아닌가?

불교 여성들 사이에 국제적인 연대를 형성하기 위해 어떤 노력을 기울이고 있는가?

6장: 문화를 넘어선 여성 수계

불교 사회에서 출가의 삶이 왜 일부 여성들에게 매력적인가?

다른 아시아 여성들의 관점에서 본 출가 생활의 장점과 단점은 무엇인가?

서양 사회의 여성들에게도 같은 논리가 적용되는가?

여성의 구족계에 대한 접근이 왜 불교 여성에게 중요하게 여겨지는가?

왜 일부 여승을 포함하여 일부 불교도들은 구족계를 중요하게 여기지 않는가?

비구니로서의 구족계는 왜 일부 불교 전통에서는 가능하고 다른 곳에서는 가능하지 않는가? 여성의 구족계에 반대하는 사람들이 반대하는 이유는 무엇인가?

여성의 구족계를 지지하기 위해 제안된 주장들은 무엇인가?

네팔의 여승들에게 어떻게 구족계가 이루어졌는가? 주요 인물은 누구인가?

스리랑카의 여승들에게 어떻게 구족계가 이루어졌는가? 주요 인물은 누구인가?

태국의 매치(mae chee)들이 이룬 중요한 일은 무엇이며, 유명한 매치에는 누가 있는가?

호주의 비구승 아잔 브람(Ajahn Brahm)이 호주에서 4명의 여승에게 구족계를 수계했다는 이유로 태국 승단에서 제명된 이유는 무엇인가?

중국, 홍콩, 말레이시아, 한국, 싱가포르, 대만, 베트남의 대승불교 여승들의 수계 상황은 어떠한가? 이 전통에서 여성이 구족계에 접근하는 장점은 무엇인가?

  티벳 불교 전통에서 여승들의 상황은 어떠했으며, 어떻게 변화하고 있는가?

7장: 풀뿌리 혁명: 불교 여성과 사회 운동

  왜 일부 불교도들은 사회 운동이 불교의 깨달음 목표와 양립할 수 없다고 느끼는 반면 다른 사람들은 그것이 양립 가능하다고 믿는가?

  불교 여성들 중에서 가장 유명한 사회 운동가는 누구인가?

  불교계에서 여성의 적극적인 사회 참여 운동이 여성의 위상을 높이는 데 어느 정도 도움이 되고 있는가?

  불교 여성의 여건을 개선하는 데 교육은 어떤 역할을 하는가?

  사회에서 여성의 역할을 변화시키는 데 가장 도움이 되는 교육은 어떤 종류인가?

결론

  불교는 어떤 면에서 여성에게 사회적 또는 정신적으로 해방감을 주고, 어떤 면에서 제한적이거나 잠재적으로 억압적일 수 있는가?

  불교에서 여성과 남성은 평등한가? 불교 담론에서 평등에 대한 수사를 고려할 때, 여성은 공평하게 대표되고 있는가?

  오늘날 상좌부와 대승불교 전통에서 여성의 역할과 잠재력을 비교하고 대조해 보라.

  이 두 전통에서 여성의 경험은 어떤 면에서 유사하고 어떤 면에서 다른가?

추천도서

Blackstone, Kathryn R. *Women in the Footsteps of the Buddha*. New York: Routledge, 2013.

Caplow, Zenshin Florence, and Reigetsu Susan Moon, eds. *The Hidden Lamp: Stories from Twenty-Five Centuries of Awakened Women*. Boston: Wisdom Publications, 2013.

Dresser, Marianne, ed. *Buddhist Women on the Edge: Contemporary Perspectives from the Western Frontier*. Berkeley, CA: North Atlantic Books, 1996.

Findly, Ellison Banks, ed. *Women's Buddhism, Buddhism's Women: Tradition, Revision, Renewal*. Boston: Wisdom Publications, 2000.

Gross, Rita M. *Buddhism after Patriarchy: A Feminist History, Analysis, and Reconstruction of Buddhism*. Albany: State University of New York Press, 1992.

Klein, Anne Carolyn. *Meeting the Great Bliss Queen: Buddhists, Feminists, and the Art of the Self*. Ithaca, NY: Snow Lion, 2008.

Murcott, Susan. *First Buddhist Women: Poems and Stories of Awakening*. Berkeley, CA: Parallax Press, 2006.

Paul, Diana Y. *Women in Buddhism: Images of the Feminine in the Mahāyāna Tradition*. 2nd ed. Berkeley: University of California Press, 1985.

Shaw, Miranda. *Buddhist Goddesses of India*. Princeton, NJ: Princeton University Press, 2015.

―――. *Passionate Enlightenment: Women in Tantric Buddhism*. Princeton, NJ: Princeton University Press, 1994.

Tsomo, Karma Lekshe, ed. *Buddhist Feminisms and Femininities*. Albany: State University of New York Press, 2019. 177.

참고문헌

Adamek, Wendy L. "A Niche of Their Own: The Power of Convention in Two Inscriptions for Medieval Chinese Buddhist Nuns." *History of Religions* 49, no. 1 (2009): 1-26.

Allione, Tsultrim. *Feeding Your Demons: Ancient Wisdom for Resolving Inner Conflict*. New York: Little, Brown, 2008.

Anālayo, Bhikkhu. "Attitudes towards Nuns: A Case Study of the Nandakovāda in the Light of Its Parallels." *Journal of Buddhist Ethics* 17 (2010): 331-400.

_____. "The Bahudhātuka-sutta and Its Parallels on Women's Inabilities." *Journal of Buddhist Ethics* 16 (2009): 137.

_____. "Beautiful Eyes Seen with Insight as Bereft of Beauty: Subhā Therī and Her Male Counterpart in the Ekottarika-āgama." *The Sati Journal* (2014): 39-53.

_____. "Chos sbyin gyi mdo: Bhikkhunī Dhammadinnā Proves Her Wisdom." *Chung Hwa Buddhist Journal* 24 (2011): 3-33.

_____. "The Cullavagga on Bhikkhuni Ordination." *Journal of Buddhist Ethics* 22 (2015): 399-448.

_____. "Karma and Female Birth." *Journal of Buddhist Ethics* 21 (2014): 109-53.

_____. "The Legality of Bhikkhunī Ordination." *Journal of Buddhist Ethics* 20 (2013): 310-33.

_____. "Mahāpajāpatī's Going Forth in the Madhyama-āgama." *Journal of Buddhist Ethics* 18 (2011): 268-317.

_____. "Women's Renunciation in Early Buddhism: The Four Assemblies and the Foundation of the Order of Nuns." In Mohr and Tsedroen, *Dignity and Discipline*, 65-97.

Andaya, Barbara Watson. "Localising the Universal: Women, Motherhood and the Appeal of Early Theravada Buddhism." *Journal of Southeast Asian Studies* 33, no. 1 (2002): 1–30.

Anderson, Janica, and Steven Schwartz. *Zen Odyssey: The Story of Sokei-an, Ruth Fuller Sasaki, and the Birth of Zen in America.* Somerville, MA: Wisdom Publication, 2018.

Aoyama, Shundo. *Zen Seeds: Reflections of a Female Priest.* Translated by Patricia Daien Bennage. Tokyo: Kōsei Publishing, 1990.

Appleton, Naomi. "In the Footsteps of the Buddha? Women and the Bodhisatta Path in Theravāda Buddhism." *Journal of the Feminist Study of Religion* 27, no. 1 (2011): 33–51.

Arai, Paula Kane Robinson. "Japanese Buddhist Nuns: Innovators for the Sake of Tradition." In Tsomo, *Buddhist Women across Cultures*, 105–22.

——. *Women Living Zen: Japanese Sōtō Buddhist Nuns.* New York: Oxford University Press, 1999.

Balkwill, Stephanie. "The Sūtra on Transforming the Female Form: Unpacking an Early Medieval Chinese Buddhist Text." *Journal of Chinese Religions* 44, no. 2 (2016):127–48.

Bartholomeusz, Tessa. *Women under the B Tree: Buddhist Nuns in Sri Lanka.* Cambridge:Cambridge University Press, 1994.

Batchelor, Martine. *Women in Korean Zen: Lives and Practices.* New York: Syracuse University Press, 2006.

Batchelor, Stephen. *Buddhism without Beliefs: A Contemporary Guide to Awakening.* New York: Riverhead Books, 1997.

Battaglia, Lisa J. "Only Skin Deep? Female Embodiment and the Paradox of Beauty in Indian Buddhism." In Tsomo, *Buddhist Feminisms and Femininities*, 183–217.

Bell, Sandra. "Scandals in Emerging Western Buddhism." In *Westward Dharma: Buddhism beyond Asia*, edited by Charles S. Prebish and Martin Baumann, 230–42. Berkeley: University of California Press, 2002.

Benn, James A. *Burning for the Buddha: Self-Immolation in Chinese Buddhism.*

Honolulu: University of Hawai'i Press, 2006.

Bennage, Patricia Dai-En, and Eido Frances Carney, eds. *Zen Teachings in Challenging Times*. Olympia, WA: Temple Grounds Press, 2018.

Beyer, Stephen. *The Buddhist Experience: Sources and Interpretations*. Belmont, CA: Wadsworth, 1974.

Blackstone, Kathryn R. *Women in the Footsteps of the Buddha*. New York: Routledge, 2013.

Bode, Mabel. "Women Leaders of the Buddhist Reformation." *Journal of the Royal Asiatic Society of Great Britain and Ireland* 25, nos. 3 and 4 (1893): 517-66, 763-98.

Bonnet-Acosta, Cristina. "Brave Daughters of the Buddha: The Feminisms of the Burmese Buddhist Nuns." In Tsomo, *Eminent Buddhist Women*, 35-54.

Borup, Jørn. "Contemporary Buddhist Priests and Clergy." *Handbook of Contemporary Japanese Religions*, edited by Inken Prohl and John Nelson, 107-32. Leiden, Netherlands: Brill, 2012.

Boucher, Sandy. *Dancing in the Dharma: The Life and Teachings of Ruth Denison*. Boston:Beacon Press, 2006.

―――. *Turning the Wheel: American Women Creating the New Buddhism*. New York: HarperCollins, 1988.

Butler, Judith. "Performative Acts and Gender Constitution: An Essay in Phenomenology and Feminist Theory." *Theatre Journal* 40, no. 4 (1988): 519-31.

Cabezón, José Ignacio. *Buddhism, Sexuality, and Gender*. Albany: State University of New York Press, 1992.

―――. *Sexuality in Classical South Asian Buddhism*. Somerville, MA: Wisdom Publications, 2017.

Caplow, Zenshin Florence, and Reigetsu Susan Moon, eds. *The Hidden Lamp: Stories from Twenty-Five Centuries of Awakened Women*. Boston: Wisdom Publications, 2013.

Carbonnel, Laure. "On the Ambivalence of Female Monasticism in Theravāda Buddhism:A Contribution to the Study of the Monastic System in Myanmar."

Asian Ethnology 68, no 2 (2009): 265–82.

Changchub, Gyalwa, and Namkhai Nyingpo. *Lady of the Lotus-Born: The Life and Enlightenment of Yeshe Tsogyal*. Translated by Padmakara Translation Group. Boston: Shambhala, 2002.

Chavis, Melody Ermachild. *Altars in the Street: A Courageous Memoir of Community and Spiritual Awakening*. New York: Bell Tower, 1998.

———. *Meena, Heroine of Afghanistan: The Martyr Who Founded RAWA, the Revolutionary Association of the Women of Afghanistan*. New York: St. Martin's Press, 2003.

Chayat, Sherry. *Subtle Sound: The Zen Teachings of Maurine Stuart*. Boston: Shambhala, 1996.

Cheng, Wei-yi. *Buddhist Nuns in Taiwan and Sri Lanka: A Critique of the Feminist Perspective*. New York: Routledge, 2007.

———. "Luminary Buddhist Nuns in Contemporary Taiwan: A Quiet Feminist Movement." *Journal of Buddhist Ethics* 10 (2003): 39–56.

———. "Tracing Tesarā: The Transmission of Buddhist Nuns' Order along the Maritime Silk Road." *Long Yang Journal of Academic Research* 4 (2010): 19–55.

Chikusa, Masaaki. "The Formation and Growth of Buddhist Nun Communities in China." In *Engendering Faith: Women and Buddhism in Premodern Japan*, edited by Barbara Ruch, 3–20. Ann Arbor, MI: Center for Japanese Studies, University of Michigan, 2003.

Cho, Eun-su, ed. *Korean Buddhist Nuns and Laywomen: Hidden Histories, Enduring Vitality*. Albany: State University of New York Press, 2011.

———. "The Religious Life of Buddhist Women in Chosŏn Korea." In Tsomo, *Buddhist Feminisms and Femininities*, 67–83.

———. "A Resolute Vision of the Future: Hyechun Sunim's Founding of the National Bhikṣuṇī Association in Korea." In Tsomo, *Eminent Buddhist Women*, 125–42.

Chödrön, Pema. *Comfortable with Uncertainty: 108 Teachings on Cultivating Fearlessness and Compassion*. Boulder, CO: Shambhala, 2018.

_____. *No Time to Lose: A Timely Guide to the Way of the Bodhisattva*. Boston: Shambhala, 2005.

_____. *The Places That Scare You: A Guide to Fearlessness in Difficult Times*. Boston: Shambhala, 2002.

_____. *Practicing Peace in Times of War*. Boston: Shambhala, 2007.

_____. *Start Where You Are: A Guide to Compassionate Living*. Boston: Shambhala, 2001.

_____. *When Things Fall Apart: Heart Advice for Difficult Times*. Boulder, CO: Shambhala, 1997.

_____. *The Wisdom of No Escape*. Boston: Shambhala, 2001.

Chönam, Lama, and Sangye Khandro, trans. *The Lives and Liberation of Princess Mandarava: The Indian Consort of Padmasambhava*. Boston: Wisdom Publications, 2015.

Chung, Inyoung (Sukhdam Sunim). "A Buddhist View of Women: A Comparative Study of the Rules for Bhiksus and Bhiksunis Based on the Chinese Pratimoksa." *Journal of Buddhist Ethics* 6 (1999): 29–105.

_____. "Crossing Over the Gender Boundary in Gray Rubber Shoes: A Study on Myoom Sunim's Buddhist Monastic Education." In Tsomo, *Out of the Shadows*, 119–28.

Collett, Alice. "Buddhism and Gender: Reframing and Refocusing the Debate." *Journal of Feminist Studies in Religion* 22, no. 2 (2006): 55–84.

_____. "The Female Past in Early Indian Buddhism: The Shared Narrative of the Seven Sisters in the Therī-Apadāna." *Religions of South Asia* 5, no. 1 (2011): 209–26.

_____. "Historio-Critical Hermeneutics in the Study of Women in Early Indian Buddhism." *Numen* 56, no. 1 (2009): 91–117.

_____. *Lives of Early Buddhist Nuns Biographies as History*. New Delhi, India: Oxford University Press, 2006.

_____, ed. *Women in Early Indian Buddhism: Comparative Textual Studies*. Oxford: Oxford University Press, 2013.

Collins, Steven. "The Body in Theravāda Buddhism." In *Religion and the Body*, edited by Sarah Coakley, 185–204. New York: Cambridge University Press, 1997.

Collins, Steven, and Justin McDaniel. "Buddhist 'Nuns' (mae chi) and the Teaching of Pali in Contemporary Thailand." *Modern Asian Studies* 44, no. 6 (2010): 1373–1408.

Cook, Joanna. *Meditation in Modern Buddhism: Renunciation and Change in Thai Monastic Life.* Cambridge: Cambridge University Press, 2014.

Crookston, Benjamin T., Kirk A. Dearden, Ketsana Chan, Theary Chan, and David D. Stoker. "Buddhist Nuns on the Move: An Innovative Approach to Improving Breastfeeding Practices in Cambodia." *Maternal and Child Nutrition* 3, no. 1 (2007): 10–24.

Dalai Lama XIV, Bstan-dzin-rgya-mtsho. "Buddhism, Asian Values, and Democracy." *Journal of Democracy* 10, no. 1 (1999): 1–7.

Damcho, Lhundup. "I Will Do It." *Buddhadharma: The Practitioner's Quarterly* (Summer 2000): 49–50.

de Jong, J. W. "Notes on the Bhiksunī-vinaya of the Mahāsāṃghikas." In *Buddhist Studies in Honour of I. B. Horner*, edited by Lance Cousins, 63–70. Dordrecht, Netherlands:D. Reidel, 1974.

Derris, Karen. "When the Buddha Was a Woman: Reimagining Tradition in the Theravāda." *Journal of Feminist Studies in Religion* 24, no. 2 (2008): 29–44.

DeVido, Elise Anne. *Taiwan's Buddhist Nuns.* Albany: State University of New York Press, 2010.

Dewaraja, Lorna. "Sanghamitta Theri: A Liberated Woman." *Colombo Daily News*, December 19, 2001.

Dhammadinnā. "Karma Here and Now in a Mūlasarvāstivāda Avadāna: How the Bodhisattva Changed Sex and Was Born as a Female 500 Times." In *Annual Report of the International Research Institute for Advanced Buddhology at Soka University for 2017*, 63–94. Tokyo: Soka University, 2018.

Dhammananda, Bhikkhuni (Chatsumarn Kabilsingh). "Bhikkhunī Ta Tao: Paving the Way for Future Generations." In Tsomo, *Eminent Buddhist Women*, 61-70.

Diemberger, Hildegard. "Female Oracles in Modern Tibet." In Gyatso and Havnevik, *Women in Tibet*, 113-68.

_____. *When a Woman Becomes a Religious Dynasty: The Samding Dorje Phagmo of Tibet*. New York: Columbia University Press, 2007.

DiPrete, Thomas A., and Claudia Buchmann. *The Rise of Women: The Growing Gender Gap in Education and What It Means for American Schools*. New York: Russell Sage Foundation, 2013.

Dobbins, James C. "Women's Birth in Pure Land as Women: Intimations from the Letter of Eshinni." *Eastern Buddhist* 28, no. 1 (1995): 108-22.

Dowman, Keith. *Sky Dancer: The Secret Life and Songs of the Lady Yeshe Tsogyel*. Ithaca, NY: Snow Lion, 1996.

Downing, Michael. *Shoes Outside the Door: Desire, Devotion, and Excess at San Francisco Zen Center*. Washington, DC: Counterpoint, 2001.

Dresser, Marianne, ed. *Buddhist Women on the Edge: Contemporary Perspectives from the Western Frontier*. Berkeley, CA: North Atlantic Books, 1996.

Elverskog, Johan. "Whatever Happened to Queen Jönggen?" In *Buddhism in Mongolian History, Society, and Culture*, edited by Vesna Wallace, 3-22. New York: Oxford University Press, 2015.

Falk, Monica Lindberg. *Making Fields of Merit: Buddhist Female Ascetics and Gendered Orders in Thailand*. Seattle: University of Washington Press, 2008.

Fan, Lizhu, and James D. Whitehead. "Spirituality in a Modern Chinese Metropolis." In *Chinese Religious Life*, edited by David A. Palmer, Glenn Shive, and Philip L. Wickeri, 13-29. New York: Oxford University Press, 2011.

Faure, Bernard. *The Power of Denial: Buddhism, Purity, and Gender*. Princeton, NJ: Princeton University Press, 2003.

Findly, Ellison Banks, ed. *Women's Buddhism, Buddhism's Women: Tradition,*

Revision, Renewal. Boston: Wisdom Publications, 2000.

Finnegan, Damchö Diana. "'For the Sake of Women Too': Gender and Ethics in the Narratives of the Mūlasarvāstivāda Vinaya." PhD diss., University of Wisconsin, 2009.

Friedman, Lenore. *Meetings with Remarkable Women: Buddhist Teachers in America*. Boston: Shambhala, 2000.

Gayley, Holly. *Inseparable across Lifetimes: The Lives and Love Letters of the Tibetan Visionaries Namtrul Rinpoche and Khandro Tare Lhamo*. Boulder, CO: Shambhala, 2019.

——. *Love Letters from Golok: A Tantric Couple in Modern Tibet*. New York: Columbia University Press, 2017.

——. "Revisiting the 'Secret Consort' (gsang yum) in Tibetan Buddhism." *Religions* 9, no. 6 (2018): 1–21.

Grant, Beata. *Eminent Nuns: Women Chan Masters of Seventeenth-Century China*. Honolulu: University of Hawai'i Press, 2009.

——. "Female Holder of the Lineage: Linji Chan Master Zhiyuan Xinggang (1597–1654)." *Late Imperial China* 17, no. 2 (1996): 51–76.

——. "Patterns of Female Religious Experience in Qing Dynasty Popular Literature." *Journal of Chinese Religions* 23 (1995): 29–58.

Grant, Patrick. *Buddhism and Ethnic Conflict in Sri Lanka*. Albany: State University of New York Press, 2009.

Gregory, Peter N., and Susanne Mrozik, eds. *Women Practicing Buddhism: American Experiences*. Boston: Wisdom Publications, 2003.

Grewal, Inderpal. *Transnational America: Feminisms, Diasporas, Neoliberalisms*. Durham, NC: Duke University Press, 2005.

Griffin, Kevin. *One Breath at a Time: Buddhism and the Twelve Steps*. N.p: Rodale Books, 2017.

Gross, Rita M. *Buddhism after Patriarchy: A Feminist History, Analysis, and Reconstruction of Buddhism*. Albany: State University of New York Press,

1992.

_____. *A Garland of Feminist Reflections: Forty Years of Religious Exploration*. Berkeley: University of California Press, 2009.

Grünhagen, Céline. "The Female Body in Early Buddhist Literature." *Scripta Instituti Donneriani Aboensis* 23 (2011): 100-114.

Guruma, Punyawati. "Two Generations of Eminent Nepalese Nuns." In Tsomo, *Eminent Buddhist Women*, 25-31.

Gutschow, Kim. *Being a Buddhist Nun: The Struggle for Enlightenment*. Cambridge, MA: Harvard University Press, 2004.

Gyaltsen, Sakyapa Sonam. *The Clear Mirror: A Traditional Account of Tibet's Golden Age*. Ithaca, NY: Snow Lion Publications, 1996.

Gyatso, Janet. "Down with the Demoness: Reflections on a Feminine Ground in Tibet." In Willis, *Feminine Ground*, 33-51.

Gyatso, Janet, and Hanna Havnevik, eds. *Women in Tibet: Past and Present*. New York: Columbia University Press, 2005.

Haas, Michaela. *Dakini Power: Twelve Extraordinary Women Shaping the Transmission of Tibetan Buddhism in the West*. Boston: Shambhala, 2013.

_____. "The F Word in Buddhism: 'Daughters of the Buddha' Discuss How Buddhist Women Can Achieve Equality." *Huffington Post*, January 7, 2013, www.huffington post.com.

_____. "10 Tibetan Buddhist Women You Need to Know." *Huffington Post*, March 20, 2013. www.huffingtonpost.com.

Haker, Hille, Susan Ross, and Marie-Theres Wacker, eds. *Women's Voices in World Religions*. London: SCM Press, 2006.

Halifax, Joan. *Being with Dying: Cultivating Compassion and Fearlessness in the Presence of Death*. Boston: Shambhala, 2009.

_____. *Standing at the Edge: Finding Freedom Where Fear and Courage Meet*. New York: Flatiron Books, 2018.

Hallisey, Charles, trans. *Therigatha: Poems of the First Buddhist Women*.

Cambridge, MA: Harvard University Press, 2015.

Harding, Sarah. *Machik's Complete Explanation: Clarifying the Meaning of Chöd.* Ithaca, NY: Snow Lion Publications, 2003.

Harris, Ian. *Buddhism in a Dark Age: Cambodian Monks under Pol Pot.* Honolulu: University of Hawai'i Press, 2013.

Harrison, Paul. "Women in the Pure Land: Some Reflections on the Textual Sources." *Journal of Indian Philosophy* 26, no. 6 (1998): 553–72.

Hartmann, Jens-Uwe. "The Vinaya between History and Modernity: Some General Reflections." In Mohr and Tsedroen, *Dignity and Discipline*, 23–28.

Harvey, Peter. *An Introduction to Buddhist Ethics: Foundations, Values and Issues.* New York: Oxford University Press, 1997.

Heirman, Ann. "Buddhist Nuns through the Eyes of Leading Early Tang Masters." *Chinese Historical Review* 22, no 1 (2015): 31–51.

———. "Can We Trace the Early Dharmaguptakas?" *T'oung Pao* (Second Series) 88, nos. 4–5 (2002): 396–429.

———. "Chinese Nuns and Their Ordination in Fifth Century China." *Journal of the International Association of Buddhist Studies* 24, no. 2 (2001): 275–304.

———. *Rules for Nuns according to the Dharmaguptakavinaya: The Discipline in Four Parts.* 3 vols. Delhi, India: Motilal Banarsidass, 2002.

———. "Vinaya: From India to China." In Heirman and Bunbacher, *The Spread of Buddhism*, 167–202.

Heirman, Ann, and Stephen Peter Bunbacher, eds. *The Spread of Buddhism.* Leiden, Netherlands: Brill, 2007.

Hinsch, Bret. "Confucian Filial Piety and the Construction of the Ideal Chinese Buddhist Woman." *Journal of Chinese Religions* 30 (2002): 49–75.

Hirakawa, Akira. "The History of Buddhist Nuns in Japan." Translated by Karma Lekshe Tsomo with Junko Miura. *Buddhist-Christian Studies* 12 (1992): 147–58.

———. *Monastic Discipline for the Buddhist Nuns: An English Translation of the Chinese Text of the Mahāsāṃghika-Bhikṣuṇī-Vinaya.* Patna, India: Kashi

Prasad Jayaswal Research Institute, 1982.

Horner, I. B. [Isaline Blew]. *Women under Primitive Buddhism: Laywomen and Almswomen.*Delhi, India: Motilal Banarsidass, 1930. Reprint, New York: Gutenberg, 2011.

Huang, C. Julia. *Charisma and Compassion: Cheng Yen and the Buddhist Tzu Chi Movement.* Cambridge, MA: Harvard University Press, 2009.

Huang, C. Julia, and Robert P. Weller. "Merit and Mothering: Women and Social Welfare in Taiwanese Buddhism." *Journal of Asian Studies* 57, no. 2 (1998): 379–96.

Hüsken, Ute. "The Eight Garudhammas." In Mohr and Tsedroen, *Dignity and Discipline*, 143–48.

_____. "The Legend of the Establishment of the Buddhist Order of Nuns in the Theravāda Vinaya Pitaka." *Journal of the Pali Text Society* 26 (2000): 43–69.

_____. "A Stock of Bowls Requires a Stock of Robes: Relations of the Rules for Nuns in the Theravada Vinaya and the Bhiksuni-Vinaya of the MahāsāṃghikaLokottaravādin."In *Untersuchungen zur buddhistischen Literatur* II, Gustav Roth zum 80. Geburtstag gewidmet, edited by Heinz Bechert, S. Bretfeld, and P. KiefferPülz, 201–38. Göttingen, Germany: Vandenhoeck & Ruprecht, 1997.

Jacobs-Stewart, Thérèse. *Mindfulness and the 12 Steps: Living Recovery in the Present Moment.* Center City, MN: Hazelden, 2010.

Jacobsen, Trude. "In Search of the Khmer Bhikkhunī: Reading between the Lines in Late Classical and Early Middle Cambodia (13th–18th Centuries)." *Journal of the Oxford Centre for Buddhist Studies* 4 (2013): 75–87.

Jacoby, Sarah H. *Love and Liberation: Autobiographical Writings of the Tibetan Buddhist Visionary Sera Khandro.* New York: Columbia University Press, 2016.

Jaffe, Richard M. *Neither Monk nor Layman: Clerical Marriage in Modern Japanese*

Buddhism. Honolulu: University of Hawai'i Press, 2010.

———. "Seeking Sakyamuni: Travel and the Reconstruction of Japanese Buddhism." *Journal of Japanese Studies* 30, no. 1 (Winter 2004): 65–96.

Jaini, Padmanabh S. "Padīpadānajātaka: Gautama's Last Female Incarnation." In *Collected Papers in Buddhist Studies*, edited by Padmanabh Jaini, 367–74. Delhi, India: Motilal Banarsidass, 2001.

Jayawardena, Kumari. *Feminism and Nationalism in the Third World*. London: Zed Books, 1986.

Jayawickrama, N. A. *The Inception of Discipline and the Vinaya Nidana*. Collingwood, VIC, Australia: Trieste, 2018.

Jerryson, Michael K. *Buddhist Fury: Religion and Violence in Southern Thailand*. New York: Oxford University Press, 2011.

Jiyu-Kennett, and Daizui MacPhillamy. *Roar of the Tigress: The Oral Teachings of Rev. Master Jiyu-Kennett, Western Woman and Zen Master*. Shasta, CA: Shasta Abbey Press, 2005.

Jordt, Ingrid. *Burma's Mass Lay Meditation Movement: Buddhism and the Cultural Construction of Power*. Athens: Ohio University Press, 2007.

Jyväsjärvi, Mari Johanna. "Fragile Virtue: Women's Monastic Practice in Early Medieval India." PhD diss., Harvard University, 2011.

Kabilsingh, Chatsumarn. *A Comparative Study of Bhikkhuni Patimokkha*. Varanasi, India: Chaukhambha Orientalia, 1984.

Kawanami, Hiroko. *Renunciation and Empowerment of Buddhist Nuns in MyanmarBurma:Building a Community of Female Faithful*. Leiden, Netherlands: Brill, 2013.

Khema, Ayya. *Being Nobody, Going Nowhere: Meditations on the Buddhist Path*. Boston:Wisdom Publications, 1987.

———. *I Give You My Life: The Autobiography of a Western Buddhist Nun*. Boston: Shambhala, 1998.

———. *When the Iron Eagle Flies: Buddhism for the West*. Boston: Wisdom Publications, 2000.

Kieffer-Pülz, Petra. "Sex-Change in Buddhist Legal Literature with a Focus on the Theravāda Tradition." In *Annual Report of The International Research Institute for Advanced Buddhology at Soka University for 2017*, 27–62. Tokyo: Soka University, 2018.

Kim, Iryop. *Reflections of a Zen Buddhist Nun*. Translated by Jin Park. Honolulu: University of Hawai'i Press, 2014.

Kim, Jinah. "Unheard Voices: Women's Roles in Medieval Buddhist Artistic Production and Religious Practices in South Asia." *Journal of the American Academy of Religion* 79 (2012): 200–32.

Kinnard, Jacob N. *The Emergence of Buddhism: Classical Traditions in Contemporary Perspective*. Minneapolis: Fortress Press, 2011.

Kirchner, Thomas Yuho, ed. *The Record of Linji*. Translated by Ruth Fuller Sasaki. Honolulu: University of Hawai'i Press, 2009.

Klein, Anne Carolyn. *Meeting the Great Bliss Queen: Buddhists, Feminists, and the Art of the Self*. Ithaca, NY: Snow Lion, 2008.

Kloppenborg, Ria. "Female Stereotypes in Early Buddhism: The Women of the Therīgāthā." In Kloppenborg and Hanegraaff, *Female Stereotypes in Religious Traditions*, 151–69.

Kloppenborg, Ria, and Wouter J. Hanegraaff, eds. *Female Stereotypes in Religious Traditions*. Leiden, Netherlands: E. J. Brill, 1995.

Krey, Gisela. "Some Remarks on the Status of Nuns and Laywomen in Early Buddhism." In Mohr and Tsedroen, *Dignity and Discipline*, 39–64.

Kunga, Drime, and Yeshe Tsogyal. *The Life and Visions of Yeshe Tsogyal: The Autobiography of the Great Wisdom Queen*. Translated by Chonyi Drolma. Boulder, CO: Shambhala, 2017.

Kusuma, Bhikkhunī. "Inaccuracies in Buddhist Women's History." In Tsomo, *Innovative Buddhist Women*, 5–12.

LaMacchia, Linda. *Songs and Lives of the Jomo (Nuns) of Kinnaur, Northwest India: Women's Religious Expression in Tibetan Buddhism*. Delhi, India: Sri Satguru, 2008.

Langenberg, Amy Paris. "Female Monastic Healing and Midwifery: A View from the Vinaya Tradition." *Journal of Buddhist Ethics* 21 (2014): 152–87.

———. "An Imperfect Alliance: Feminism and Contemporary Female Buddhist Monasticisms." *Religions* 9 (2018): 1–24.

———. "Mahāsāṃghika-lokottaravāda Bhikṣunī Vinaya: The Intersection of Womanly Virtue and Buddhist Asceticism." In Collett, *Women in Early Indian Buddhism*, 81–96.

Lawergren, Bo. "Buddha as a Musician: An Illustration of a Jataka Story." *Artibus Asiae* 54, nos. 3/4 (1994): 226–40.

Lee, Chengpang, and Ling Han. "Mothers and Moral Activists: Two Models of Women's Social Engagement in Contemporary Taiwanese Buddhism." *Nova Religio: The Journal of Alternative and Emergent Religions* 19, no. 3 (February 2016): 54–77.

LeVine, Sarah. "At the Cutting Edge: Theravāda Nuns in the Kathmandu Valley." In Tsomo, *Innovative Buddhist Women*, 13–29.

———. "Dharma Education for Women in the Theravāda Buddhist Community of Nepal." In Tsomo, *Buddhist Women and Social Justice*, 137–54.

LeVine, Sarah, and David N. Gellner. *Rebuilding Buddhism: The Theravada Movement in Twentieth-Century Nepal*. Cambridge, MA: Harvard University Press, 2007.

Li, Yu-Chen. "Bhikṣuṇī Hiuwen: Enlightening Society by Institutionalizing Buddhist Education." In Tsomo, *Eminent Buddhist Women*, 101–10.

———. "From 'Vegetarian Women' to 'Female Volunteers' to 'Dharma Aunties': The Institutionalization of Buddhist Women's Affiliation with Monastic Sangha." In Tsomo, *Contemporary Buddhist Women*, 216–21.

———. "Ordination, Women, and Sisterhood: The International Full Ordination Ceremony in Bodhgaya." In Tsomo, *Innovative Buddhist Women*, 168–98.

Lintner, Bertil. *Aung San Suu Kyi and Burma's Struggle for Democracy*. Bangkok: Silkworm Books, 2011.

Littlejohn, Darren. *The 12-Step Buddhist: Enhance Recovery from Any Addiction*.

New York: Simon & Schuster, 2009.

MacKenzie, Vicki. *Cave in the Snow: A Western Woman's Quest for Enlightenment*. London: Bloomsbury, 1998.

_____. *The Revolutionary Life of Freda Bedi: British Feminist, Indian Nationalist, Buddhist Nun*. Boulder, CO: Shambhala, 2017.

Makley, Charlene E. *The Violence of Liberation: Gender and Tibetan Buddhist Revival in Post-Mao China*. Berkeley: University of California Press, 2007.

Manuel, Zenju Earthlyn. *Sanctuary: A Meditation on Home, Homelessness, and Belonging*. Somerville, MA: Wisdom Publications, 2018.

_____. *The Way of Tenderness: Awakening through Race, Sexuality, and Gender*. Boston: Wisdom Publications, 2015.

Martin, Dan. "The Woman Illusion? Research into the Lives of Spiritually Accomplished Women Leaders of the 11th and 12th Centuries." In Gyatso and Havnevik, *Women in Tibet*, 49–82.

McGinnity, Tanya. *Lotus Petals in the Snow: Voices of Canadian Buddhist Women*. Nepean, ON: Sumeru Press, 2015.

McGregor, Jena. "The Next Dalai Lama Could Be a Woman." *Washington Post*, June 17, 2013.

Meeks, Lori R. "Buddhist Renunciation and the Female Life Cycle: Understanding Nunhood in Heian and Kamakura Japan." *Harvard Journal of Asiatic Studies* 70, no. 1 (2010): 1–59.

_____. *Hokkeji and the Reemergence of Female Monastic Orders in Premodern Japan*. Honolulu: University of Hawai'i Press, 2010.

_____. "Imagining Rahula in Medieval Japan: The Raun Koshiki." *Japanese Journal of Religious Studies* 43, no. 1 (2016): 131–51.

_____. "In Her Likeness: Female Divinity and Leadership at Medieval Chuguji." *Japanese Journal of Religious Studies* 34, no. 2 (2007): 351–92.

_____. "Reconfiguring Ritual Authenticity: The Ordination Traditions of Aristocratic Women in Premodern Japan." *Japanese Journal of Religious Studies* 33, no. 1 (2006): 51–74.

———. "Vows for the Masses: Eison and the Popular Expansion of Precept-Conferral Ceremonies in Premodern Japan." *Numen* 56, no. 1 (2009): 1–43.

Miller, Andrea, and the editors of the Shambhala Sun. *Buddha's Daughters: Teachings from Women Who Are Shaping Buddhism in the West.* Boston: Shambhala, 2014.

Mitchell, Matthew S. "Going with the Flow and Yet Controlling the Flow: The Early Life, Education, and Scholarship of Takatsukasa Seigyoku, Current Abbess of Zenkōji's Daihongan Convent." *International Journal of Dharma Studies* 4, no. 1 (2016): 219–35.

Miura, Isshu, and Ruth Fuller Sasaki. *Zen Dust: The History of the Koan and Koan Study in Rinzai (Linji) Zen.* Basel, Switzerland: Quirin Press, 2015.

Mohr, Thea, and Jampa Tsedroen, eds. *Dignity and Discipline: Reviving Full Ordination for Buddhist Nuns.* Boston: Wisdom Publications, 2010.

Moon, Susan. "Activist Women in American Buddhism." In *Engaged Buddhism in the West*, edited by Christopher S. Queen, 247–68. Boston: Wisdom Publications, 2000.

Mrozik, Susanne. "Materializations of Virtue: Buddhist Discourses on Bodies." In *Bodily Citations: Religion and Judith Butler*, edited by Ellen T. Armour and Susan M. St. Ville, 15–47. New York: Columbia University Press, 2006.

———. "A Robed Revolution: The Contemporary Buddhist Nun's (Bhikkhunī) Movement." *Religion Compass* 3, no. 3 (2009): 360–78.

———. *Virtuous Bodies: The Physical Dimensions of Morality in Buddhist Ethics.* New York: Oxford University Press, 2007.

———. "'We Love Our Nuns': Affective Dimensions of the Sri Lankan Bhikkhunī Revival." *Journal of Buddhist Ethics* 21 (2014): 57–95.

Nagao, Gadjin M., ed. *Letters of Rennyo: A Translation of Rennyo's Gobunsho.* Kyoto, Japan: Hongwanji International Center, 2000.

Nanayon, Upasika Lee. *Pure and Simple: The Buddhist Teachings of a Thai Laywoman.* Boston: Wisdom Publications, 2005.

Narada. *The Buddha and His Teachings.* 4th ed. Kuala Lumpur, Malaysia: Buddhist Missionary Society, 1988.

Nattier, Jan. *A Few Good Men: The Bodhisattva Path according to The Inquiry of Ugra (Ugrapartipṛcchā).* Honolulu: University of Hawai'i Press, 2003.

_____. *Once upon a Future Time: Studies in a Buddhist Prophecy of Decline.* Berkeley, CA: Asian Humanities Press, 1991.

Noble, Susan. "Eastern Traditions in Western Lands." In Tsomo, *Buddhism through American Women's Eyes*, 149-54.

_____. "The Monastic Experience." In Tsomo, *Buddhism through American Women's Eyes*, 125-32.

Nolot, Édith. *Règles de Discipline Des Nonnes Bouddhistes: Le Bhiksunīvinaya de L'école Mahāsāṃghika-Lokottaravādin.* Paris: Collège de France, 1991.

Norman, K. R. *Pāli Literature, Including the Canonical Literature in Prakrit and Sanskrit of the Hīnayāna Schools Buddhism.* Wiesbaden, Germany: Otto Harrassowitz, 1983.

Norsworthy, Kathryn. "Integrating Feminist Theory and Engaged Buddhism: Counseling Women Survivors of Gender-Based Violence." In Tsomo, *Buddhist Women and Social Justice*, 101-16.

Norsworthy, Kathryn L., and Ouyporn Khuankaew. "Bringing Social Justice to International Practices of Counseling Psychology." In *Handbook for Social Justice in Counseling Psychology: Leadership, Vision, and Action*, edited by Rebecca L. Toporek, Lawrence H. Gerstein, Nadya Fouad, Gargi Roysircar-Sodowsky, and Tania Israel, 421-41. Thousand Oaks, CA: Sage, 2005.

_____. "A New View from Women of Thailand about Gender, Sexuality, and HIV/AIDS." *Feminism and Psychology* 18, no. 4 (2008): 527-36.

_____. "Women of Burma Speak Out: Workshops to Deconstruct Gender-Based Violence and Build Systems of Peace and Justice." *Journal for Specialists in Group Work* 29, no. 3 (2004): 259-83.

Obeyesekere, Ranjini. *Portraits of Buddhist Women: Stories from the*

Saddharmaratnāvaliya. Albany: State University of New York Press, 2001.

Ohnuma, Reiko. *Head, Eyes, Flesh, and Blood: Giving Away the Body in Indian Buddhist Literature*. New York: Columbia University Press, 2007.

———. "The Story of Rupāvatī: A Female Past Birth of the Buddha." *Journal of the International Association of Buddhist Studies* 23, no. 1 (2000): 103–45.

———. *Ties That Bind: Maternal Imagery and Discourse in Indian Buddhism*. New York: Oxford University Press, 2012.

———. "Woman, Bodhisattva, and Buddha." *Journal of Feminist Studies in Religion* 17, no. 1 (2001): 63–83.

Omvedt, Gail. *Buddhism in India: Challenging Brahmanism and Caste*. New Delhi, India: Sage Publications India, 2003.

Owen, Lisa Battaglia. "On Gendered Discourse and the Maintenance of Boundaries: A Feminist Analysis of the Bhikkhuni Order in Indian Buddhism." *Asian Journal of Women's Studies* 4 (1998): 8–60.

———. "Toward a Buddhist Feminism: Mahayana Sutras, Feminist Theory, and the Transformation of Sex." *Asian Journal of Women's Studies* 3 (1997): 8–51.

Pachen, Ani, and Adelaide Donnelley. *Sorrow Mountain: The Journey of a Tibetan Warrior Nun*. New York: Kodansha America, 2000.

Park, Jin Y. *Women and Buddhist Philosophy: Engaging Zen Master Kim Iryop*. Honolulu: University of Hawai'i Press, 2018.

Paul, Diana Y. *Women in Buddhism: Images of the Feminine in Mahāyāna Tradition*. 2nd ed. Berkeley: University of California Press, 1985.

Peach, Lucinda Joy. "Social Responsibility, Sex Change, and Salvation: Gender Justice in the Lotus Sūtra." *Philosophy East and West* 52, no. 1 (2002): 50–74.

Powers, John. *A Bull of a Man: Images of Masculinity, Sex, and the Body in Indian Buddhism*. Cambridge, MA: Harvard University Press, 2009.

Prebish, Charles S. *Buddhism: A Modern Perspective*. University Park: Pennsylvania State University Press, 1994.

———. *Buddhist Monastic Discipline: The Sanskrit Prātimokṣa Sūtras of the Mahāsāṃghikas and Mūlasarvāstivādins*. Delhi, India: Motilal Banarsidass,

2010.

_____. "Varying the Vinaya: Creative Responses to Modernity." In *Buddhism in the Modern World: Adaptations of an Ancient Tradition*, edited by Steven Heine and Charles S. Prebish, 45–74. New York: Oxford University Press, 2003.

Rajapakse, Vijitha. "*Therīgāthā*: On Feminism, Aestheticism and Religiosity in an Early Buddhist Verse Anthology." *Buddhist Studies Review* 12, no. 1 (1995): 7–26; and 12, no. 2 (1995): 135–55.

Roth, Gustav. *Bhikṣuṇī-Vinaya: Including Bhikṣuṇī-Prakīrṇaka and a Summary of the Bhikṣu-Prakīrṇaka of the Ārya-Mahāsāṃghika-Lokottaravādin*. Patna, India: K. P. Jayaswal Research Institute, 1970.

Ruch, Barbara. *Engendering Faith: Women and Buddhism in Premodern Japan*. Ann Arbor, MI: Center for Japanese Studies, University of Michigan, 2003.

Salgado, Nirmala S. *Buddhist Nuns and Gendered Practice: In Search of the Female Renunciant*. New York: Oxford University Press, 2013.

Schaeffer, Kurtis R. "The Autobiography of a Medieval Hermitess: Orgyan Chokyi (1675–1729)." In Gyatso and Havnevik, *Women in Tibet*, 83–109.

_____. *Himalayan Hermitess: The Life of a Tibetan Buddhist Nun*. New York: Oxford University Press, 2004.

Schireson, Grace. *Zen Women: Beyond Tea Ladies, Iron Maidens, and Macho Masters*. Boston: Wisdom Publications, 2009.

Schmidt, Amy. *Dipa Ma: The Life and Legacy of a Buddhist Master*. Birmingham, UK: Windhorse, 2005.

Schopen, Gregory. *Buddhist Nuns, Monks, and Other Worldly Matters: Recent Papers on Monastic Buddhism in India*. Honolulu: University of Hawai'i Press, 2014.

_____. "Sukhavātī as a Generalized Religious Goal in Sanskrit Mahāyāna Sūtra Literature." *Indo-Iranian Journal* 19 (1977): 177–210.

_____. "The Suppression of Nuns and the Ritual Murder of Their Special Dead in Two Buddhist Monastic Texts." *Journal of Indian Philosophy* 24 (1996):

563–92.

Seeger, Martin. "'Against the Stream': The Thai Female Buddhist Saint Mae Chi Kaew Sianglam (1901–1991)." *South East Asia Research* 18, no. 3 (2010): 555–95.

_____. "The Changing Roles of Thai Buddhist Women: Obscuring Identities and Increasing Charisma." *Religion Compass* 3 (2009): 806–22.

_____. "'The (Dis)appearance of an Author': Some Observations and Reflections on Authorship in Modern Thai Buddhism." *Journal of the International Association of Buddhist Studies* 36/37 (2013/2014 [2015]): 499–536.

_____. *Gender and the Path to Awakening: Hidden Histories of Nuns in Modern Thai Buddhism.* Copenhagen: NIAS Press, 2018.

_____. "Orality, Memory, and Spiritual Practice: Outstanding Female Thai Buddhists in the Early 20th Century." *Journal of the Oxford Centre for Buddhist Studies* 7 (2014): 153–90.

_____. "Reversal of Female Power, Transcendentality, and Gender in Thai Buddhism: The Thai Buddhist Female Saint Khun Mae Bunruean Tongbuntoem (1895–1964)." *Modern Asian Studies* 47 (2013): 1488–1519.

Shakya, Min Bahadur. *The Life and Contribution of the Nepalese Princess Bhrikuti Devi to Tibetan History (from Tibetan Sources).* Kathmandu, Nepal: Pilgrims Publishing, 2002.

Sharma, Arvind, ed. *Women in World Religions.* Albany: State University of New York Press, 1987.

Shaw, Miranda. *Buddhist Goddesses of India.* Princeton, NJ: Princeton University Press, 2015.

_____. *Passionate Enlightenment: Women in Tantric Buddhism.* Princeton, NJ: Princeton University Press, 1994.

Shih, Pao-ch'ang. *Lives of the Nuns: Biographies of Chinese Buddhist Nuns from the Fourth to Sixth Centuries.* Translated by Kathryn Ann Tsai. Honolulu: University of Hawai'i Press, 1994.

Sidky, Homayun. "The State Oracle of Tibet, Spirit Possession, and Shamanism,"

Numen 58 (2011): 71–99.

Simmons, Tracy. "Sravasti Abbey: A Dream Fulfilled for U.S. Buddhist Nuns." *Religion News Service*, May 8, 2012. http://unethicalconversionwatch.org.

Skilling, Peter. "Eṣā agrā: Images of Nuns in (Mūla-)Sarvāstivādin Literature." *Journal of the International Association of Buddhist Studies* 24, no. 2 (2001): 135–57.

Starkey, Caroline, and Emma Tomalin. "Gender, Buddhism and Education: Dhamma and Social Transformation within the Theravada Tradition." In *Gender, Religion and Education in a Chaotic Postmodern World*, edited by Zehavit Gross, Lynn Davies, and Al-Khansaa Diab, 55–71. Dordrecht, Netherlands: Springer, 2012.

Starling, Jessica. *Guardians of the Buddha's Home: Domestic Religion in Contemporary Jōdo Shinshū*. Honolulu: University of Hawai'i Press, 2019.

———. "Rights, Centers, and Peripheries: Experimental Moves in Japanese Buddhism." *International Journal of Dharma Studies* 5, no. 9 (2017): 1–14.

Sterling, Isabel. *Zen Pioneer: The Life and Works of Ruth Fuller Sasaki*. Emeryville, CA: Shoemaker & Hoard, 2006.

Strong, John S. "Aśoka's Wives and the Ambiguities of Buddhist Kingship." *Cahiers d'Extrême-Asie* 13 (2002): 35–54.

Swearer, Donald K. *The Buddhist World of Southeast Asia*. Albany: State University of New York Press, 2010.

Symes, Michael. *An Account of an Embassy to the Kingdom of Ava in the Year 1795*. Vol. 1. Edinburgh: Constable, 1827.

Thapar, Romila. "The Householder and the Renouncer in the Brahmanical and Buddhist Traditions." In *Way of Life: King, Householder, and Renouncer: Essays in Honour of Louis Dumont*, edited by T. N. Madan, 273–98. Delhi, India: Vikas, 1982.

Toomey, Christine. *In Search of Buddha's Daughters: A Modern Journey Down Ancient Roads*. New York: The Experiment, 2016.

Trainor, Kevin. "In the Eye of the Beholder: Nonattachment and the Body in

Subhā's Verse (*Therīgāthā* 71)." *Journal of the American Academy of Religion* 61, no. 1 (1993): 57–79.

Tsomo, Karma Lekshe, ed. *Bridging Worlds: Buddhist Women's Voices across Generations*. Taibei, Taiwan: Yuan Chuan Press, 2004.

———, ed. *Buddhism at the Grassroots*. Delhi, India: Sakyadhita, 2012.

———, ed. *Buddhism through American Women's Eyes*. Ithaca, NY: Snow Lion Publications, 2011.

———. "Buddhist Ethics in Japan and Tibet: A Comparative Study of the Adoption of Bodhisattva and Pratimoksa Precepts." In *Buddhist Behavioral Codes and the Modern World*, edited by Charles Wei-hsun Fu and Sandra A. Wawrytko, 123–38. Westport, CN: Greenwood Press, 1994.

———, ed. *Buddhist Feminisms and Femininities*. Albany: State University of New York Press, 2019.

———. "Buddhist Nuns: New Roles and Possibilities." In *Tibet: Theocracy to Democracy*, edited by Dagmar Bernstorff, 368–93. New Delhi, India: Har-Anand Publications, 2016.

———, ed. *Buddhist Women across Cultures: Realizations*. Albany: State University of New York Press, 1999.

———, ed. *Buddhist Women and Social Justice: Ideals, Challenges, and Achievements*. Albany: State University of New York Press, 2004.

———, ed. *Buddhist Women in a Global Multicultural Community*. Kuala Lumpur, Malaysia: Sukhi Hotu Press, 2008.

———. "Change in Consciousness: Women's Religious Identity in Himalayan Buddhist Cultures." In Tsomo, *Buddhist Women across Cultures*, 169–89.

———, ed. *Compassion and Social Justice*. Yogyakarta, Indonesia: Sakyadhita, 2015.

———, ed. *Contemporary Buddhist Women: Contemplation, Cultural Exchange, and Social Action*. Hong Kong: Sakyadhita, 2017.

———, ed. *Eminent Buddhist Women*. Albany: State University of New York Press, 2014.

_____. "Factions and Fortitude: Buddhist Women of Bangladesh." In Tsomo, *Innovative Buddhist Women*, 42-57.

_____. "Global Exchange: Women in the Transmission and Transformation of Buddhism." In *Trans Buddhism: American Perspectives on the Transmission, Translation, and Transformation of Buddhism in the Global Arena*, edited by Nalini Bhushan, Jay L. Garfield, and Abraham Zablocki, 209-36. Amherst: University of Massachusetts Press, 2009.

_____. "The History of Japanese Nuns." *Buddhist Christian Studies* 12 (1992): 143-58.

_____. "Illustrating the Way: The Life and Times of Bhikṣuṇi Shig Hiu Wan." *International Journal of Dharma Studies* 5, no. 1 (2017): 1-10.

_____, ed. *Innovative Buddhist Women: Swimming against the Stream*. Richmond, UK: Curzon, 2000.

_____. "Khunying Kanitha: Thailand's Advocate for Women." In Tsomo, *Buddhist Women and Social Justice*, 173-91.

_____. "Lao Buddhist Women: Quietly Negotiating Religious Authority." *Buddhist Studies Review* 27, no. 1 (2010): 85-106.

_____. "Nuns, Ḍākinīs, and Ordinary Women: Buddhist Women of Mongolia." In Tsomo, *Eminent Buddhist Women*, 195-209.

_____. "Nuns, Lives, and Rules." In *Oxford Bibliographies Online: Buddhism*, edited by Richard Payne. New York: Oxford University Press, 2012.

_____, ed. *Out of the Shadows: Socially Engaged Buddhist Women in the Global Community*. Delhi, India: Sri Satguru Publications, 2006.

_____. "Prayers of Resistance: Kalmyk Women's Covert Buddhist Practice." *Nova Religio: The Journal of Alternative and Emergent Religions* 20, no. 1 (August 2016): 86-98.

_____. "Renunciation in Contemporary Buddhist Monasticism." In *Asceticism, Identity, and Pedagogy in Dharma Traditions*, edited by Graham M. Schweig, Jeffrey D. Long, Ramdas Lamb, and Adarsh Deepak, 49-67. Hampton, VA: Deepak Heritage Books, 2006.

———, ed. *Sakyadhita: Daughters of the Buddha*. Ithaca, NY: Snow Lion Publications, 1989.

———. *Sisters in Solitude: Two Traditions of Buddhist Monastic Ethics for Women; A Comparative Analysis of the Dharmagupta and Mūlasarvāstivāda Bhikṣuṇī Prātimokṣa Sūtras*. Albany: State University of New York Press, 1996.

———. "Socially Engaged Buddhist Nuns: Activism in Taiwan and North America." *Journal of Global Buddhism* 10 (2009): 459–85.

———. "Transition and Transformation: Buddhist Women of Buryatia." In *Buddhism in Mongolian History, Society, and Culture*, edited by Vesna Wallace, 261–79. New York: Oxford University Press, 2015.

Tworkov, Helen. *Zen in America: Five Teachers and the Search for an American Buddhism*. New York: Kodansha, 1994.

Ueki, Masatoshi. *Gender Equality in Buddhism*. New York: Peter Lang, 2001.

Usuki, Patricia Kanaya. "American Women in Jōdo Shin Buddhism Today: Tradition and Transition." *Pacific World: Journal of the Institute of Buddhist Studies*, Third Series 7 (2005): 159–75.

———. *Currents of Change: American Buddhist Women Speak Out on Jodo Shinshu*. Berkeley, CA: Institute of Buddhist Studies, 2007.

Valian, Virginia. *Why So Slow? The Advancement of Women*. Cambridge, MA: Massachusetts Institute of Technology Press, 1999.

Vargas-O'Brian, Ivette M. "The Life of dGe slong ma dPal mo: The Experience of a Leper, Founder of a Fasting Ritual, a Transmitter of Buddhist Teachings on Suffering and Renunciation in Tibetan Religious History." *Journal of the International Association of Buddhist Studies* 24, no. 2 (2001): 157–86.

Waldman, Anne. *Trickster Feminism*. New York: Penguin, 2018.

Wallis, Glenn. *A Critique of Western Buddhism: Ruins of the Real*. New York: Bloomsbury, 2018.

Walshe, Maurice. *Long Discourses of the Buddha: A Translation of the Dīgha Nikāya*. Boston: Wisdom Publications, 1995.

Walters, Jonathan S. "Apadāna: Therī-apadāna: Wives of the Saints: Marriage and Kamma in the Path to Arhantship." In Collett, *Women in Early Indian Buddhism*, 160–91.

_____. "Gotamī's Story: Introduction and Translation." In *Buddhism in Practice*, edited by Donald S. Lopez Jr., 113–38. Princeton, NJ: Princeton University Press, 1995.

_____. "A Voice from the Silence: The Buddha's Mother's Story." *History of Religions* 33, no. 4 (1994): 358–79.

Walton, Jeremy J., and Susan Hayward. *Contesting Buddhist Narratives: Democratization, Nationalism, and Communal Violence in Myanmar*. Honolulu, HI: East-West Center, 2014.

Watkins, Joanne C. *Spirited Women: Gender, Religion, and Cultural Identity in the Nepal Himalaya*. New York: Columbia University Press, 1996.

Wijeyaratna, Mohan. *Buddhist Nuns: The Birth and Development of a Women's Monastic Order*. Kandy, Sri Lanka: Buddhist Publication Society, 2010.

Williams, Liz. "A Whisper in the Silence: Nuns before Mahāpajāpatī." *Buddhist Studies Review* 17, no. 2 (2000): 167–73.

Willis, Janice D, ed. *Feminine Ground: Essays on Women and Tibet*. Ithaca, NY: Snow Lion Publications, 1987.

Wilson, Jeff. "Mindfully Feminine? The Role of Meditation in the Production and Marketing of Gendered Lifestyles." In Tsomo, *Buddhist Feminisms and Femininities*, 285–302.

Wright, Diana E. "Spiritual Piety, Social Activism, and Economic Realities: The Nuns of Mantokuji." In Tsomo, *Buddhist Women and Social Justice*, 205–18.

Wu Yin, Bhikshuni. *Choosing Simplicity: Commentary on the Bhikshuni Pratimoksha*. Translated by Bhikshuni Jendy Shih. Edited by Bhikshuni Thubten Chodron. Ithaca, NY: Snow Lion Publications, 2001.

Young, Katherine K. "Hinduism." In Sharma, *Women in World Religions*, 59–103.

Young, Serinity. *Courtesans and Tantric Consorts: Sexualities in Buddhist Narrative, Iconography, and Ritual*. New York: Routledge, 2004.

_____. "Female Mutability and Male Anxiety in an Early Buddhist Legend."

Journal of the History of Sexuality 16, no. 1 (2007): 14–39.

Yü, Chün-fang. *Kuan-yin: The Chinese Transformation of Avalokitesvara*. New York: Columbia University Press, 2001.

Yuan, Yuan. "Chinese Buddhist Nuns in the Twentieth Century: A Case Study in Wuhan." *Journal of Global Buddhism* 10 (2015): 375–412.

찾아보기

【I】
I. B. 호너 14

【ㄱ】
가부장적 72
겔롱마 빠모(Gelongma Palmo) 121
겔롱마(gelongma) 계보 139
공덕 81
관세음보살 106
관음 107
구족계 55
국제불교여성협회 81
권위주의 156
근본설일체유부 61
『근본설일체유부(*Mūlasarvāstivāda*)
　율장』 206
글로벌 네트워크 221
금강승 30
금욕주의 24

【ㄴ】
늉네(nyung ne) 124

【ㄷ】
다나(dāna) 217

다르마(Dharma) 43
다사실마타(dasasilmātās) 74
다키니(ḍākinī) 120
달라이 라마 134
담마(Dhamma) 43
담마딘나(Dhammadinnā) 45
담마와티 192
담마짜리야 95
대만 불교 115
대승불교 19
도르제 빠모(Dorje Palmo) 131
독덴마(togdenma) 163
독신 112
독신주의 173
돈치(don chee) 83
돌봄 220
동규 가찰링(Dongyu Gatsal Ling) 164
동아시아 불교 266

【ㄹ】
룸비니 37
리더십 227
리타 그로스(Rita Gross) 165

【ㅁ】
마라의 딸들 31
마음챙김 175
마칙 랍된(Machig Labdrön) 121
마하마야 16
마하싯다(mahāsiddha) 122
마하파자파티 53
마하프라자파티(Mahāprajāpatī) 16
마하프라자파티 불교대학 251
마힌다(Mahinda) 66
만다라바(Mandāravā) 121
매치(mae chee) 78
매카오(mae khao) 83
메이블 보데 48
모린 스튜어트(Maureen Stuart) 159
묘선妙善 117
『무량수경』 104
문성(文成, Wencheng) 공주 123
문화 간 대화 266

【ㅂ】
바라제목차 20
바바라 로즈(Barbara Rhodes) 159
밧다 쿤달라케사(Bhaddā Kuṇḍala-kesā) 45
버마 불교 74
『범망경梵網經』 83
법장부(法藏部, Dharmaguptaka) 61
『법화경』 50

변성 성불 117
보디찌타(Bodhicitta) 재단 220
보모리 114
보살 29
보살계 83
보시 76
불교 딴뜨라 119
불교 여성사 27
불교 여성 운동 227
불교 페미니스트 운동 234
불교 페미니즘 14
비구 21
비구니 20
비구니 계보 77
비구니 수계 계보 265
비구니 승가 59
『비구니전』 69
비아시아 불교 267
비폭력 220

【ㅅ】
사가잉(Sagaing) 90
사라 하딩(Sarah Harding) 165
사문(śrāmaṇa) 17
사미 54
사미니 54
『사분율』 99
사찰 부인 114
사회 정의 238

사회 참여 215
삼딩 도르제 빠모(Samding Dorje Palmo) 121
삼먁삼붓다(samyaksaṃbuddha) 226
삼신三身 104
32상 226
상가미타(Saṅghamittā) 66
상좌부 19
상좌부 불교 72, 73
샤론 살츠버그(Sharon Salzberg) 162
샤카디타(Sakyadhita) 79
샤프론(Saffron) 혁명 218
샥티(śakti) 42
샬롯 조코 벡(Charlotte Joko Beck) 159
서양 불교 172
석가모니(Śākyamuni) 붓다 16
석효운釋曉雲 116
선 109
선신니善信尼 111
선장니禪藏尼 111
성 착취 156
성별화 168
성별화된 용어 257
성차별 32
성평등 33
세라 칸드로(Sera Khandro) 121
세리니티 영(Serinity Young) 51, 106
섹슈얼리티 47
소혜昭慧 69

수계 57, 179
수자타(Sujātā) 39
수잔 문(Susan Moon) 221
스타비라와다(Sthaviravāda, 상좌부) 75
승가(saṅgha) 25
시각화 120
시라이(Hsi Lai) 사원 192
식차마나 55
실라다라(siladhara) 201
실비아 부어스타인(Sylvia Boorstein) 162
10계 74
싯다르타 16

【ㅇ】
아난다 56
아날라요(Anālayo) 59
아니(ani) 207
아라한 18, 29
아리야 58
아미타불 104
아발로키테스바라(Avalokiteśvara) 108
아쇼카(Aśoka) 66
아쉬라마(āśrama) 16
아야 케마(Ayya Khema) 160
아이린 에신 마츠모토(Irene Eshin Matsumoto) 157
아잔 브람(Ajahn Brahm) 202

안거 57
앨리스 콜렛(Alice Collett) 48
야쇼다라 16
얍/융 170
업 22
여성 명상가 77
여성 사원 90
여성 수행자 27
여성 아라한(arhatī) 31, 178
여성 인권 227, 230
여성 툴쿠(tülku) 129
여승 74
연민 220
열반 40
염불 117
예세 쵸겔(Yeshe Tsogyal) 121
오르갼 최키(Orgyan Chökyi) 121
오인悟因 116
완전히 깨달은 붓다 29
요기니 프로젝트 251
용겐(Jönggen) 145
용왕의 딸 117
우바새(upāsaka) 169
우바이(upāsikā) 169
우트팔라 51
우파삼빠다(upasampadā) 200
웁팔라반나(Uppalavaṇṇā) 45
월상녀 50
위사카(Visākhā) 45

윤회(saṃsāra) 18
율장 179
『율장』 61
이담(yidam) 120
이부승가(ubhato saṅgha) 82
이혼 사찰 111

【ㅈ】
자비 220
자애 명상 22
자애 174
자제공덕회慈濟功德會 222
잠양(Jamyang) 재단 135, 222
재가 여성 45
재가 여승 112
정등각 186
정토 104
젠더 49
젠더 위계 240
젯선마 텐진 빠모(Jetsunma Tenzin Palmo) 163
조동종 113
조안나 메이시(Joanna Macy) 165
증엄證嚴 69
지유 케넷(Jiyu-Kennett) 158
지율 스님 243
죄 124
죄(chöd) 수행 123

【ㅊ】
참여 불교 214
채식 112
채식주의 266
청정 범행 57
초국가적 265
축정검쓴淨檢 97
출가 공동체 19
출가자 56
출가주의 173
출트림 알리온(Tsultrim Allione) 164

【ㅋ】
카루나(Karuna) 평화구축 센터 221
카말라(Kamalā) 124
캐롤라인 리스 데이비즈 48
케마(Khemā) 45
케촉 빠모(Khechok Palmo) 162
쿠수마 데벤드라(Kusuma Devendra) 193
키사고타미(Kisāgotamī) 45

【ㅌ】
타라(Tārā) 30
타레 라모(Tāre Lhamo) 121
태허太虛 216
테라와다 75
테리 아파다나 42
『테리가타(Therīgāthā)』 19

테사라(Tesarā) 204
티벳 여승 프로젝트 135
티벳 여승 120
틱낫한(Thich Nhat Hanh) 216
틸라신(thilashin) 78

【ㅍ】
파타짜라(Paṭācārā) 45
팔덴 라모(Palden Lhamo) 123
팔리 삼장 41
팔중법八重法 23
페마 쬐돈(Pema Chödrön) 164
풀뿌리 222

【ㅎ】
혜선니惠善尼 111
혜춘 스님 109
호세 카베존(José Cabezón) 47
화두 110
화지부(化地部, Mahīśāsaka) 30

지은이 **카르마 렉세 쏘모** Karma Lekshe Tsomo

1944년생으로, 미국 출신의 비구니 스님이자 불교학 교수, 그리고 사회운동가이다.

1977년 프랑스에서 사미니계를, 1982년 한국에서 비구니 구족계를 받았다. 이후 인도 다람살라에서 15년간 티벳불교를 공부하고, 하와이 대학에서 비교철학으로 박사학위를 취득했다. 2000년부터 샌디에이고 대학교에서 불교학 교수로 재직하면서, 불교와 여성, 죽음과 임종, 불교 페미니즘 윤리, 종교와 정치 등에 관해 연구하고 가르쳐 왔다.

국제불교여성협회, 즉 샤카디타(Sakyadhita)의 공동 창립자이며, 개발도상국 여성들을 위한 혁신적인 교육 프로젝트 잠양(Jamyang) 재단의 창립자이다. 그녀는 히말라야, 방글라데시, 라오스에 15개의 학교를 운영하고 있는 이 재단과 샤카디타를 통해 불교의 성평등을 위한 학문과 사회운동을 통합하고 있다.

저서로 이 책 외에 불교 페미니즘, 불교 생명윤리와 죽음, 그리고 많은 불교 여성들의 연구를 책임 편집한 다수의 단행본이 있다.

옮긴이 조승미

불교학자이자 명상 수행자이다. 동국대학교 불교문화연구원 연구교수, 서울불교대학원대학교 조교수를 역임하고, 현재 전남대 학술연구교수로 재직 중이다.

저서로는 『여성주의 불교수행론』, 『한국 비구니승가의 역사와 활동』(공저), 『한국 여성 종교인의 현실과 젠더 문제』(공저), 『불교와 섹슈얼리티』(공저) 등이 있고, 『열정적 깨달음-딴뜨릭 불교의 여성들』 등을 번역했다. 동아시아 여성 선사들의 기록 등 불교 여성 수행자에 관한 문헌 자료를 발굴, 재조명하는 연구를 진행 중이다.

대원불교 학술총서 33 세계 불교의 여성들

초판 1쇄 인쇄 2025년 8월 6일 | 초판 1쇄 발행 2025년 8월 13일
지은이 카르마 렉셰 쏘모 | 옮긴이 조승미
펴낸이 김시열 | 펴낸곳 도서출판 운주사

(02832) 서울시 성북구 동소문로 67-1 성심빌딩 3층
전화 (02) 926-8361 | 팩스 0505-115-8361
ISBN 978-89-5746-877-895-1 93220   값 22,000원
http://cafe.daum.net/unjubooks 〈다음카페: 도서출판 운주사〉